"十四五"经济管理学术文库系列

人工智能赋能中国制造业智能化转型升级的对策

和征 著

图书在版编目(CIP)数据

人工智能赋能中国制造业智能化转型升级的对策 / 和征著
. -- 西安 : 西安交通大学出版社, 2024.3
ISBN 978-7-5693-3340-4

Ⅰ. ①人… Ⅱ. ①和… Ⅲ. ①智能技术—应用—制造工业—产业结构升级—研究—中国 Ⅳ. ①F426.4-39

中国国家版本馆 CIP 数据核字(2023)第 126345 号

书　　名 人工智能赋能中国制造业智能化转型升级的对策
RENGONG ZHINENG FUNENG ZHONGGUO ZHIZAOYE
ZHINENGHUA ZHUANXING SHENGJI DE DUICE
著　　者 和　征
责任编辑 袁　娟
责任校对 李逢国
装帧设计 伍　胜

出版发行 西安交通大学出版社
(西安市兴庆南路 1 号　邮政编码 710048)
网　　址 http://www.xjtupress.com
电　　话 (029)82668357　82667874(市场营销中心)
(029)82668315(总编办)
传　　真 (029)82668280
印　　刷 西安五星印刷有限公司

开　　本 700mm×1000mm　1/16　**印张** 11.25　**字数** 224 千字
版次印次 2024 年 3 月第 1 版　2024 年 3 月第 1 次印刷
书　　号 ISBN 978-7-5693-3340-4
定　　价 69.80 元

如发现印装质量问题,请与本社市场营销中心联系。
订购热线:(029)82665248　(029)82667874
投稿热线:(029)82665379　微信号:yy296728019
读者信箱:296728019@qq.com

前言

人工智能技术在各行各业都有着广泛的应用，对我国制造业也产生了重要影响。当前，中国制造业转型升级主要靠制造业智能化发展，而人工智能与制造业深度融合，正是中国制造业智能化转型发展的着力点。《中华人民共和国国民经济和社会发展第十四个五年规划和2035年远景目标纲要》将人工智能列为数字经济重点产业之一，同时指出要深入实施制造强国战略。党的二十大报告进一步指出要加快建设制造强国。因此，我们要推动制造业高端化、智能化发展，构建新一代信息技术、人工智能等一批新的增长引擎。

基于此，本书以中国制造业智能化转型升级为研究对象，从产品与人工智能服务融合的视角，在营销和运作两个层面，研究我国制造企业与人工智能企业、客户的合作协调机制，对人工智能赋能我国制造业的智能化转型提出了一些对策建议。第一，分析人工智能赋能我国制造业智能化转型升级的含义、特点、过程、影响因素和动因，重点分析了我国制造企业与人工智能企业、客户的合作协调过程。第二，分析我国制造企业的产品与人工智能服务融合的含义、特点、类型、演变过程、影响因素和交互关系，在此基础上，提出促进产品与人工智能服务融合的对策建议。第三，从产品与人工智能服务融合的角度，研究智能产品服务系统的研发问题，在此基础上，研究智能产品服务系统的定价与协调问题，并提出促进智能产品服务系统研发和定价协调的对策建议。第四，一方面，在运作层面，研究我国制造企业与人工智能企业的合作协调机制，构建制造企业与人工智能企业的合作协调模型，提出促进我国制造企业与人工智能企业良好合作、进行产品与人工智能服务融合的对策建议；另一方面，在营销层面，研究我国制造企业与客户的合作协调机制，构建制造企业与客户的合作协调模型，提出促进我国制造企业与客户良好合作、进行产品与人工智能服务融合的对策建议。第五，总结并提出人工智能赋能我国制造业智能化转型升级的对策建议。

本书的研究不仅可以为我国制造企业的产品智能化和服务化的决策提供理论依据，也可以为政府相关部门的决策提供理论支撑，对促进我国制造业的智能化转型升级具有重要的理论价值和现实意义。

在本书的撰写过程中，夏超、李芳、张同静、李彦妮、郭爽琳、曲姣姣、张志钊查找了大量的资料，收集了与本书部分章节相关的应用案例并进行了系统建模与仿真，丰富了本书的内容，实现了理论与实践的结合，在此对他们表示感谢；同时感谢西安工程大学管理学院给予的大力支持；在本书出版过程中，西安交通大学出版社的编辑提出了很多中肯的建议，在此对他们一并表示感谢。

本书内容反映了笔者个人的学术观点，因水平有限和时间仓促，其中不可避免地存在不完善的地方，还有待于今后对此课题进行更深入的理论探讨和实践检验。书中不妥之处敬请学术界同仁和读者批评指正。

著 者

2022 年 12 月 6 日

目录

第1章

绪论

本章主要阐述了本书的写作背景和重要性，并在此基础上提出了研究问题，简要介绍了研究内容和研究方法。

1.1 研究背景及问题提出

1.1.1 研究背景

当前，我国制造业的转型升级主要依托于制造业的智能化发展，而人工智能和制造业的深度融合是我国制造业智能化转型的重点。《中华人民共和国国民经济和社会发展第十四个五年规划和2035年远景目标纲要》将人工智能列为数字经济重点产业之一，同时指出，深入实施制造强国战略，推动制造业优化升级，深入实施智能制造和绿色制造工程，发展服务型制造新模式，推动制造业高端化智能化绿色化。2021年国务院《政府工作报告》也指出要加快数字化发展，打造数字经济新优势，协同推进数字产业化和产业数字化转型。此外，党的二十大报告进一步指出要加快建设制造强国。因此，我们要推动制造业高端化、智能化发展，构建新一代信息技术、人工智能等一批新的增长引擎；要加快人工智能产业发展，深入促进制造业与人工智能产业的融合发展。

从我国制造企业的现状来看，很多制造企业面临产品价格和企业净利润双重大幅下降的问题。鉴于同质化竞争愈发激烈、产量增长迅速等因素，我国的很多制造企业存在库存积压、生产成本居高不下、产品价格不断下行、结构性产能过剩、行业竞争更加激烈等问题。很多制造企业仍然以低端加工制造环节为主，设计、营销能力薄弱，提供的产品附加值低，利润微薄，企业仍在制造产业价值链低端徘徊。

因此，为了摆脱价值链低端锁定的困境，我国的很多制造企业希望借助新一代的信息技术，如人工智能、大数据、物联网等，积极寻求智能化转型升级。企业希望将人工智能等新一代信息技术贯穿到产品全生命周期，沿价值曲线从生产活动开始，逐步转型发展利润较高的智能化产品研发、售后服务等业务，或从智能化生产技术、智能化产品质量入手，通过智能化升级，将价值曲线向上推移，提升整体业务的竞争力及价值。本书就是在这样的背景下，从人工智能赋能的视角，分析我国制造业智能化转型升级的路径，并提出相应的对策建议。

1.1.2 研究问题

随着人工智能技术的兴起和发展，我国制造业正在经历从“传统制造”向“智能制造”的过渡。海尔集团、徐州工程机械集团有限公司（以下简称徐工集团）、陕西法士特汽车传动集团有限责任公司（以下简称法士特集团）、陕西汽车控股集团有限公司（以下简称陕汽集团）、陕西鼓风机（集团）有限公司（以下简称陕鼓集团）、中国西电集团有限公司（以下简称西电集团）等国内众多知名厂商，都通过引入人工智能的理念，调整了各自的商业模式和战略，开始由“传统制造”向“智能制造”转型。

例如，海尔集团是我国第一批参与智能生产试验的示范企业之一。从“人单合一”的先进数字化管理理念到链接“互联网＋”的网络化云平台 U-home（智能家居）的问世，再到与人工智能技术相结合、具有深度学习功能的 COSMOPlat（卡奥斯）智能化平台的孕育，在完成智能化转型升级的三个阶段中，海尔集团的每一步都具有自己的特色，形成了极具借鉴意义的演化路径。

徐工集团的工业互联网包括四个方面：①从单一平台向创新引擎的演变；②从全生命周期管理平台演变为智能制造的载体；③从封闭平台进化为开放的生态；④从徐工的服务者变为外部客户的服务者。

法士特集团将智能制造作为企业优先发展的战略目标，密切关注和学习全球关于汽车智能制造的前沿知识和技术，通过自主创新，将新兴技术引进研发、生产和服务环节，建设了 3 个工业互联网平台，实现了设备互联、工厂互联、智慧管理、智能决策，实现了生产模式由单一化生产向多品种定制化生产转变，从而走在了行业前列。

陕汽集团加强制造与人工智能服务、金融服务、物流服务的协调程度，积极发展智能流通技术；同时，大力进行研发投入，不断加强研发能力建设，加强智能网联技术研究，形成新技术市场领先优势；根据市场需求，优化产品结构，集中于生产、存储、研发新一代智能重卡的经营理念，与客户一起共同创造更大的价值。

陕鼓集团在向智能化转型的过程中，通过数字信息处理技术、互联网联通，向智能化的路径推进。该企业摆脱传统制造的束缚，已成为一家国际化、产业多元化的绿色能源企业，由单一产品制造商逐步过渡为系统服务提供商和分布式能源系统解决方案商，承诺以更广泛的方式利用能源市场，提供智能化信息和高技术的系统管理解决方案。陕鼓集团也在不断学习和推进互联网环境下的“智能＋”模式，使企业逐渐从“制造”的经营模式转向“智造”的运作模式。企业探索出关于智能制造的推行方式，主要集成并实现产品、服务和过程方面的智能化，推动“智能＋”模式的实行。

由此可见，制造业智能化对于促进我国制造企业的转型升级具有非常重要的作用。但是，在人工智能时代，我国制造企业如何进行智能化转型升级？即如何与人工智能企业和客户①相互合作？如何进行产品与人工智能服务的相互融合，提供满足客户需求的个性化、多样化的智能产品服务系统？这些问题都是本书研究的问题。

1.2 研究意义

1. 理论意义

本书的研究一方面拓宽了有关制造业智能化转型问题的研究范畴，另一方面，通过对产品与人工智能服务融合的研究，还拓宽了制造业服务化领域相关问题的研究范畴，为我国制造企业产品智能化和服务化的决策管理提供理论支撑，还为我国政府有关部门促进我国制造业智能化转型升级的决策提供理论支撑。所以，本书的研究具有一定的理论意义。

2. 实践意义

一方面，本书的研究成果能够促进我国制造企业进行产品与人工智能服务融合，不断提升产品的智能化创新水平，增加其附加值，从而增强企业的经济效益和市场竞争力；另一方面，本书的研究还将促进我国制造企业与人工智能企业、客户等供应链上下游企业的合作，提高制造企业的智能服务能力，鼓励企业从产业链低端向中高端迈进。因此，本书的研究对于推动我国制造业向数字化、网络化和智能化的转型升级和实现制造业高质量发展具有重要的实践意义。

1.3 研究目的

本书拟从人工智能赋能的视角，以“产品服务融合”这一制造业服务化的主要特征为切入点，持续推进我国制造业的智能化转型提升，即通过产品与人工智能服务的融合，实现我国制造业的智能化转型提升，并分别从运作和营销两个层面，对其模型构建、机制设计和对策的提出展开研究，提出我国制造业智能化转型升级的对策，主要包括：促进产品与人工智能服务融合的策略、制造企业与人工智能企业和客户的合作协调策略、智能产品服务系统的研发和定价协调策略等，并为我国制

① 本书中的“客户”，主要指企业客户（非个人），也可称为客户企业。

造企业的智能化转型升级以及政府相关部门的决策提供咨询服务。

1.4 研究内容

本书共分为八章。每一章的具体研究内容如下：

第 1 章为绪论。本章从研究的现实基础出发，阐述了本书研究的问题，界定了研究目标和研究内容的框架，并详细描述了本书研究的方案，包括研究方法和技术路线。

第 2 章为文献综述。本章围绕本书所研究的问题，主要从制造业智能化转型、制造业服务化、产品服务系统等方面对国内外的相关文献进行梳理总结，为本书的后续研究提供了理论依据。

第 3 章对人工智能赋能我国制造业的智能化转型升级进行理论分析。本章探讨了人工智能赋能我国制造业智能化转型升级的含义、特点、过程、影响因素和动因，重点分析我国制造企业与人工智能企业、客户的合作协调过程。

第 4 章对产品与人工智能服务的融合发展进行理论分析。本章研究了产品与人工智能服务融合的含义、特点、类型、演变过程、影响因素和交互关系，并以此为基础，提出促进产品与人工智能服务融合的对策建议。

第 5 章对智能产品服务系统的研发和定价协调策略进行研究。一方面，提出一种基于关联规则和 TRIZ（发明问题解决理论）的智能产品服务系统设计方法，采用模块化方法，对产品和人工智能服务模块进行相互融合，从而设计出不同结构的智能产品服务系统；另一方面，考虑市场需求受客户感知价值、产品或服务质量水平的影响，研究智能产品服务系统的定价协调问题。

第 6 章在运作层面研究我国制造企业与人工智能企业的合作协调机制，构建制造企业与人工智能企业的合作协调模型，提出促进我国制造企业与人工智能企业良好合作、进行产品与人工智能服务融合，从而促进我国制造业智能化转型升级的对策建议。

第 7 章在营销层面研究我国制造企业与客户的合作协调机制，构建制造企业与客户的合作协调模型，提出促进我国制造企业与客户良好合作、进行产品与人工智能服务的相互融合、助推我国制造业智能化转型升级的对策建议。

第 8 章总结并提出了利用人工智能技术实现中国制造业智能化转型的对策建议，主要包括促进产品与人工智能服务融合的策略、制造企业与人工智能企业和客户的合作协调策略、智能产品服务系统的研发和定价协调策略等。

1.5 研究方法

1. 文献分析、理论演绎与归纳

采用文献分析、理论演绎与归纳等定性研究方法，分析人工智能赋能我国制造业智能化转型升级的含义、特点和过程等，以及我国制造企业的产品与人工智能服务融合的含义、类型和演变过程等，归纳提出人工智能赋能我国制造业智能化转型升级的对策建议。

2. 基于关联规则和 TRIZ 的智能产品服务系统设计方法

首先，采用关联规则算法挖掘客户的需求数据，从而确定产品和人工智能服务的关联关系；其次，采用模块化设计方法建立智能产品服务系统的概念结构；最后，采用 TRIZ 方法对智能产品服务系统进一步设计，以满足客户的智能化需求。

3. 基于博弈论的系统建模方法

1）智能产品服务系统的定价与协调

运用施塔克尔贝格（Stackelberg）博弈理论，考虑产品和人工智能服务质量水平以及客户所接受的价值对智能产品服务系统市场需求的影响，在非合作定制和合作定制的情形下，建立智能产品服务系统的最优定价决策模型，并运用契约理论，研究由服务集成商设计"产品质量成本共担"契约，以分担供应商的产品质量成本，为智能产品服务系统的定价与协调决策提供参考。

2）制造企业与人工智能企业、客户的合作协调机制

一方面，在完全信息和完全理性条件下，运用完全信息静态博弈理论，构建制造企业与人工智能企业、客户之间合作协调的博弈模型，探究各个影响因素对双方企业策略选择的影响作用。另一方面，在不完全信息和有限理性条件下，运用演化博弈理论，建立制造企业与人工智能企业、客户的合作行为演化博弈模型，通过模型求解和分析，研究制造企业与人工智能企业、客户之间合作行为的演化路径和相关影响因素。

4. 数值模拟分析法

利用 MATLAB 商业数学软件对上述博弈模型进行数值模拟分析，并通过数值算例验证上述模型和研究结论的正确性。

5. 案例分析法

采用案例分析的方法，选取我国典型的制造企业，分析这些企业运用人工智能技术进行智能化转型升级的过程，主要包括人工智能技术应用到产品全生命周期的过程、智能产品服务系统的研发和定价过程、制造企业与人工智能企业及客户的合作协调过程等。

1.6 技术路线

在相关领域研究成果的基础上，本书考虑我国制造业智能化转型的现状和特点，综合运用制造业服务化、供应链管理、产品服务系统、博弈论等理论，将文献分析、案例分析、理论演绎与归纳等定性研究方法与系统建模、数值模拟等定量研究

方法相结合，从人工智能赋能的视角，探究我国制造业智能化转型的路径和对策。本书技术路线如图 1-1 所示。

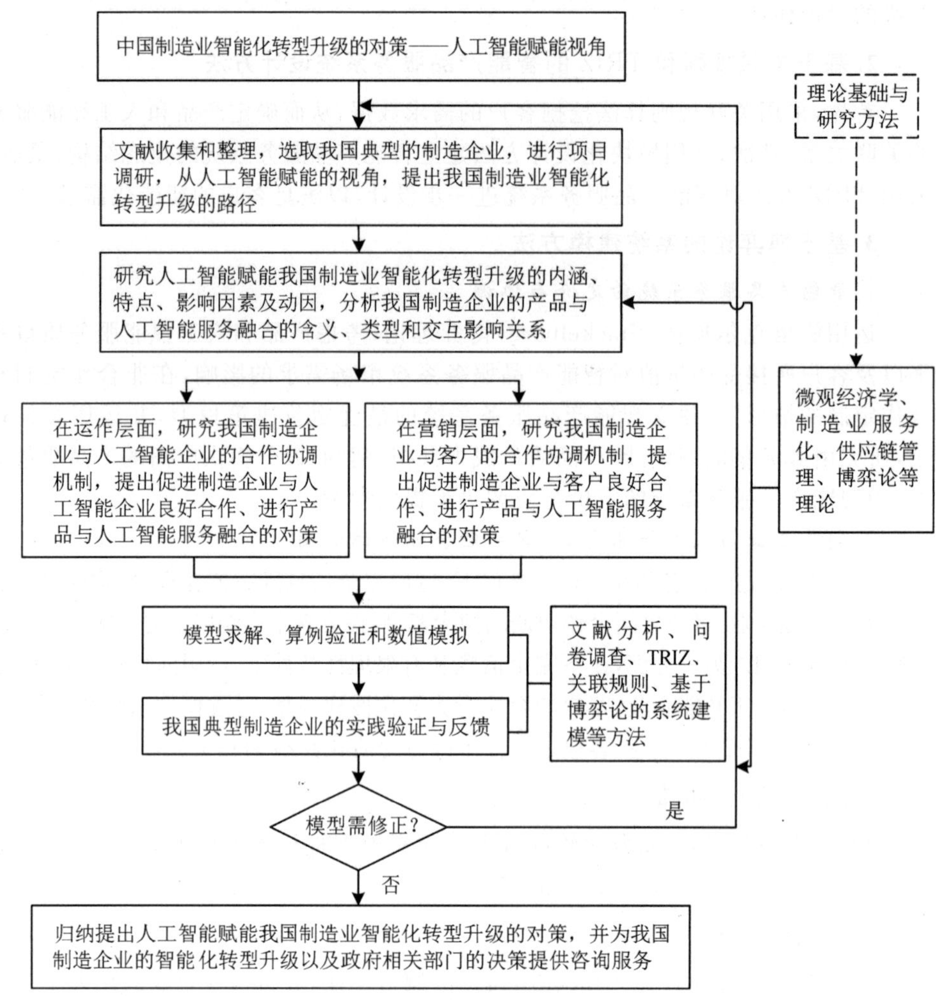

图 1-1 技术路线图

1.7 本章小结

本章重点阐述了研究的现实基础，明确了本书的研究问题，确定了研究目的和研究内容，并详细描述了本书的研究方案，包括研究方法和技术路线。

第2章 文献综述

本章对制造业智能化转型升级、人工智能与制造业智能化转型升级、制造业服务化、产品服务融合(产品服务系统)四个方面的研究进行了文献梳理,目的在于通过对相关理论和主要研究成果的梳理,找出当前研究的不足和新视角,为本书的进一步研究奠定基础。

2.1 制造业智能化转型升级相关研究

2.1.1 制造业智能化转型升级研究现状

Klaslan 等[1]采用数据包络研究方法,探究了制造业智能化与制造业劳动生产率增加之间的关系,结果显示,智能化可以通过增加劳动生产率增加企业效益。Raileanu 等[2]收集关于实施智能制造控制系统的资源数据,对工业机器人的数据收集分析发现,智能制造能够对现有资源进行更科学的运营调度以优化车间制造过程中的资源能耗,促进制造业的转型升级。Ying 等[3]认为传统制造商将客户与工厂的生产制造联系起来以进行产品的大规模定制,这是智能制造生态系统的重要发展趋势。Qu 等[4]将中国的制造业上市企业作为研究对象,探讨了智能制造企业与一般制造企业之间的生产率差异,结果表明,“智能制造”模式的应用有益于生产率的增加。Zhou 等[5]认为新一代智能制造模式是制造业进行智能化转型升级的主要驱动力。Yu 等[6]研究了事前政府补贴(government subsidies beforehand,GSB)和事后政府补贴(government subsidies afterwards,GSA)对中国新能源汽车(NEV)企业财务业绩的影响,研究发现智能转型可以提高 GSA 的效率,并减弱过量 GSA 的负面影响。

孟凡生和赵刚[7]探讨了新能源领域下创新柔性与制造企业智能化转型之间的关系。苏贝和杨水利[8]认为智能技术和能力、智能服务平台等是制造企业进行智能化转型升级的关键驱动力。吴晓园[9]总结得出，企业选择“转型”策略所获得的收益大于其付出的成本是制造业智能化转型的内在动力机制。陈瑾和李若辉[10]从产品价值链的研发、制造、营销三个环节，分析了我国制造业智能化转型升级的路径。常开洪[11]以互联网和大数据的智能制造体系为依托，探究了制造企业实现智能化转型升级的路径。张恒梅和李南希[12]认为物联网在制造业智能化转型中的主要应用方向包括智能化设计与智能化生产、生产过程的可视化监控、商品仓储运输自动化和售后服务的远程升级等。王层层[13]基于系统动力学视角，通过建立转型升级与智能化建设过程模型，得出以下结论：通过增加技术投入比率和人才内部投入要素可以达到推动辽宁省装备制造业进行智能化转型步伐的目的。罗序斌[14]构建了传统制造业智能化转型升级的理论框架，其中，大数据资源、工业物联网、智能机器人等技术是推动传统制造企业智能化转型升级的新兴要素。韩明华等[15]提出我国制造业智能化升级面临着核心技术亟待突破、未形成产业协同发展格局等问题。唐晓华和迟子茗[16]认为应加强制造业领域的工业智能化应用，引导工业智能化快速推动制造业转型升级。刘志浩和于秀艳[17]建立山东省装备制造业智能化水平测度指标体系，实证结果表明：技术创新、政府财政和地区发展水平都是提升推动山东省装备制造业智能化水平的重要影响因素。

2.1.2 有关制造业智能化转型升级的文献述评

综上所述，学者们对于制造业智能化转型升级的研究，主要集中在制造业智能化转型升级面临的问题、影响因素、动力机制、转型机理与升级路径等视角。但是，很少有学者从人工智能赋能的视角，研究制造业智能化转型升级的相关问题。

2.2 人工智能与制造业智能化转型升级相关研究

2.2.1 人工智能与制造业智能化转型升级研究现状

有关人工智能与制造业智能化转型升级的关系研究，Li 等[18]学者总结提炼出，人工智能和制造业融合发展面临着人工智能标准制定与实施、主要技术攻克、人才培养储备等各类困境和挑战。Acemoglu 和 Restrepo[19]认为人工智能可以借用物联网将用户端和制造端相连，完成制造流程改革，以推动制造企业实现智能化升级。Acemoglu 和Restrepo[20]认为在生产过程中使用人工智能技术不仅提高了生产效率，而且优化了生产结构。Agrawal 等[21]认为人工智能是制造业实现创新的核心力量。Yann[22]认为高端制造将会是人工智能的重点应用场景。

国内学者邓洲[23]提出，目前人工智能在制造业各个领域的广泛应用面临着制造流程数据开发难、可借鉴系统和解决方案不成熟、行业人才缺乏三个方面的挑战。高煜[24]认为人工智能可通过赋能于产品、装备、生产、管理、商业应用、产业生态等六个方面，推动制造企业进行智能化转型升级。赵霞和朱艳娟[25]认为应通过加大对人工智能的扶持力度、培育产业发展环境、加快合作推进行业标准等措施推进人工智能在制造业各个领域的融合应用。成都市发改委重大课题组[26]阐明了人工智能与制造业融合功能区的内在逻辑和分类方式，从加强人工智能技术和产品供给、分类推进制造业智能化、增强基础设施支撑、打造产业融合生态体系四个方面提出了建议。张枭[27]认为制造企业需要通过降低人工智能成本、精选细分市场、进行人工智能技术攻坚，实现智能化转型升级。

2.2.2 有关人工智能与制造业智能化转型升级的文献述评

综上所述，学者们对于人工智能与制造业智能化转型升级的关系的研究，主要集中在人工智能与制造业融合的视角。学者们主要从宏观上研究了人工智能在制造业应用中的困难，以及人工智能如何应用在制造业的各个环节，发挥人工智能的积极作用。但是，很少有学者通过具体的定量研究量化人工智能与制造业的关系，例如，人工智能与制造业的融合具体会经历哪几个阶段？影响其融合的因素又有哪些？因此，通过实证研究、案例研究、数理分析等方法去分析以上这些问题，是未来研究的主要趋势。

2.3 制造业服务化相关研究

2.3.1 制造业服务化研究现状

Vandermerwe 和 Rada[28]提出制造业服务化是制造企业为客户既销售产品又销售服务的一种模式。White 和 Feng[29]认为制造业服务化是制造商为客户提供产品转变到提供服务的动态过程。Toffel[30]提出制造业服务化具有四个典型特征，分别为企业销售产品功能，企业为客户提供产品售后维修服务，客户根据产品的使用情况向制造商支付费用，企业保留产品的所有权。Desmet 等[31]指出，在制造业服务化模式的实践过程中，自身所提供的服务在制造企业为客户提供的产品服务组合中所占比例愈来愈高。Lewis[32]提出制造业服务化实现了产品功能传递流程的创新。Ward 和 Graves[33]指出制造业服务化是制造企业为客户拓展服务深度和广度的过程。Ren 和 Gregory[34]指出制造业服务化是企业围绕服务，拓展服务深度和广度，以实现客户目标的创新过程。Gebauer 和 Fleisch[35]认为制造企业与售后服务提供商、客户支持提供商等伙伴深入合作实施服务化战略，以赢得竞争优势。Baines 等[36]指出，制造业服务化是借助从为客户提供产品到销售 PSS(产品服务系统)的过渡，以实现组织模式和流程变革的过程。Gebauer 等[37]认为制造业服务化是以基础服务为依托，在客户使用产品过程中优化产品的效率和性能的过程。Raddats 和 Easingwood[38]总结出服务参与、服务延伸、服务渗透和服务转型四种制造业服务化战略。Matthyssens 和 Vandenbempt[39]提炼出售后服务、服务伙伴、价值伙伴、解决方案伙伴四种制造企业的服务增加方式。Mastrogiacomo 等[40]认为制造业服务化是企业借助自身的创新能力，从提供产品转变到提供 PSS 的过程。Hu 等[41]认为制造业服务化对出口技术成熟度具有倒 U 型影响，对混贸企业、中西部企业、内外资企业、知识密集型产业出口技术成熟度具有倒 U 型影响。Chen 和 Zhang[42]认为数字金融对中国制造业服务化具有显著的正向影响。

蔺雷和吴贵生[43-44]探究了制造业服务化的起源、机理、现状及发展趋势等问题。赵一婷和刘继国[45]提出制造业服务化包含投入服务化和产出服务化两个方面的思想。何哲等[46]认为服务型制造是借助客户全过程参与产品服务融合、促进制造资源的整合和提高价值增值的过程。周艳春[47]提炼了制造业服务化的四大演进模式。陈菊红和郭福利[48]、陈菊红等[49]基于服务型制造视角，探究了产品服务系统的设计和供应链运作模式。唐志芳和顾乃华[50]指出，制造业服务化是制造企业为获取核心竞争力，实现产业转型升级，把产品价值链以生产为主导过渡到以服务为主导的过程。

李靖华等[51]认为制造业服务化的内在动力是企业对专业领域内相关资源与能力的重新整合，对于不同服务化程度的企业，资源整合的重点及方式也应有所不同。王丽娜等[52]认为制造业服务化的关键在于客户参与整个过程，最终目的是构建制造业的服务生态系统。戴翔等[53]研究得出，推动我国生产性服务业的发展进程有益于制造业服务化程度的提升。尹红媛和吴婷[54]将制造业服务化划分为投出服务化、产出服务化两种类型。杨蕙馨等[55]指出，不同产业的制造业适合不同的服务化战略。祝树金等[56]认为制造业服务化可以通过技术创新效应、要素结构优化效应和规模扩张效应等中介机制来降低能源强度，尤其是要素结构优化效应的应用效果最为明显。郭然和原毅军[57]认为服务型制造是服务流程与生产流程高度协同的过程。陈伟等[58]认为制造业服务化对技术创新具有积极影响，该影响效应具有行业异质性。赵宸宇[59]认为企业的数字化发展水平是促进制造业企业服务化转型的核心力量。陈春明和贾晨冉[60]分析得出以下结论：制造业服务化程度和市场绩效之间具有显著的正 U 型关系，增加企业市场价值可以从较高水平的服务化策略入手；制造业服务化程度和财务绩效之间具有显著的倒 U 型关系，提高企业的利润可以从较高水平的服务化策略入手。

2.3.2 有关制造业服务化的文献述评

综上所述，学者们对于制造业服务化的研究，主要聚焦在制造业服务化的概念、类型和特征，以及制造业服务化战略和影响因素等视角，有关研究可以归结为以下几类：第一，从企业演化发展历程来看，制造业服务化是一种通过提供增值服务反映制造商具体措施和实际效果的模式；第二，从产业层次区分来看，制造业服务化表现为一种定位，即通过合理配置资源，制造企业可以在市场竞争中定位自己，获取重要的竞争优势；第三，从市场竞争角度来看，制造业服务化表现为企业在竞争中采用的一种策略，即制造企业拓展服务活动的各种策略和方法。

2.4　产品服务融合（产品服务系统）相关研究

2.4.1　产品服务融合（产品服务系统）研究现状

Williams[61]认为，依据产品服务系统（PSS）中服务所占的比例，可将产品服务系统分为产品导向、应用导向和结果导向三种类型。Sun[62]认为在单纯产品市场已经饱和的背景下，应在实物产品基础上衍生出更多的附加服务，通过拓展服务深度和广度实现价值增值的服务方式，即产品服务融合。Lin 等[63]认为产品服务融合是一种新兴的产业形态，其不仅为客户提供产品，还提供涉及产品全生命周期的各类服务。Gronroos 和 Helle[64]指出，产品服务融合是企业通过产品主导逻辑到服务主导逻辑的过渡，使企业的生产运作流程适应客户服务流程的过程。Wu 等[65]认为云技术通过对海量数据的整合，可以提高制造企业产品服务融合的运作效率和服务水平。Lee 等[66]基于产品服务融合视角，探究了新信息技术对系统绩效、设备性能监测等方面的作用。Fuchs 等[67]根据新兴信息技术背景下 B2B（电子商务中企业对企业的交易方式）商业模式，构建了面向产品与服务融合的规划设计概念框架，以实现客户的目标。Bonev 等[68]引入客户需求的多样性和服务水平两大因素，提出了智能制造环境下面向大规模定制的产品族架构设计方法。Jin 和 Li[69]认为越来越多的公司开始通过在基于性能的合同下提供生命周期可靠性承诺来将产品与服务捆绑在一起。工业界需要重新审视传统的可靠性增长方案，寻求新的方法来满足不断变化的需求。他们同时提出了一种新产品生命周期可靠性增长模型，该模型将产品增长程度无缝地集成到新产品的设计、制造和安装过程中。Song 和 Sakao[70]将产品服务系统的个性化定制划分为两个阶段：第一阶段，根据客户需求，设计产品和服务；第二阶段，根据具体的客户订单要求，配置和优化 PSS。Xu 等[71]运用遗传算法，探究了面向大规模定制的产品规划设计概念模型，同时阐述了客户感知价值增加、产品全生命周期定制等关键思想。Haber 和 Fargnoli[72]认为集成 PSS 的设计和开发旨在用功能性产品或服务取代独立的产品或服务，通过对 PSSs（多个产品服务系统）设计和开发过程中所完成的理论研究的分析，论述了 PSSs 的重要性。Retamal[73]以东南亚企业为案例对象，得出结论：企业产品服务系统商业实践在可持续绩效方面取决于市场条件、客户行为、产品服务的性质、商业准则和绿色认证和回收法律法规等因素。Mariachiara 和 Renaud[74]认为产品服务系统充分体现了从商业关系到合作关系的价值交换理念。Pirola 等[75]认为数字化和服务化的研究融合为智能产品服务系统(smart PSS)铺平了道路,并研究了如何利用数字化技术在 PSS 生命周期和/或不同规划级别上实现决策。Paolo 等[76]认为未来产品服务系统的研究方向有:①PSS 价值链转变为 PSS 生态系统;②单一公司内部转变为 PSS 提供商;③传统 PSS 商业模式的数字化转变。Federico 等[77]认为 PSSs 相关的研究有 8 个主题:PSS 设计、PSS 环境和社会影响、PSS 和服务化过程、可持续 PSS、PSS 商业模型、PSS 性能分析、PSS 需求分析和工业 PSS。

赵馨智[78]认为在工业产品服务系统的价值网络中,网络中心节点必须具有整合和集成各种资源和服务的能力。但斌等[79]构建了产品与服务融合的过程框架模型,并从产品全生命周期视角提出了四类产品服务供应链的集成模式。李杰等[80]认为在新一代信息技术背景下,企业应从产品—服务的全生命周期对产品服务系统进行配置优化。王珂和侯利业[81]认为产品设计与服务设计融合发展的四条主要路径包括不相关产品和服务在设计过程中的融合、以销售为主业的企业拓展服务设计、服务业拓展实体产品业务等。但斌等[82]提炼出“互联网+”环境下生鲜农产品供应链的产品服务融合的两种形式,包括以产品为依托提供各类增值服务、以服务为体验促进产品消费。刘航[83]通过建立云模块化产品制造服务平台的总体架构,将决策智能与产品制造服务平台相结合,为企业的优化决策提供数据指导。王大飞等[84]认为一些制造商开始与服务集成商合作,从而形成产品服务供应链,以应对激烈的市场竞争、开辟新的销售渠道。但斌等[85]考虑到产品与服务差异化集成对产品服务供应链的重要影响,提出交互型、衍生型、辅助型和松散型四类产品服务供应链模式。胡有林和韩庆兰[86]认为产品服务系统(PSS)创新是众多传统制造企业服务化战略转型的必然趋势。张铁伦等[87]认为产品服务系统是服务型制造模式的衍生物,新兴的信息技术是影响产品服务系统运作的重要因素。王炜等[88]基于产品服务系统的视角,运用案例研究方法,构建了医养融合的社区居家医疗服务体系。郑汉东等[89]认为实施 RPSS 获得环境效益的关键在于确保再制造产品质量和性能水平不低于新品。刘成浩等[90]依据智能化程度,对产品服务系统进行了分类。郭朝先[91]指出推动先进制造业和先进服务业融合的三条路径,并阐述了当前产业融合面临的融合程度和效益低等困境。商华和陈任飞[92]研究了与环境可持续性相关的 PSS 业务实践确定可持续性因素,以 ofo(小黄车)单车识别关键因素分析和以 Airbnb(爱彼迎)共享房产检验结论,建立了“共享经济”背景下 PSS 的可持续绩效模型。邓洲[93]认为在新时代背景下,要素结构、用户价值、制造效能和拓展服务是我国制造业与服务业深度融合的必要条件。唐国锋和李丹[94]认为工业互联网的应用能有效促进制造业服务化价值创造能力提升、推进跨领域价值共创。张军等[95]认为企业以产品服务系统组织模式可以快速响应和实现客户多样化需求。张在房和樊蓓蓓[96]首次将共生理念引入产品服务系统设计,突破传统设计理论的单边串行为多边并行设计模式,提出了PSS共生设计理论与方法。洪群联[97]认为我国“十四五”时期,要围绕重点领域和关键环节,通过培育融合发展主体、探索融合发展路径、激发企业融合发展内生动力等措施实现先进制造业和现代服务业协同互促和深度融合。张卫等[98]认为制造与服务融合的本质是制造服务活动,制造服务活动是在制造产品与提供服务过程中产生的各种业务。

2.4.2 有关产品服务融合(产品服务系统)的文献述评

综上所述,有关产品服务融合(产品服务系统),学者们主要从产品服务融合(产品服务系统)的概念、类型和特征、作用、影响因素等方面进行研究,相关研究可以归结为以下几类:第一,从企业主导逻辑来看,产品服务融合是制造企业通过产品主导逻辑向服务主导逻辑的过渡,使企业的生产运作流程适应客户服务流程的过程;第二,从供应链的角度来看,产品服务系统包括交互型、衍生型、辅助型和松散型四类产品服务供应链模式;第三,从未来研究的角度来看,产品服务系统未来的研究主要包括PSS价值链转变为PSS生态系统、单一公司内部转变为PSS提供商和传统PSS商业模式的数字化转变三个方面。

2.5 文献述评

综上所述,学者们对于制造业智能化转型升级的相关研究,主要聚集在制造业智能化转型升级面临的问题、影响因素、动力机制、转型机理与升级路径等视角。但是,很少有学者以制造业服务化的主要特征——产品服务融合为出发点,研究制造业智能化转型升级的相关问题,更鲜有学者从人工智能赋能的视角,即从产品与人工智能技术服务融合的视角,研究促进制造业智能化转型升级的策略问题。已有的制造业智能化转型升级相关研究更多关注相关政策的研究和制定,而对制造业智能化转型升级整体发展的内在逻辑性和系统性研究较少,尤其是缺少将人工智能技术服务与制造业智能化转型升级相互联系,探究人工智能赋能制造业智能化转型升级的相关文献,以上研究都未与我国制造业发展的行业现状相联系。目前我国的传统制造企业面临着产能过剩问题加剧、盈利能力堪忧等一系列问题和挑战。为了解决以上这些问题,我国将借助人工智能、大数据等新兴信息技术,加快推进传统制造业智能化转型升级的步伐,并实现制造业与人工智能产业的相互融合,最终达到提升企业市场竞争力的目标。

本书就是在这样的背景下,探究人工智能赋能我国制造业智能化转型升级的路径，主要包括：以产品与人工智能服务融合促进我国制造业智能化转型升级；智能产品服务系统研发和定价；我国制造企业与人工智能企业、客户的合作协调，以共同研发智能产品服务系统；等等。最后，在以上研究的基础上，提出人工智能赋能我国制造业智能化转型升级的对策，主要包括：促进产品与人工智能服务融合的策略，智能产品服务系统研发和定价策略，制造企业与客户、人工智能企业的合作协调策略，等等。

2.6 本章小结

本章围绕本书拟解决的问题，主要从制造业智能化转型升级、人工智能与制造业智能化转型升级之间的关系、制造业服务化、产品服务融合(产品服务系统)等方面对国内外相关研究进行梳理，为以后的研究提供了一定的理论基础和依据。

第3章

人工智能赋能我国制造业智能化转型升级的理论分析

本章将研究人工智能赋能我国制造业智能化转型升级的含义、特点、过程、影响因素和动因,重点分析我国制造企业与人工智能企业、客户的合作协调过程。

3.1 人工智能的含义及人工智能在制造业中的应用

人工智能是指通过研究人类智慧、能力及行为规律,构建出具备智能化能力的机器或者设备,从而完成以往需要人的智慧才能顺利进行的工作[99]。人工智能的出现对人们的日常生活、学习、工作均带来了巨大的影响。人工智能取得突破性进展的同时,促进了新一代产业革命,智能化发展是各大行业未来前进的方向。由此可知,人工智能与制造业紧密融合发展能够促进制造业走向高端化进程。

制造业中的人工智能实际上是人工智能化设备能独立自主完成各项任务,对企业、设备、环境等各大场景中发生的事情做出相应的响应,有时甚至还能预测事件的发生。如人工智能或者设备能对工厂中的设备损耗或者故障进行监测和控制,有时甚至能预测设备出现故障的时间、地点,并根据设备突发的具体情况快速反应,给出高效的解决办法[24]。人工智能在不断进行创新的过程中,不断学习、模仿人的能力,和人类之间的协同合作也会变得更加安全高效。人工智能技术在制造企业产品全生命周期中的应用如图 3 - 1 所示。

人工智能在制造业中的应用[10,100,101]主要包括以下内容。

1. 产品智能化

随着人工智能技术的不断发展,智能化产品也由初代智能产品,如智能手机、音响等,逐渐演变到智能机器人、自动驾驶汽车等智能化产品。人工智能技术推动了产品的变革与发展,极大程度满足了人们日益丰富的需求,与此同时也更大程度发挥了智能产品的使用价值。

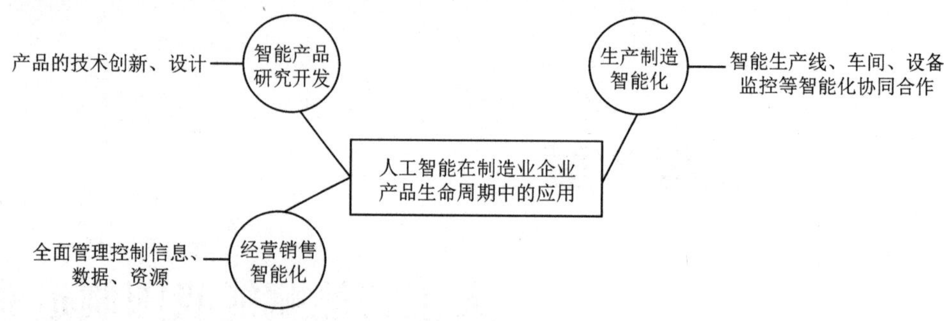

图 3-1 人工智能技术在制造企业产品全生命周期中的应用

2. 装备智能化

将人工智能技术和制造资源、技术、资源等进行高度融合，实现设备与环境感知、数据分析、自主推理决策、自动执行任务等智能化进程，并将其应用于制造企业的工厂、车间、生产线等地方，推动制造业的装备智能化。

3. 管理智能化

人工智能技术促进了企业进一步完善智能化管理。目前，已经出现了如 OA（办公自动化）、ERP（企业资源计划）、CRM（客户关系管理）、SCM（供应链管理）等常见的企业管理软件，能够帮助企业更加及时高效地处理各项数据信息，如对大量数据分类汇总、分析数据趋势、利用数据展开图表分析等。通过智能化管理能够实现对产品、物流、资金、员工等各类信息进行全面智能管控，提升企业管理效率。

4. 生产过程智能化

在人工智能背景下，产品背后的服务价值也越来越被客户所重视。人们更加倾向于选择购买那些个性化定制产品，产品的价值不再由企业单一主导控制，客户参与也变得十分重要。此时生产过程智能化省去了中间较为烦琐的阶段，企业更能实现和客户之间的直接互动交流，产品流动性更强，整个产品的价值也会上升。

3.2 人工智能赋能我国制造业智能化转型升级的含义

制造业转型升级的内涵是制造业企业经营实质或结构产生变化，产业链也随之发生转变，具体表现形式为产业链上各企业的位置和影响发生不同程度的改变[14,102]。制造业智能化转型升级，实际上就是指企业经营开始朝着智能产品研究开发、智能经营销售、智能生产制造等方向发展。

在新的科技、产业改革时代到来之时，人工智能和制造业高度融合发展模式也会赋能我国制造业智能化转型升级，给我国制造业转型指明新方向。在人工智能背景下，我国制造业智能化转型的内涵是，我国制造企业将改变传统企业的经营实质和结构，实现智能产品研究开发、经营销售智能化以及生产制造智能化发展。

1. 智能产品研究开发

智能产品研究开发的关键因素为有效的技术创新和设计。智能产品研发过程中所需要的技术是智能产品能否实现市场化的基础，产品设计主要包括包装设计、智能化功能界面设计和智能化产品流程设计等，是提升智能产品用户体验的关键。初次进入市场的智能化产品要被客户接受并广泛使用，离不开智能技术和设计的不断创新，只有智能化技术和产品设计能满足客户的个性化需求，企业才能打开市场，进而生存下去。

2. 经营销售智能化

随着智能化时代的到来，制造企业处理数据信息过程不再烦琐复杂，能够对海量信息、数据、资源进行全方位管理控制。随之而来的是企业营销管理、销售方式的转变。与传统产品“产品→商场→客户”的销售模式不同，制造产品的销售模式转变成为“客户市场需求→制造产品→商场→客户”。在新的销售模式下，制造企业通过智能化管理平台实现与客户之间的有效对接，制造企业以客户个性化需求为出发点进行智能产品研发和制造，与此同时，客户的角色较以往也发生了转变，客户参与有效带动了智能产品的研发和制造。

3. 生产制造智能化

在人工智能背景下，制造企业实现了智能生产线、智能车间、智能设备监控等一系列智能化的协同合作，大大提升了智能产品的生产效率，并相应降低了生产成本的资金投入。各智能化流程之间信息交流、处理、共享亦随之上升，由此带来的是整个生产制造过程的智能化，制造企业利润空间进一步扩大，市场潜能被无限激发，从而带领整个制造行业实现智能化转型升级。

我国制造业智能化转型升级的过程是：制造企业将为生产价值链上的所有利益相关者创造价值作为最终目标，利用产品和新一代信息技术服务（云计算、大数据等服务）的融合，以及信息技术服务提供商、客户全程参与，为客户提供智能产品服务化系统，它是一种生产模式，采用整合分散生产资源的方式，主要通过竞争力量之间的高度协调来实现高效创新[90]。

综上所述，人工智能赋能我国制造业智能化转型升级是指我国制造企业为了满足客户个性化、多样化的需求，需要通过产品与人工智能技术服务融合，实现智能化服务能力的整合（整合人工智能企业的服务能力），给客户提供高质量的智能产品服务系统。在产品与人工智能技术服务融合的过程中既有产品流又有人工智能技术服务流，而人工智能技术服务具有高技术、智能化、自动化、异质性、不可分离、不可存储性和易逝性等特点，所以我国制造企业需要加强与人工智能企业和客户的合作（基于智能化服务能力整合的相互合作），并加强对合作过程中的信息资源、交易流程、整体能力（工作人员、基础设备及设施）、产品服务和资金投入的管理。

在我国制造业智能化转型升级的过程中，制造企业在供应链中的角色发生了相应转变，即由产品提供商转变为提供产品与人工智能技术服务的集成商（简称产品服务集成商）。制造企业作为产品服务集成商，通过对产品流、人工智能技术服务流（智能推理、机器学习、机器视觉、机器听觉、智能控制系统等）、信息流、资金流、价值流的控制，开始利用人工智能服务能力，并与人工智能企业和客户相互合作，实现智能化服务能力的有效整合、产品与人工智能技术服务的深度融合，最后，为客户提供先进的智能产品服务系统。

3.3 人工智能赋能我国制造业智能化转型升级的特点

将一般制造业转型升级、制造业智能化转型升级和人工智能赋能我国制造业智能化转型升级进行比较，如表 3－1 所示。

表 3－1 三种不同制造业转型升级模式比较

类别	一般制造业转型升级	制造业智能化转型升级	人工智能赋能我国制造业智能化转型升级
概念	制造业从低附加值持续转变成高附加值产业的更新换代进程，生产效率、技术也会随之上升[103]	利用数字技术、智能化技术等新一代信息技术，将各设备、制造企业、客户等主体以产业价值链的形式整合起来，整体协同运作发展的过程[104]	人工智能驱动社会创新和商业创新中给我国制造业智能化转型升级带来的变革化、消费化效应[105]
特点	自主创新性、组织规模化及生产持续化	自动智能化、整体协同性、产品个性服务化、技术创新性、智能产品绿色化	技术柔性化、价值链高端化、社会需求旺盛、产业规模化、市场导向性强
目的	改善产品质量、进行关键技术革新，提高市场核心竞争水平	以智能化技术等先进信息技术为基础，加快推动制造业生产运作模式、营销管理模式等实现根本变革	给我国制造业转型升级赋能，推动我国制造业实现快速的高质量发展，促进我国制造业产品生产的质量、效率及动力变革
作用	降低产品的生产成本，提高生产效率，鼓励制造企业对市场需求的转变做出及时反应	推动实现制造业和互联网的高度一体化发展	通过人工智能赋能，使制造企业获得利益，进而推动制造企业朝着对自身发展有利的方向前进

根据制造业智能化转型升级的含义，结合表 3－1 可知，与一般的制造业转型升级、制造业智能化转型升级相比而言，除了拥有它们所具备的共性特点以外，人工智能赋能我国制造业智能化转型升级还具有技术柔性化、价值链高端化、社会需求旺盛、产业规模化、市场导向性强[106-107]等特点，如图 3－2 所示。

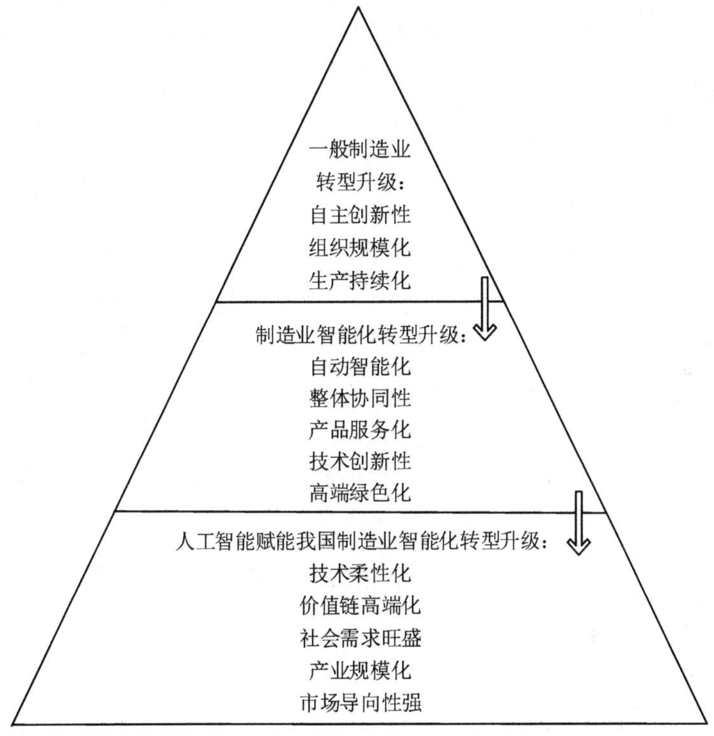

图 3－2 人工智能赋能我国制造业智能化转型升级的特点

1. 技术柔性化

随着制造企业规模的不断扩大，客户的个性化需求也在日益丰富，这就要求制造企业在各个生产环节必须要不断进行技术创新，以保证人工智能产品的研究与开发。要想长期拥有人工智能化市场，技术的更新迭代是关键。人工智能技术柔性化程度能够促进制造企业不断提升整体发展水平，最终促进我国整个制造业智能化转型升级。

2. 价值链高端化

受到新一代信息技术的影响作用，生产性服务业迅速上升发展，主要体现在带动了制造业和服务业的深度一体化发展。制造业一改传统以单一产品为主导的价值链模式，逐渐发展成为“产品＋服务”的高端价值链模式。在此背景下，我国制造企业开始由生产性制造企业转变为服务型制造企业，人工智能赋能我国制造业智能化转型升级将促使我国制造业价值链走向高端化。

3. 社会需求旺盛

技术的快速更新使得人们对产品有着更高的要求，而人工智能技术的发展与进步进一步满足了社会发展的需要。人工智能技术如今广泛应用在制造业、服务业、交通、医疗等各大领域，市场需求不断壮大，而有关制造行业智能化管理、生产及监测等方面也是供不应求。

4. 产业规模化

制造企业借助人工智能技术能够大大提升生产线、车间等生产系统各部分的效率，从而实现智能生产。人工智能和制造行业的深度融合让人机协同合作成为可能，使得制造企业能够拥有更多的资源及能力去拓展产业规模，从而推动制造业高质量发展。

5. 市场导向性强

人工智能背景下，制造企业更加注重客户在市场需求中的主导地位，以客户需求为中心出发，为满足客户个性化需求，研究开发智能化产品。坚持市场导向是制造企业实现智能技术创新的基础，只有获得客户认可的产品，才能在智能化市场中占据一定的地位，才能够使得客户接受产品，从而引领智能化市场。

3.4 人工智能赋能我国制造业智能化转型升级的过程

人工智能赋能制造业智能化转型升级的过程主要是指在人工智能背景下，制造业转型升级过程中产生的实质性转变，主要包括制造企业技术创新、生产与管理智能化、产业链价值转变及供应链智能化[101,108]。

随着智能化产品需求的日益增加，制造企业为获得一定的市场份额而进行企业技术创新。制造企业把各项智能化技术运用到制造产品生产的流程、设备中，从而使得生产过程实现智能化管理。与此同时，规模不断壮大的制造企业利用智能软件对海量信息、数据、资源进行高效处理整合，并实现数据可视化。制造企业不再是传统单一产品主导的产业链模式，服务在产业链中的地位不断上升，传统产品产业链模式开始转变为以服务为主导的产业链模式。在制造业智能化转型升级背景下，供应链上的各大企业通过人工智能等信息技术形成了发展整体，整个供应链处于人工智能技术的管理下，最终趋于智能化。

人工智能赋能我国制造业智能化转型升级的过程如图 3-3 所示。

人工智能赋能我国制造业智能化转型升级的过程就是我国制造企业作为产品服务集成商，与人工智能企业和客户之间合作与协调的过程，展开信息共享和协作，并整合了供应链中的智能服务能力，以控制产品流、人工智能技术服务流、信息

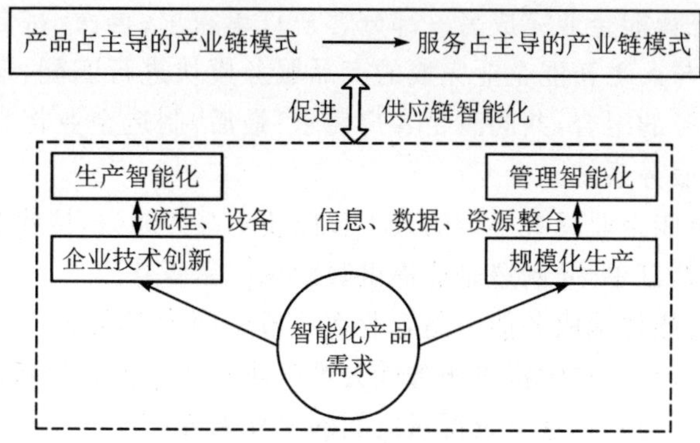

图 3-3　人工智能赋能我国制造业智能化转型升级的过程

流、资金流和价值流。此进程中，我国制造企业作为产品服务集成商，在供应链中处于主导地位。一方面，在运作层面，制造企业与人工智能企业进行合作，提出智能化服务能力的需求，并接受人工智能企业提供的智能化产品服务模块；另一方面，在营销层面，制造企业直接面向客户，并与客户建立良好的合作伙伴关系，接受客户发出的智能化产品服务订单，并将产品与人工智能技术服务进行深度融合，向客户提供智能产品服务系统。制造业智能化转型升级的过程如图 3-4 所示。

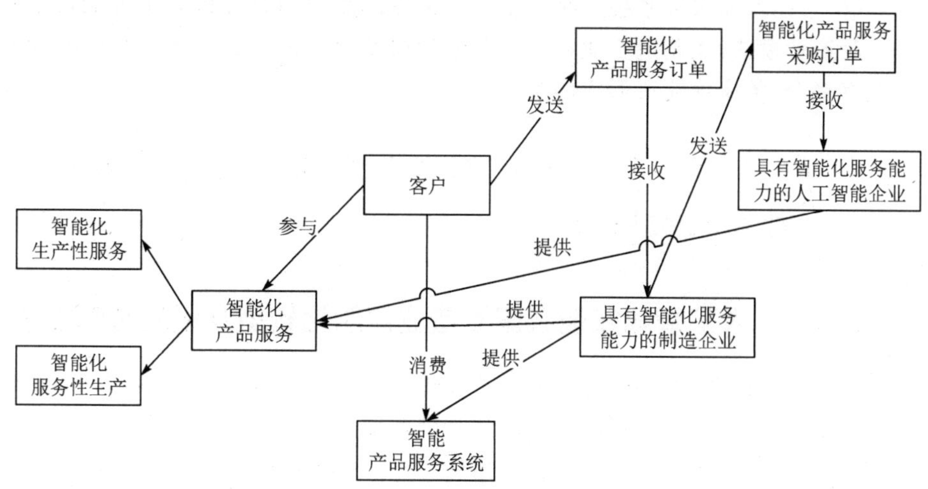

图 3-4　制造业智能化转型升级的过程

(1)客户向制造企业发送智能化产品服务订单，并与制造企业相互协作，共同完成智能化产品服务的设计、生产和交付，共同创造价值。

(2)制造企业具有一定的信息智能化服务能力，接收客户的智能化制造产品服务订单。制造企业首先对客户订单需求进行分解，并依据服务能力，提供智能化产品服务，完成一部分客户订单需求；其次，向人工智能企业发送智能化产品服务采购订单,由人工智能企业完成另一部分客户订单需求;再次,将自身完成的智能化产品服务模块与人工智能企业完成的产品服务模块进行匹配,形成一个产品与人工智能技术服务的组合,共同满足客户需求;最后,制造企业将为它们的客户提供一个智能产品服务系统。

(3)人工智能企业具有一定的人工智能技术服务能力,接收制造企业的智能化产品服务的采购订单,向制造企业提供智能化产品服务。

(4)人工智能技术服务能力是企业在一段时间内满足客户智能化需求的最大处理能力。人工智能技术提供服务能力可以使用制造企业为满足客户的智能化需求所需的资源量与企业现有资源量之间的差异来表示。

人工智能技术服务能力构成要素主要包含以下内容:①机器感知能力(输入:机器视觉、机器听觉等);②机器学习能力(获取知识:符号、统计、神经及深度学习);③机器思维能力[认识事物:推理(确定性、不确定性)、搜索(启发式)];④机器决策能力[解决方案:明确目标,建立方案(智能化的决策支持系统)];⑤机器情感能力;⑥机器行为能力。

(5)智能化产品服务描述了智能化生产性服务(智能化产品研发设计服务、安装调试、智能化维修和保养服务等)和智能化服务性生产等。

(6)智能产品服务系统是制造企业在销售产品的同时提供人工智能技术服务的一种商业模式,是制造企业在产品全生命周期中通过产品与人工智能技术服务的相互融合、整体优化所形成的系统。

3.5 人工智能赋能我国制造业智能化转型升级的影响因素及动因

3.5.1 人工智能赋能我国制造业智能化转型升级的影响因素

在人工智能背景下,我国制造业智能化转型升级受到多方因素的影响,这些因素主要包括智能制造政策环境、智能化基础设施建设能力、智能制造信息资源整合能力、人工智能技术创新能力、人工智能产品市场识别能力[16,109-112]。制造企业刚开始进行智能化转型升级时,需依靠国家或者地方政府的相关政策支持,才能站稳脚跟。然而,有政策支持智能化转型升级,但缺少智能化基础设施,也无法成功开展转型之路,此时,制造企业基础设施建设能力大小决定了其是否能顺利完成智能化转型升级。与此同时,面对大量的制造信息资源,制造企业要想高效整合和重新配置各项资源,必须不断提升自身的智能制造信息资源整合能力。在具备智能化转型升级的各项条件后,制造企业需利用人工智能产品市场识别能力来开拓市场,同时还需根据客户个性化需求来不断提升人工智能技术创新能力及水平,进而给客户提供高质量的产品与服务。人工智能赋能我国制造业智能化转型升级的影响因素如图 3-5 所示。

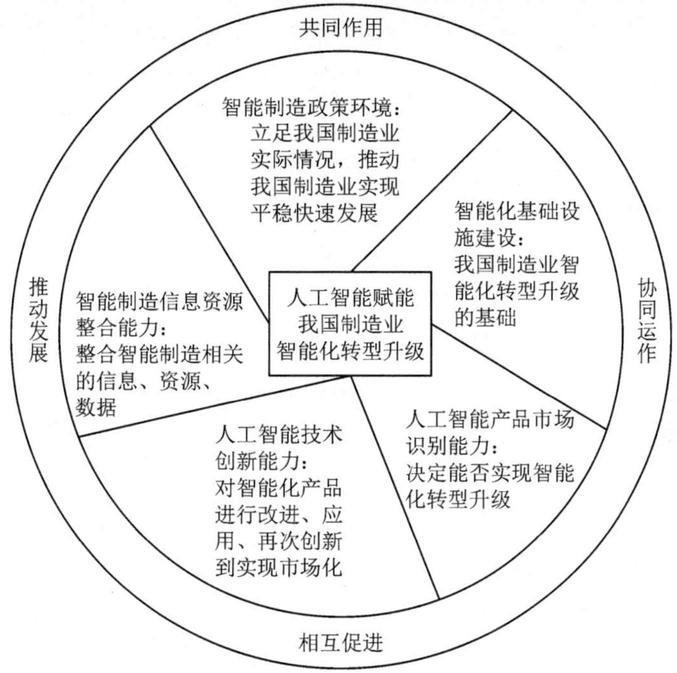

图 3-5　人工智能赋能我国制造业智能化转型升级的影响因素

1. 智能制造政策环境

近年来，国家陆续出台了《推动企业上云实施指南(2018—2020)年》《“十四五”智能制造发展规划》《工业互联网创新发展行动计划(2021—2023 年)》等智能制造业的相关政策及规定，有效推动了我国制造行业进一步实施智能制造转型升级。在国家政策背景影响下，我国制造业智能化转型升级不仅对我国制造业进步发展具有极其重要的作用，也是立足我国制造业实际情况、推动我国制造业实现平稳快速发展的战略选择。

2. 智能化基础设施建设

制造业智能化发展所需的基础设施建设是我国制造业智能化转型升级的基础和保障。制造企业在进行智能化转型升级前需确保企业是否具备系统的智能网络、智能平台、智能装备等基础设施，并在此基础上利用智能化信息平台实现价值链上下游企业的资源信息共享。智能化基础设施建设是真正能推动制造企业实现转型升级的根基，智能生产、智能管理等都需要建设完备的基础设施并以此为支撑才能正常运作。

3. 智能制造信息资源整合能力

我国制造企业要想实现智能化转型升级，需高效快速对大量的智能制造相关的信息、资源、数据进行整合。一方面，制造企业的绩效离不开智能制造信息资源的整合及重新配置，企业只有通过重新整合企业内外部各有效资源，才能提升资源利用率，并以此为基础，创造出新的知识、资源及能力，从而使得企业整体绩效得以提升。另一方面，智能制造信息资源整合能力的大小是提升企业市场竞争力的基础，制造企业要想在智能化产品市场获得一席之地，就必须对智能制造信息资源进行识别、筛选、汲取、配置，提升整体资源竞争力。

4. 人工智能技术创新能力

我国制造企业要实现智能化转型升级的目标，人工智能技术的创新必不可少。人工智能技术的创新实质是研发人员对智能化产品进行改进、应用、再次创新到实现市场化的过程。只有当我国制造企业将企业内外部人工智能技术知识进行有效吸收并不断创新，才能在短时间内提升人工智能技术创新能力，它是对制造企业人工智能技术先进与否的衡量标准。

5. 人工智能产品市场识别能力

对我国任何一个制造企业来说，人工智能产品的市场决定了企业能否实现智能化转型升级。我国制造业要想得到进一步发展与壮大，首要任务是充分了解客户对人工智能化产品的需求，确定智能化产品的市场范围。与此同时，将人工智能化产品与客户需求特点进行匹配分析，合理制定企业的经营发展策略，并不断提升企业核心竞争力，为实现智能化转型升级打下坚实的基础。

3.5.2 人工智能赋能我国制造业智能化转型升级的动因

在人工智能背景下，我国制造业要想实现智能化转型升级，必须有源源不断的技术创新动力，这些动力主要包括产品服务化、智能化产品市场需求、产业链协同转型、企业战略发展需求[113-118]。一方面，客户对智能化产品的个性化服务追求，不断促进制造企业进行产品创新，且拥有人工智能技术的制造企业生产出来的产品，服务价值持续攀升，与此同时，客户的需求变化必然导致智能化产品市场需求的动态变化，为抢夺更多的市场份额，制造企业亟须实施智能化转型升级来提高核心竞争力，从而满足市场动态变化的需求；另一方面，制造企业在智能化转型升级中，传统的产业链模式下，企业之间联系不够紧密，合作有待提升，这推动着制造企业实施产业链协同转型，各企业形成利益共同体，互惠共赢，共担风险，此外，企业的战略发展需求也在不断推动制造企业加快智能化转型升级进程，通过转型升级来实现可持续发展。人工智能赋能我国制造业智能化转型升级的动因如图 3－6 所示。

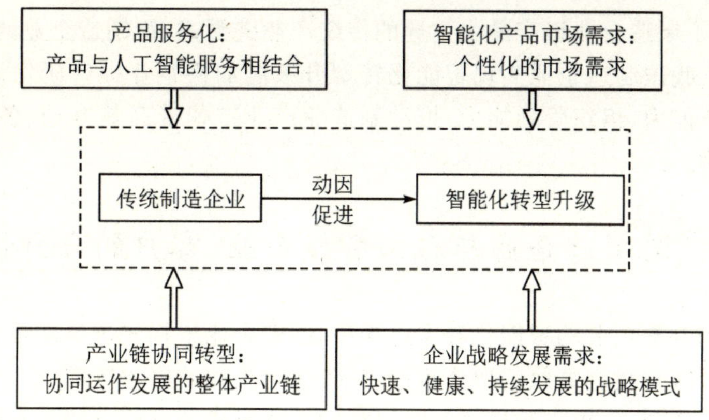

图3-6 人工智能赋能我国制造业智能化转型升级的动因

1. 产品服务化

在传统产业链中，产品占主导地位，信息资源分散，各企业之间协同运作效率低下，产业链整体抗风险能力不足。而以人工智能为背景的制造业智能化转型升级下的产业链，产品与人工智能服务相结合，信息资源高度集中，各企业之间信息共享程度高，不再产生信息孤岛。智能化产品是产品功能和人工智能服务的载体，并随着客户个性化需求的不断转变，制造企业需不断进行产品更新来提升客户体验。

2. 智能化产品市场需求

随着客户偏好的不断变化，他们越来越倾向于选择充满个性化服务的产品，传统功能、作用单一的产品无法满足客户需求。智能制造将实现设备、制造过程智能化，充分适应智能市场需求，给客户提供个性化的智能产品及解决方案，最大程度实现个性化定制，从而推动人工智能技术助力制造企业快速实现智能化转型升级的目标，成为制造业的核心技术支撑力量。

3. 产业链协同转型

随着智能制造的不断发展与进步，制造企业的分工逐渐精细，企业不再是单一独立的个体，而是协同运作发展的产业链整体。在人工智能技术推动下，我国制造企业为完成制造生产任务，不仅要维持生产线各程序之间的高效运作，还需要相互协同合作，联系趋于紧密频繁。我国制造业要想实现智能化转型升级，必须要形成高效协同机制，才能不断提升生产效率，保障智能化产品质量。

4. 企业战略发展需求

在市场竞争日趋激烈的背景下，制造企业以发展方向、速度、质量、能力为出发点，以期寻求能推动企业实现快速、健康、持续发展的战略模式。人工智能技术的出现，改变了制造企业以产品为主导的传统产业链模式，给制造企业的发展带来了新的机遇。我国制造企业实现智能化转型升级能加快企业提升研发设计能力、生产方式变革能力、组织管理能力，推动制造业产业链朝着高效互动、各方协同合作的方向前进。

3.6 我国制造企业与人工智能企业、客户的合作协调过程

在我国制造企业的智能化转型过程中，制造企业依托先进信息技术，与人工智能企业以及客户建立高效的协作机制，将各参与主体的服务资源、人工智能技术服务能力进行整合，以更加敏捷、智能、灵活的方式对资源进行分解与匹配，为客户提供各种智能产品服务系统，以满足客户日益丰富的个性化、多样化市场需求。制造企业与人工智能企业、客户的合作协调过程是指以制造企业作为供应链的核心企业，联合供应链上游的人工智能企业、下游客户，通过三方协同运作，实现产品与人工智能技术服务的相互融合。制造企业与人工智能企业、客户的合作协调过程如图 3－7 所示。

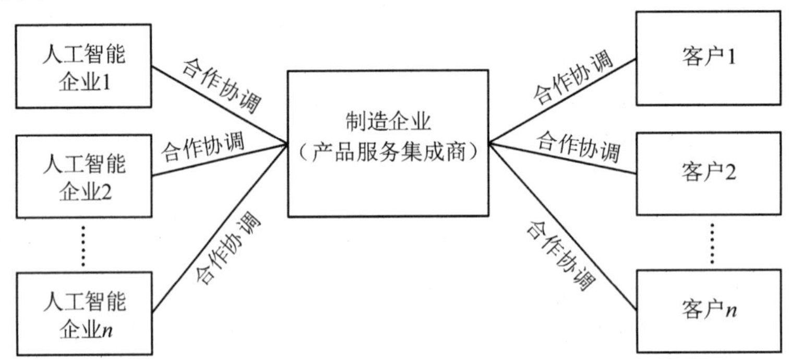

图 3－7 制造企业与人工智能企业、客户的合作协调过程

3.6.1 制造企业与人工智能企业的合作协调过程

在我国制造企业与人工智能企业的合作协调过程中，当客户向制造企业提交智能产品服务订单后，制造企业借助大数据、人工智能等新一代信息技术，分析客户需求，根据客户需求，并结合人工智能企业的技术服务能力选择人工智能企业，向人工智能企业动态分配订单，实现产品与人工智能技术服务的高效整合，为客户提供各种智能产品服务系统。制造企业与人工智能企业的合作协调过程如图3－8所示。

首先，制造企业收集并展开分析客户的多样化需求；其次，制造企业根据分析结果，将人工智能服务采购订单发送给具备相应能力的人工智能企业；最后，人工

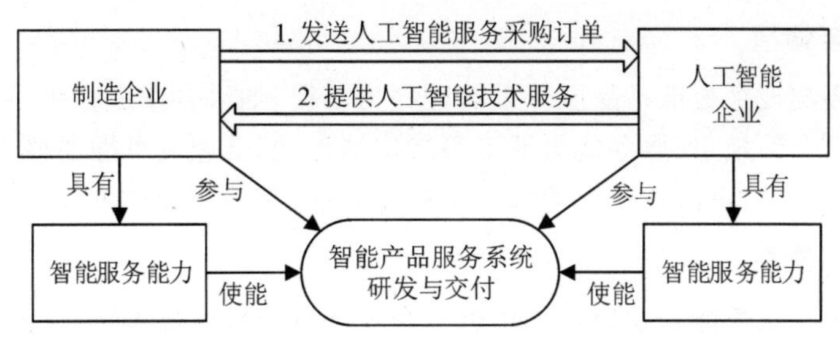

图 3-8 制造企业与人工智能企业的合作协调过程

智能企业向制造企业提供人工智能技术服务。在这个过程中，制造企业与人工智能企业都会参与到智能产品服务系统的研发与交付过程中。

我国制造企业作为产品服务集成商，根据客户的智能产品服务订单制订智能服务能力分配方案，进而提高智能服务能力的专业化和柔性化程度。一方面可以通过合理增加企业自身可用资源投入量来提升智能服务能力，另一方面可以通过智能服务外包的方式增强满足客户需求的能力。

在我国制造企业与人工智能企业的合作进程中，当客户给制造企业发出智能产品服务订单，制造企业按照客户的订货时间、数据及自身智能服务能力将订单归纳和分类；若智能服务能力不能达到客户的要求，应及时按照目前智能产品服务请求，并考虑人工智能企业的服务能力挑选人工智能企业，给人工智能企业灵活下派订单；人工智能企业以全力展示自身的服务特征为目标，按照不同的智能服务能力，采用协调合作的方法给制造企业提供智能产品服务；制造企业实施产品与人工智能技术服务深度融合的战略，为客户提供智能产品服务系统。

我国制造企业与人工智能企业的合作过程具备两个方面的特点：一方面，制造企业、人工智能企业在供应链中的地位和作用是动态变化的，当外部环境发生变化时，供应链的组织结构也随之发生改变；另一方面，制造企业、人工智能企业的智能服务能力也在持续发生改变。

我国制造企业与人工智能企业的合作过程主要包括以下内容。

1. 动态选择

由于制造企业可以与人工智能企业进行合作，每个人工智能企业都可以为制造企业提供智能产品服务，所以由制造企业根据客户订单需求的实际情况，考虑人工智能企业的服务能力，选取较为详细的智能产品服务订单的处理流程。

2. 动态细化

在制造业中，客户订单是基于对客户需求的全面理解而展开分类的。对于较为清晰的客户订单，选择合适的人工智能企业，将其订单与人工智能企业的服务能力进行整体分析，并采购相应的智能产品和服务。

3. 动态偏离

以不影响现存智能产品服务采购程序为前提，如果合作进程中，存在某人工智能企业违反合约规定、服务能力低下等特殊情形，制造企业可撤回该人工智能企业的产品服务订单，再次挑选合适的人工智能企业，重新分配订单。

4. 动态变更

为了让人工智能企业通过优化资源和任务分配来满足客户对智能产品服务的需求，制造企业分析与现有提供智能产品服务的人工智能企业之间的合作。详细分析后，能提前模拟智能产品服务的应用，判断是否能以最优的方式满足产品的智能服务需求，进而改变对人工智能企业的选择类型，不断调整智能产品的结构、人工智能服务的采购流程，完成产品和人工智能服务的自动组合。

3.6.2 制造企业与客户的合作协调过程

我国制造企业与客户的合作协调就是在进行产品服务交易过程中的产品与人工智能技术服务融合。产品和人工智能技术服务深入融合包含两个方面：一方面，人工智能技术服务运用到产品全生命周期过程中；另一方面，是指制造企业向客户提供产品的同时也向客户提供人工智能技术服务，是产品与人工智能技术服务相互影响的结果。制造企业通过制造过程与人工智能技术服务过程的融合实现产品与人工智能技术服务的融合，从而为客户提供智能产品服务系统。同时，客户也全程参与到智能产品服务系统的研发、生产及交付过程中。制造企业与客户的合作协调过程及客户参与智能产品服务系统研发过程如图 3 - 9 和图 3 - 10 所示。

首先，客户向制造企业发送智能产品和服务需求；其次，制造企业对客户需求进行分析和分解，一方面，根据自身的智能服务能力满足客户的部分需求，另一方面，将部分客户需求发送给人工智能企业来完成；最后，制造企业对人工智能企业提供的人工智能技术服务进行整合，从而向客户提供智能产品服务系统。由于制造企业与客户都具有一定的智能服务能力，所以他们都能够参与智能产品服务系统的研发与交付过程，即产品与人工智能技术服务的融合过程。

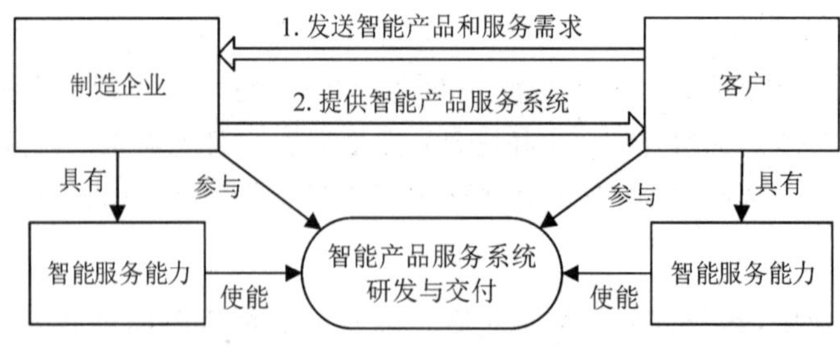

图 3 - 9　制造企业与客户的合作协调过程

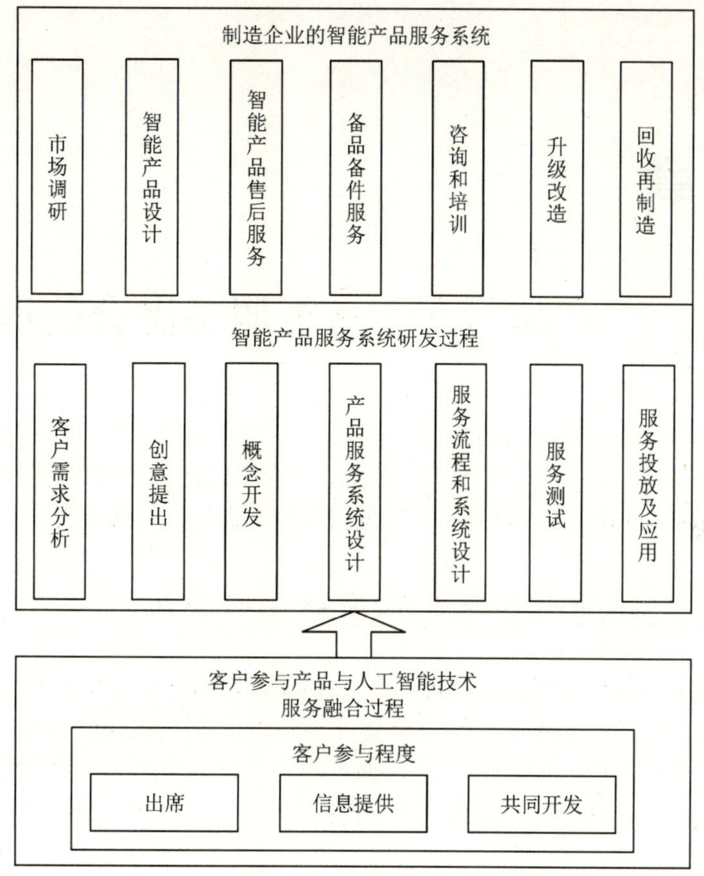

图 3-10　客户参与智能产品服务系统研发过程

3.7　本章小结

本章首先通过分析得出人工智能赋能我国制造业智能化转型升级的含义，其关键在于制造企业经营实质和结构转变，从而实现智能产品服务系统研发、生产制造过程、经营销售过程的智能化。其次，分析总结出人工智能赋能我国制造业智能化转型升级的特点：与一般的制造业转型升级、制造业智能化转型升级相比，除了拥有它们所具备的特点以外，人工智能赋能我国制造业智能化转型升级还拥有技术柔性化、价值链高端化、社会需求旺盛、产业规模化、市场导向性等特点。再次，分析了人工智能赋能我国制造业智能化转型升级的过程。从次，探析了人工智能赋能我国制造业智能化转型升级的影响因素及动因。最后，重点分析了我国制造企业与人工智能企业、客户的合作协调过程。

第4章

产品与人工智能服务融合的理论分析

本章将研究产品与人工智能服务融合的含义、特点、类型、演变过程、影响因素和交互关系，并对促进产品与人工智能服务融合提出了对策建议。

4.1 产品与人工智能服务融合的含义

制造业与智能信息技术的进一步融合，使得制造业平台化成为一种趋势，为顾客提供更完善的产品服务[119]。Lee 等[120]、张铁伦等[87]认为物联网、大数据、云计算等新信息技术的发展，促进了产品服务融合进程。李杰等[80]认为智能化产品服务系统需实现产品、服务、信息三者的高度融合。Haber 和 Fargnoli[72]认为集成产品服务系统的设计和开发旨在用功能性产品或服务取代独立的产品或服务。简兆权和曾经莲[121]、Chowdhury 等[122]认为“硬件＋软件＋服务”的组合和交互成为制造业信息化的趋势。

综上所述，本书认为产品与人工智能服务融合的含义是：以不同利益相关者为参与者，以智能服务系统为基础设施，以智能产品服务系统为媒介，依托人工智能技术，将产品、服务、商业模型等内部和外部资源加以整合，并形成以产品为载体、以人工智能服务为核心的价值交付物。产品与人工智能服务融合的概念可总结如图 4-1 所示。

产品与人工智能技术服务彼此在价格、质量、销量等方面相互影响。产品与人工智能技术服务融合程度是指在智能产品服务系统研发生产和交易过程中所包含着的人工智能技术服务的数量，及其在智能产品服务系统的研发生产和交易过程中所占的价值比重。

产品与人工智能技术服务融合的内涵：制造企业作为产品服务集成商，与人工智能企业以及客户相互合作，通过产品和人工智能技术服务的相互融合，需要对客户需求大数据挖掘分析，并应用到产品全生命周期中，在此过程中，人工智能技术

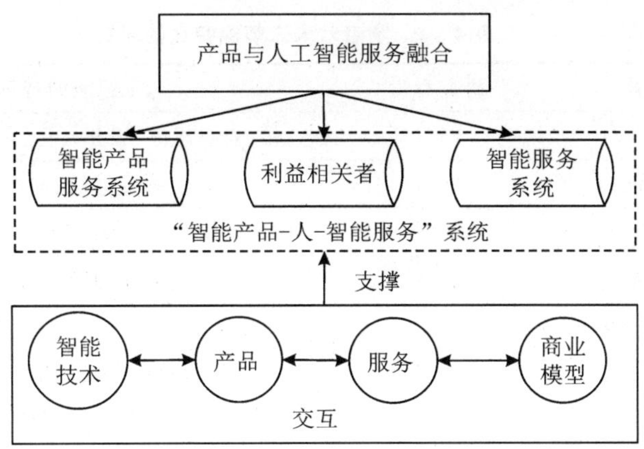

图 4-1　产品与人工智能服务融合的概念

服务依赖于产品，是基于产品衍生出来的，人工智能技术服务能够提高产品功能和性能，促进产品销售，提高产品获利性，最终提供满足客户需求的智能产品服务系统。

依据在智能产品服务系统中所占比重，人工智能技术服务可以划分为四类：①以产品为导向的智能产品服务系统（以产品为中心的人工智能技术服务嵌入）；②以应用为导向的智能产品服务系统（以应用为中心的人工智能技术服务嵌入）；③以解决方案为导向的智能产品服务系统（以解决方案为中心的人工智能技术服务嵌入）；④以效用为导向的智能产品服务系统（以效用为中心的人工智能技术服务嵌入）等。

产品与人工智能技术服务融合通常出现在制造企业产品的设计、研发、生产、销售、售后等过程中，人工智能企业、客户全程参与这些过程。在此过程中，具体应用机器感知、机器学习、机器推理、智能搜索、智能控制系统、智能决策支持系统、专家系统、数据挖掘、知识发现等技术。

4.2　产品与人工智能服务融合的特点

4.2.1　相关研究

人工智能技术是一项结合了多种学科的综合性科学技术。学者们对人工智能特点的研究，可总结如表 4-1 所示。

表 4-1 学者对人工智能特点的研究

学者	研究年份	人工智能的特点
鲍梦春[123]	2021	嵌入性、自我思考、服务人类、人机交互、安全性
温锦辉和周红林[124]	2021	多元性、精准性
时述有[125]	2020	仿人类思考、行业结合度高、使用难度低
罗雅丽[126]	2019	自主学习性、层次化
张晓晓和庞婷[127]	2017	不确定性、人为控制、模型与数学理论不同
张娓娓[128]	2019	确保网络系统的稳定运行， 具备非常强的协作能力、高效的非线性处理能力
刘江帅、周翔宇和王曙杰[129]	2019	数据处理能力、学习能力、逻辑能力、协作能力
王风[130]	2018	改变人们的思维和观念、第一生产力

有关产品服务融合特点的研究，主要分为一般的产品服务融合的特点、产品服务系统的特点、智能产品服务系统的特点、产品和人工智能服务融合的特点等四个方面的研究。

(1)一般的产品服务融合的特点。Zhe 和 Andrew[131]、姚树俊和陈菊红[132]认为在产品服务运作过程中，具备模块化、产品替代性、顾客价值最大化的特点。随着产品服务化的兴起、服务地位的提高和顾客需求的复杂化，传统的商品主导逻辑逐步演变为新的服务主导逻辑，产品服务融合进程加快[133]。

(2)产品服务系统的特点。产品服务系统主要是一种"产品＋服务"有机组合的表现形式，其主要特点如表 4-2 所示。

表 4-2 有关产品服务系统特点的研究

学者	研究年份	产品服务系统的特点
曾经莲和简兆权[134]	2017	互动性
Eggert 等[135]	2018	主观性、共创性和过程性
李浩等[136]	2018	模块性
罗建强、李昊和彭永涛[137]	2018	价值与成本之间的偏好性，以顾客需求为主

(3)智能产品服务系统的特点。智能产品服务系统中产品和服务的集成方式也变得更加数字化、智能化和互联化，其主要特点如表 4-3 所示。

表 4-3 有关智能产品服务系统特点的研究

学者	研究年份	智能产品服务系统的特点
Valencia 等[138]	2013	消费者赋权、服务个性化、社区感受、共享体验等
Kuhlenkötter 等[139]	2018	复杂性、动态性以及互联特性

(4)产品和人工智能服务融合的特点。人工智能服务拥有搜寻信息、整理信息、预测信息的流向等特点，与产品的融合趋向更加复杂化，其主要特点如表 4-4 所示。

表 4-4 有关产品和人工智能服务融合特点的研究

学者	研究年份	产品和人工智能服务融合的特点
郑茂宽[140]	2021	自感知、自优化、自组织能力
姜念云和许元斋[141]	2019	满足需求、对相关事物运行规则具有准确认知、交互性、技术可行性
孙效华等[142]	2020	情境感知、自适应学习、自主决策、交互等

4.2.2 特点

综上所述，可总结出产品与人工智能服务融合的特点：共创性、情境感知、自主决策及优化、主动交互及协同、大规模个性化等，如图 4-2 所示。

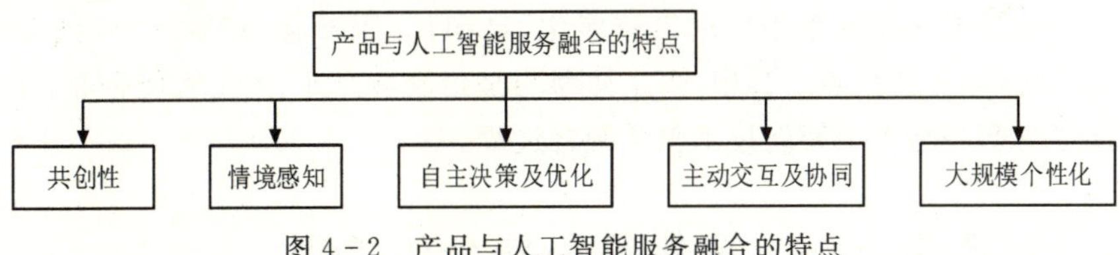

图 4-2 产品与人工智能服务融合的特点

(1)共创性。随着技术的发展和数据的不断积累，人工智能以围绕客户和企业创造、沟通、交付和保存价值为中心，帮助企业探索消费者数据，通过发掘数据背后存在的意义和联系，进一步来识别客户行为，预测结果，通过数字技术创造、沟通并交付给客户和其他利益相关者以传递价值，企业与客户以及合作伙伴一起为所有利益相关者共同创造、沟通、交付和维持价值实现最大化产品价值。

(2)情境感知。智能的前提是即时地获取大量可靠的数据用于智能分析。目前主流的人工智能算法都需要大量数据进行训练，才能获得较好的输出结果。训练模型的准确性取决于数据的可靠性，结果的时效性取决于数据获取的及时性。智能服务必须有感知性强的硬件及软件算法配合，为系统适应环境变化打好基础，最终做到提高终端感知部件覆盖率，提高快速响应能力。

(3)自主决策及优化。智能服务的“智能”首先表现在对简单服务流程的自动化上，将人力从服务环节上的简单、重复工作中解放出来，为高级的服务流程自动化打好基础。“智能”还表现在对高级业务流程的自动化上，随着对服务的质量、时效性的要求进一步提高，在大数据处理方面人力首次落后于机器。建立在感知化和数据化上的系统仍需进一步解决大量的优化决策问题，便于系统高效运行和管理，这时服务过程中的关键决策也不再适合由人来做，需要机器对服务系统有着良好的决策支持功能。

(4)主动交互及协同。产品与人工智能服务融合促使企业经营模式的转变,需要整合不同的参与者,根据参与者的不同,有选择地合作,如与市场、技术方面的人一起工作。人工智能依据其在计算智能、感知智能、分析智能、认知智能等方面的表现,以及海量信息搜索、存储快速计算、优化等优势,实现人机协同的目标。

(5)大规模个性化。伴随着基于硬件的物联网技术和计算能力的发展,服务系统的感知性和数据处理能力增强,这使得从全方位收集环境与用户的数据成为可能。大规模的个性化服务采用数据驱动方法,通过跟踪客户的行为来捕获其偏好、态度和支付意愿等有价值的信息,并结合合适的推送策略,增加用户黏性。在用户产生实质需求前,对其可能出现的需求进行预测和覆盖,降低用户的使用成本。

总之,在产品与人工智能技术服务融合过程中既有产品流又有人工智能技术服务流,而人工智能技术服务具有智能化、环境主动感知、自学习、自适应、自动控制、异质性、不可分离、不可存储性和易逝性等特点,所以制造企业需要加强与人工智能企业以及客户的合作(基于人工智能技术服务能力整合的相互合作)。因此,产品与人工智能技术服务呈现出智能化、自动化、服务化、定制化、协同发展和集聚、多主体参与的特点。其中,多主体参与是指制造企业、人工智能企业、客户等多主体参与产品与人工智能技术服务融合过程。

4.3 产品与人工智能服务融合的类型

有关产品与人工智能服务融合的类型的研究,Valencia 等[143]指出人工智能产品服务主要包含结构化的产品、智能化的技术、联结化的服务。张富强等[144]根据信息技术(IT)对产品与服务融合的影响,研究了产品与生产性服务、工业产品服务系统、制造服务供应链等。熊文彬[145]发现以用户体验为中心,集成化智能产品和服务,进而设计了智能向导产品服务系统。

基于以上研究,本书认为产品与人工智能服务融合的类型主要有半智能产品服务系统、智能产品服务系统。其中,半智能产品服务系统主要由非智能产品与智能化服务组成,智能产品服务系统则是将产品与人工智能服务集成为统一的解决方案。如图 4-3 所示。

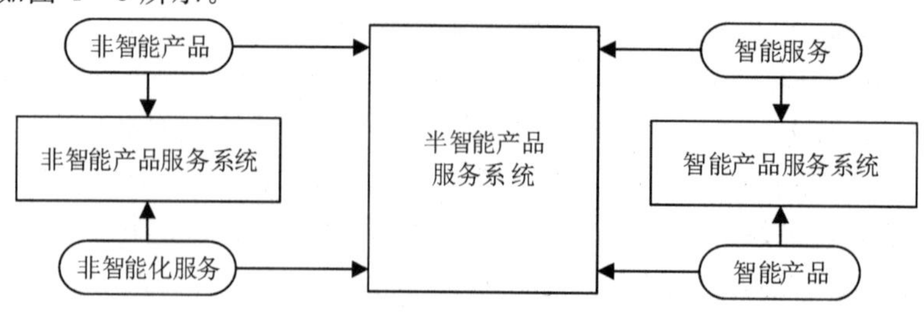

图 4-3 产品与人工智能服务融合的类型

4.4　产品与人工智能服务融合的演变过程

产品与人工智能服务的融合过程是人工智能服务与面向服务的制造的形成过程。在人工智能、云计算等新一代技术的加速驱动下，形成了面向人工智能服务的制造模式，同时也为产品服务提高了技术支持水平。产品与人工智能服务融合的过程，如图 4－4 所示。

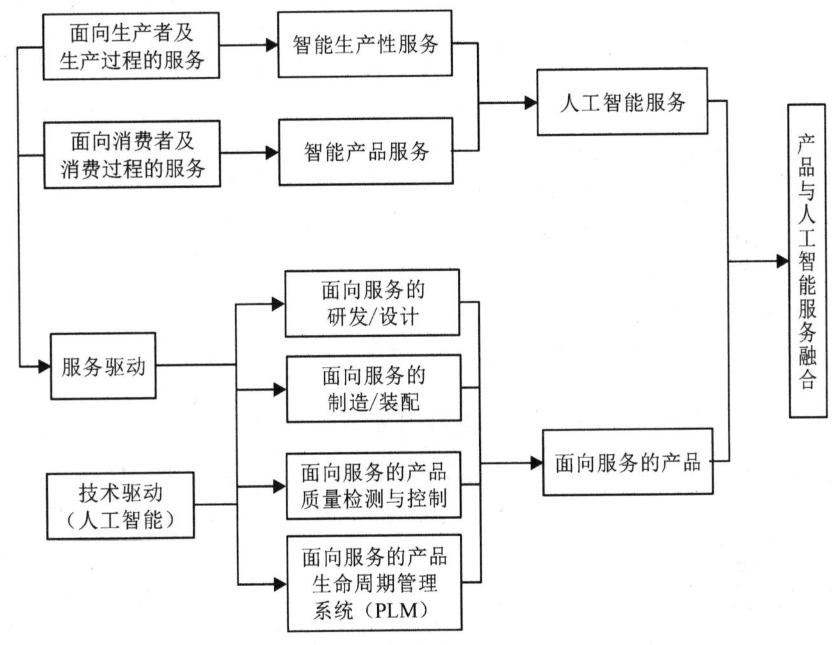

图 4－4　产品与人工智能服务融合的过程

产品与人工智能技术服务融合是以产品为基础，以人工智能技术服务为支撑，向客户提供智能产品服务系统。它模糊了产品与人工智能技术服务的界限。产品与人工智能技术服务融合演变过程是指以人工智能技术服务来逐渐取代产品的销售，同时保留产品的所有权。客户购买的仅仅是产品的功能。产品与人工智能技术服务融合演变过程如图 4－5 所示。

对于产品导向型的制造企业，智能产品服务系统主张应用人工智能技术，依托人工智能服务平台，将原本单一产品经营向产品和人工智能技术服务（智能产品研发设计、保养、维修、升级改造等）的组合转变，主要包括以下四种演化类型。

1. 产品导向型的产品与人工智能技术服务融合

产品导向型的产品服务融合所形成的智能产品服务系统中，产品所占比重较大，人工智能服务所占比重较小，但是人工智能服务所占比重呈现逐渐变大的趋

有形的产品
智能生产性服务
（智能产品研发设计、
保养、维修、升级改造）
纯产品
智能生产性
服务

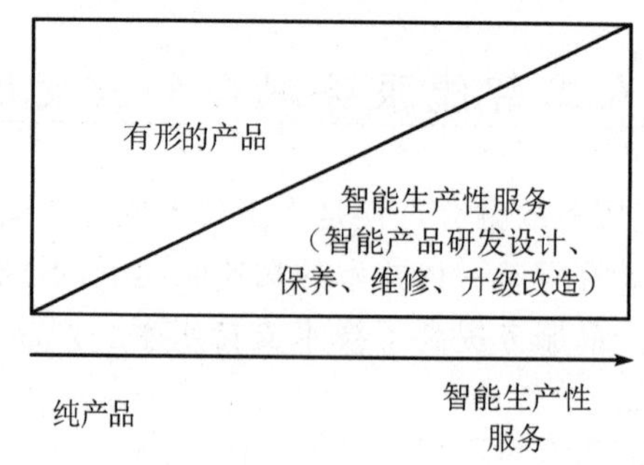

图 4-5 产品与人工智能技术服务融合演变过程

势。例如，陕鼓向客户提供产品的智能售后服务，即围绕企业的产品，为客户提供智能安装调试、智能维修检修、智能技术咨询和培训等智能售后服务。产品导向型的产品与人工智能技术服务融合如图 4-6 所示。

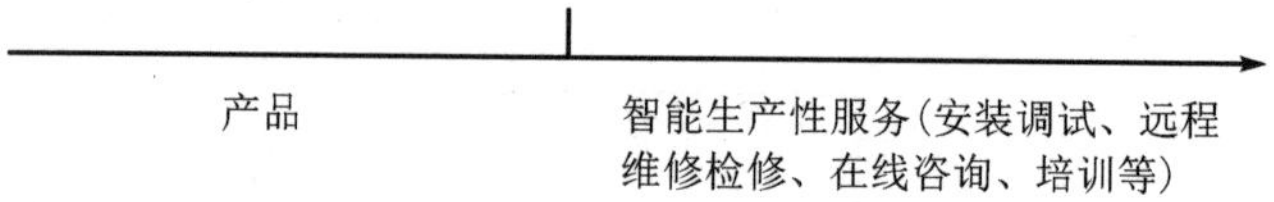

产品
智能生产性服务（安装调试、远程
维修检修、在线咨询、培训等）

图 4-6 产品导向型的产品与人工智能技术服务融合

2. 方案导向型的产品与人工智能技术服务融合

方案导向型的产品与人工智能技术服务融合是指制造企业根据客户的需求，借助新一代信息技术，为客户提供集成解决方案。在这种类型的产品服务融合所形成的智能产品服务系统中，产品所占比重较产品导向型的产品服务融合逐渐变小，人工智能技术服务所占比重逐渐变大。例如，陕鼓向客户提供工程成套智能服务，即陕鼓借助人工智能技术，基于云制造平台，将企业产品与工业流程技术和设备相结合，将产品、工业流程和技术、设备等都封装成智能服务，通过人工智能技术服务软件，为客户提供完善的人工智能服务解决方案。方案导向型的产品与人工智能技术服务融合如图 4-7 所示。

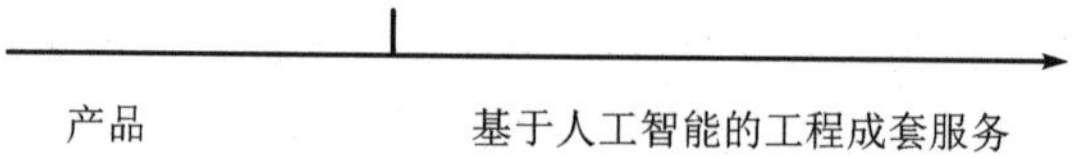

产品
基于人工智能的工程成套服务

图 4-7 方案导向型的产品与人工智能技术服务融合

3. 服务导向型的产品与人工智能技术服务融合

制造企业根据客户需求，在为客户提供人工智能技术服务的基础上，附加相应的产品。在这种类型的产品服务融合所形成的智能产品服务系统中，产品所占比重较小，人工智能技术服务所占比重较大，其所占比重呈现逐渐变大的趋势。例如陕鼓根据客户个性化的需求，借助人工智能技术，向客户提供备件需求智能预测及生产协同服务、智能检维修支持保障等功能服务。服务导向型的产品与人工智能技术服务融合如图 4-8 所示。

产品　　人工智能服务(机器学习、智能控制等)

图 4-8 服务导向型的产品与人工智能技术服务融合

4. 人工智能技术服务

人工智能技术服务要求制造企业借助机器学习、机器推理、专家系统等人工智能技术和平台,采集、挖掘和分析客户群体的行业背景、企业文化、个性化的需求等,然后进行精准服务。例如,陕鼓向客户提供融资服务,即以陕鼓为主导,借助人工智能平台,对关联配套企业、金融企业等资源整合,结成产业链联盟,将产业服务与金融服务有机结合,为有条件的客户提供包括网络融资服务的系统问题解决方案,引导客户需求。人工智能技术服务如图 4-9 所示。

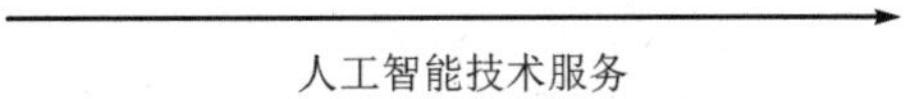

人工智能技术服务

图 4-9 人工智能技术服务

4.5 产品与人工智能服务融合的影响因素和交互关系

4.5.1 产品与人工智能服务融合的影响因素

有关产品与人工智能服务融合的影响因素的研究,Heiskanen 和 Jalas[146]、刘航[83]认为云技术通过对海量数据的共享和整合,可以提高制造企业产品服务融合的运作效率和服务水平。Ana 等[147]、赵馨智[78]发现资源整合能力在整个价值网络运作中占据重要地位,帮助企业对产品服务进行整合与集成。Retamal[73]、李强等[148]认为市场条件、成本收入比、客户行为、企业市场份额、商业准则等会显著影响制造企业服务化的选择。张雅琪等[149]、Vezzoli[150]、胡有林和韩庆兰[86]认为 PSS 创新是大部分传统制造企业服务化战略转型的必然选择,服务化战略、组织顾客参与、不断创新产品和服务模式是影响 PSS 创新绩效的关键因素。刘宇熹和谢家平[151]、闫开宁和李刚[152]验证了企业努力程度、管理模式变革、交互作用可以提升服务型制造企业的绩效。胡有林和韩庆兰[153]认为 PSS 绩效增值取决于个体参与、组织参与、PSS 财务绩效、产品服务占比率等因素不同组合的调节作用。

综上所述,本书认为产品与人工智能服务融合的影响因素主要包括资源整合率、顾客参与度、智能化程度、智能化服务水平、企业努力程度等,如图 4-10 所示。

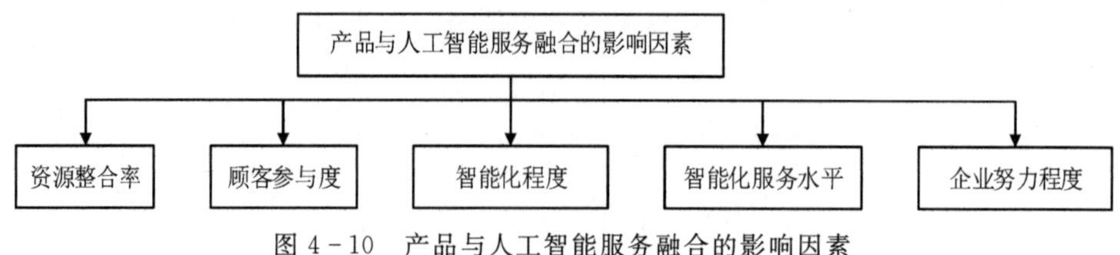

图 4-10 产品与人工智能服务融合的影响因素

1. 资源整合率

通过将云计算等新兴信息通信技术结合在一起构成云服务平台，整合云服务平台和制造资源，以用户为中心，给企业及个人带来海量可接入网络共享制造资源、跨地区制造资源共享、改善闲置产能导致资源浪费、达到环境绩效的要求等。企业对资源进行重新组合将带动商业模式变革，即通过重新整合、协调和配置企业内外部各种资源，进而形成协同效应，为顾客创造新的价值。

2. 顾客参与度

顾客参与度是指顾客愿意主动投入时间和精力与人工智能进行沟通、交流和互动，合作完成服务任务从而共同创建服务体验的一种行为意愿。人工智能技术的不断革新，为将顾客、供应商和中间商等多个利益相关者纳入价值创造的网络系统之中提供了可能。顾客通过与人工智能进行互动，满足自身需求，主要依托与行为者之间的有效互动，这主要体现为：

(1)顾客在使用过程中与产品或人工智能服务互动，顾客作为资源整合者，运用自身的知识技能使产品或服务满足自身需求。

(2)顾客直接参与企业的生产、服务流程，从而与企业(或其提供的代理资源)发生互动，顾客使用操作性资源，主动地干预影响企业流程及双方价值的实现。

3. 智能化程度

人工智能的发展使得企业可以摆脱劳动力供给不足的束缚，用先进的、智能化的设备替代劳动力，可以促进全要素生产率的提升，引导企业主动选择人工智能技术，以消解劳动力短缺造成的负面影响，扫除企业在智能化改造过程中面临的技术、资金等方面的障碍。

4. 智能化服务水平

人工智能技术还可以帮助服务管理者迅速而全面地获取顾客的相关信息，使其对服务对象有更深入的理解，对公众需求有更精准的预测，并定制服务以达到有效的决策。人工智能也可以基于服务大数据，自动生成覆盖市场主体存量，资金流入和市场活跃度的趋势分析。实现了跨地域，跨部门有效协同，增强了服务精准性与协同性，促进了服务整体效能。

5. 企业努力程度

在培育和发展企业核心竞争力的过程中起着关键性作用的就是人才。作为战略性新兴企业，有必要在通过各种途径成功引进高层次人才的基础上，结合企业的发展需求，大力开发高新技术及其行业，以提高工作效率和准确率，达到快速分析数据的目的。例如细分消费者需求、实现用户参与式的设计与制造、可视化的场景设置以及快速的跟踪与反馈等。

4.5.2　产品与人工智能服务融合的交互关系

有关产品与人工智能服务融合的交互关系研究，Ulaga 和 Reinartz[154]、Hong 等[155]认为在交互过程中应重视实用价值和情感价值，有助于提升客户的经营绩效。李子伦等[156]、吴启飞[157]认为交互过程是基于产品服务方案配置，和客户建立长期的合作关系，通过不断交流、交互，实现企业和客户共赢。赵鹏[158]通过具体设计实践来解决利益相关者核心需求和价值主张的问题。王瑞[159]认为人工智能与产品的交互关系分为具有显性自然交互和隐形自然交互，显性自然交互即智能产品对用户的主动需求表达做出反馈；隐形自然交互即智能产品对用户并未表达的需求进行预测，提前响应用户的需求。闫胜昝和韩志天[160]认为随着社会的进步和发展，更应该关注情感的互动体验。徐延章[161]认为通过交互体验情境设计建立用户与情境的交互关系，通过渲染资源、环境和用户的和谐互动氛围来体现用户参与体验的服务设计思维。

综上所述，本书认为制造企业应从内容体验、服务体验和情境体验三个方面，把握产品与人工智能服务的有机融合，通过新技术应用促进移动应用产品的进步，体现设计创新为科技强国服务的宗旨。其中，与客户的交互关系有：显性自然交互、实用价值、隐形自然交互、情感价值等。产品与人工智能服务融合的交互关系如图 4－11 所示。

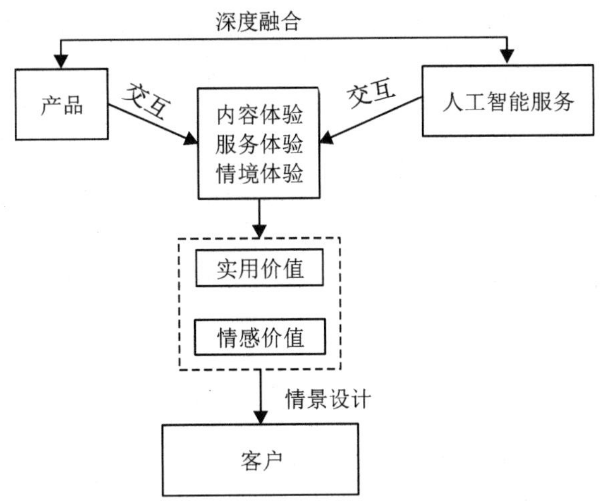

图 4－11　产品与人工智能服务融合的交互关系

1. 内容体验

以人工智能技术为支撑的信息生产为服务带来新的背景,智慧交互服务设计应以智慧内容体验为切入点,开展以用户体验为导向的智慧化服务设计工作,准确分析用户需求直接关系到智能服务体验成效。在智慧交互体验的视野中,企业有必要理解不同用户对服务的多样化要求,而如何向用户提供必要的信息资源就成了智慧交互设计中的切入点,发掘用户对服务的多元化需求。它既能以图像、声音、文字、颜色、动画及视频的方式呈现信息,又能与用户、内容及情境相结合呈现智慧服务。

2. 服务体验

综合运用图像识别、语音识别、自动翻译、机器学习、深度学习等应用设计智慧服务,通过营造智慧服务情境,改善用户体验效果。在人工智能服务设计方面,既可以将人工智能与用户定位、虚拟现实、增强现实及物联网相结合来扩展服务,也可以注重远程用户体验要求,以多样化服务设计来带动 App(应用程序)的创新服务与实践。

3. 情景体验

以人工智能技术为支持,可以对用户接入 App 的时间、位置、状态以及交互方式等信息进行分析,理解用户 App 使用过程中的行为模式,并通过对大数据信息的深度学习来理解其个性特征及相关需求。

4.6 促进产品与人工智能服务融合的对策建议

1. 推动人工智能技术融入产品全生命周期流程

加大对专用人工智能开源创新平台的支持力度,积极开展企业数字化转型试点示范建设,并引导平台企业适时开源共享,为细分领域的研发提供优良环境和强有力的支撑,吸引和集聚国内外企业在人工智能平台进行产品研发。从长期来看,应支持企业尝试在人工智能领域建立开放创新平台,并适时开源共享。

对制造业企业而言,推动产品智能化发展的重点是:通过强化产品全生命周期中各参与环节数据和业务的交互整合,在信息化环境中对产品设计、工艺设计、生产制造及售后服务等进行一体化关联管控及协同优化,以提高企业生产一体化管控能力,并围绕生产模式实现企业服务化转型。从效率提升来看,智能化生产管理中原材料采购、生产制造、仓储物流、需求系统和售后服务等环节都会获得最优安排,以物耗节约、进度优化为前提,以时间加速为目标,实现生产制造效率最大化。

2. 政府应对人工智能人才进行培育与引进

人工智能行业竞争之本在于人才竞争。政府应积极培养复合型人才和与人工智能相关的专业人才，增强人工智能素养培育并使之贯穿于整个教育和职业培训体系，加强高校与互联网科技巨头的合作，并为学校的创新成果提供产业化渠道和机会。同时政府要培养引进能深入掌握行业动态与市场需求、企业管理经验丰富、社会网络关系广泛的高端人才，并向有关企业提供专业增值服务以推动科技成果转化率。

政府应利用社会资源扶持人工智能开发，采取再分配政策来补贴初始创业发展，增加社会保险补贴和创业带动就业补贴，逐步减少劳动收入税，增加资本收入税和向机器人征税，对运用人工智能技术的国有企业，逐步增加劳动者持股比例，对于人工智能研究开发及运用而获得政府补助的私营企业，应设定劳动收入基本比例，以确保企业能够为人工智能开发提供安全高质量的产品和服务。

3. 支持全方位的智能产品服务形式

加快培育人工智能、机器人制造等新兴行业，提高自主研发技术水平与产品质量水平，努力把握国际竞争行业话语权。从顾客的价值创造网络出发，全面感知顾客价值创造中的每一个环节的需求，并做出主动响应。实现与每个客户直接互联，通过将企业与客户紧密结合起来，对每个客户提供全方位的个性化智能服务。除传统的上门服务、门店服务、电话服务以及其他面对面活动外，还加入了很多新型服务形式，并借助信息通信技术（ICT），智能服务得以高效展开与落实。这包括远程支援服务、开发和设计产品或部件、定制业务、运营管理业务、效用业务和提供专业性较强的监测诊断与对策业务。

4. 企业制定人工智能战略，了解顾客需求，保持紧密互动

实现产品服务系统运作过程中，将人工智能技术如客户画像和舆情分析等运用到需求分析环节，能够促进企业针对生产进行个性化的需求分析，进而提高其生存能力。供应商要时刻保持与顾客密切交流互动，全面重视顾客利益与需求，积极开发新产品或不断改进产品，积极与顾客沟通，互相促进创新。

企业高层管理人员应实时研究行业及市场发展态势，洞察消费者需求及偏好，研发更多的产品功能，完善并促进产品质量提升，增强企业竞争力，促进企业发展。正确的企业战略选择是企业取得成功的必要先决条件，而把企业战略承诺转变为战略决策和行动，需进一步确立并修正企业的发展目标。企业技术的发展能够给企业带来新产品、新客户以及新市场的需求，并有效减少企业运营成本。因此，企业首先要确立目标，拥有清晰的战略目标并向目标迈进，进而高效实施企业战略管理。

5. 提升人工智能技术服务能力

通过将多种制造资源连接到资源池中，并通过智能传感器和物联网把制造过程关联的全部物理设备连接在一起，及时采集与处理情景感知数据，实现动态的生产信息管理，根据客户个性化需求以及情景感知，有效融合传感器信息，运用大数据技术分析情景感知数据，实现监测生产状态、预测商业趋势以及盈利与亏损情况、管理工件的实时生产信息等功能，从而减少人工干预，并强化信息管理与服务，以达到可持续绿色生产。通过分析与挖掘这类数据，既能明晰问题的发生过程、影响及解决途径，又能将数据抽象化建模并转化为知识，进而解决与规避问题，实现智能系统由依赖人类经验，逐渐转变为依赖发掘数据隐性线索，使制造知识得到更有效的使用与传递。以人机物联合决策为基础进行智能响应，为顾客提供定制化、按需利用、主动透明和全生命周期内的制造服务。

4.7 本章小结

本章首先分析了产品与人工智能服务融合的含义、特点、类型和演化过程；其次，阐述了产品与人工智能服务融合的过程是在人工智能、云计算等新一代技术的加速驱动下，形成了面向人工智能服务的制造模式；再次，分析了产品与人工智能服务融合的影响因素，主要包括资源整合率、顾客参与度、智能化程度、企业努力程度、智能化服务水平；最后，提出促进产品与人工智能服务融合的对策建议。

第5章

智能产品服务系统研发和定价协调策略

本章提出了一种基于关联规则和发明问题解决理论(TRIZ)的智能产品服务系统设计方法。首先,对客户需求数据进行采集和处理,在此基础上,采用关联规则算法(Apriori),对客户需求数据进行分析和挖掘,识别出产品与人工智能技术服务的关联关系,从而设计出智能产品服务系统的概念结构;其次,采用模块化方法,对产品与人工智能技术服务模块进行相互融合,从而设计出不同结构的智能产品服务系统;然后,采用TRIZ方法对智能产品服务系统的功能进行设计;最后,参考一个制造企业的智能产品服务系统的研发实例,对该方法进行算例验证,从而验证了该方法的可行性。

另外,考虑市场需求受顾客感知价值、产品或人工智能服务质量水平的影响,研究智能产品服务系统的定价协调问题,构建了合作定制、非合作定制、协调契约下,智能产品服务系统的定价协调模型,并通过模型求解和数值模拟,提出促进智能产品服务系统研发和定价协调的对策建议。

5.1 智能产品服务系统研发策略

5.1.1 问题描述

目前,我国的制造业正处于经济快速发展时期,与此同时,资源短缺、环境污染等问题日益突出。很多制造企业都面临着资源和环境的双重压力,随着市场竞争的日益激烈,很多制造企业的生产经营还处于微笑曲线[①]的底端,处于利润的红海

---

① 1992年施振荣提出的理论,是一条形似微笑嘴型的曲线,两端朝上。微笑曲线以附加价值的高低来描述企业竞争力。在产业链中,附加值更多体现在两端,即设计和销售环节,而处于中间的制造环节附加值最低。

中，即产品同质化严重，企业利润微薄甚至出现亏损的情况。为了增加制造企业的竞争力，促使企业的生产经营逐渐向利润的蓝海过渡，这就需要制造企业进行智能化转型。因此，很多企业都选择实施智能制造战略，以满足这样的转型升级。企业在实施智能制造战略的过程中，需要考虑客户个性化及多样化的需求，并根据客户需求，借助人工智能、物联网、大数据、云计算等新一代信息技术，开发出具有高附加值的智能产品和服务，从而产生了相应的智能产品服务系统。智能产品服务系统是通过产品和人工智能技术服务的有机融合和配置，在产品生命周期内实现价值增值的一种新型商业模式，它既包含提供给最终用户的人工智能解决方案，也包括人工智能技术应用到产品全生命周期的过程[162-164]。

有关产品服务系统的设计研究，学者们主要从方法优化角度配置产品服务系统方案以解决客户的需求服务问题。肖人彬等[165]采用公理化设计以及特征映射等作为服务需求与产品设计的系统方法。Berkovich 等[166]构建了需求数据模型(RDMod)，阐述了需求和需求之间的关系，根据 PSS 设计过程对需求进行了分类。Chen[167]认为设计师与顾客的双重经验是高质量产品设计的必要方式，研究将模糊决策树和模糊认知图融合到工程设计中，处理关系不明确的产品与客户交互和体验的设计体系。侯士江等[168]为解决产品服务系统中产品和服务端之间的冲突，提出一种 PSS 概念生成方法，并运用 TRIZ 的方法解决需求之间的冲突问题。吴占超等[169]基于质量功能屋(QFD)的方法对产品服务系统的模块进行划分，并解决了模块间的冲突问题。Christensen 等[170]使用文本挖掘和机器学习的方法探寻生活类产品的创意设计想法。姜少飞等[171]提出了从有形产品到 PSS 的演化设计方法。Li 等[172]建立了广义产品模块化过程的整体模型，并运用质量屋方法评价了广义模块的一致性。李浩等[136]将物理模块与服务模块结合起来，构建了面向大规模个性化 PSS 模块化设计框架，得到满足客户需求的大规模、个性化、低成本的设计方案。武春龙等[173]采用 TRIZ 和层次分析法(AHP)相结合的方法，构建了智能产品服务系统概念设计的方案。罗建强和吴启飞[174]考虑产品制造与服务提供的相关性，建立了供需交互下产品服务系统的配置方案。刘键等[175]基于人机交互的设计背景，构建了基于数据驱动的自动化生成设计方法，深入分析客户的偏好，快速响应客户的需求，并达到提升设计效率的目标。Zhang 等[176]在 PSS 的早期设计阶段，分析了系统的复杂性，并结合 TRIZ 的子场模型，对问题进行转换和求解，以此降低系统复杂度，减少设计属性之间的冲突和潜在问题，提高实现 PSSs 功能需求(FRS)的可能性。

目前，关于智能产品服务系统的设计方法的研究主要集中在 TRIZ 和功能质量屋的方法运用方面，这些方法一般只关注产品服务系统的功能设计，较少考虑如何对客户需求进行分析和挖掘，从中挖掘并开发出具有更高附加值的服务，所以，本书提出了基于关联规则和 TRIZ 的智能产品服务系统设计方法，以满足客户的异质性需求。

现有的研究虽然能够满足 PSS 设计的一般问题，但是较少考虑基于客户需求数据挖掘的智能 PSS 功能设计问题，研究方法较为单一，例如单独使用 TRIZ、QFD、特征映射、可拓分析等方法，也有学者使用两种方法研究 PSS 的设计问题。但是，由于实际应用过程中存在海量数据、信息缺乏等问题，很多企业仍然只能实现较低层次的功能，无法有效分析数据模式和特征，而关联规则和 TRIZ 相结合的方法能够发掘客户的商业兴趣和购买欲望，将多种因素集成到信息挖掘过程中，为满足客户群体偏好提供系统的解决方案。这个方法不仅充分利用了关联规则和 TRIZ 各自的优势，还通过建立可重复和可靠的系统化过程，充分保证了智能 PSS 方案设计的质量。因此，本书将基于客户需求数据挖掘的关联规则算法与 TRIZ 方法相结合，研究智能 PSS 的设计问题。首先，采用关联规则算法对客户的需求数据进行挖掘，从而识别出智能产品和服务模块的关联关系；其次，采用模块化设计方法对智能 PSS 的概念结构进行设计；最后，采用 TRIZ 方法对智能 PSS 进一步设计，以此满足客户的异质性需求。

5.1.2　客户需求数据获取

针对个性化、多样化的客户需求数据，运用 ETL（extract-transform-load，抽取-转换-加载）的方法，对客户需求数据进行处理，即去重、去除不一致性，并将有效的数据存储到相应的数据仓库中，以便进行数据挖掘。ETL 过程如图 5－1 所示。

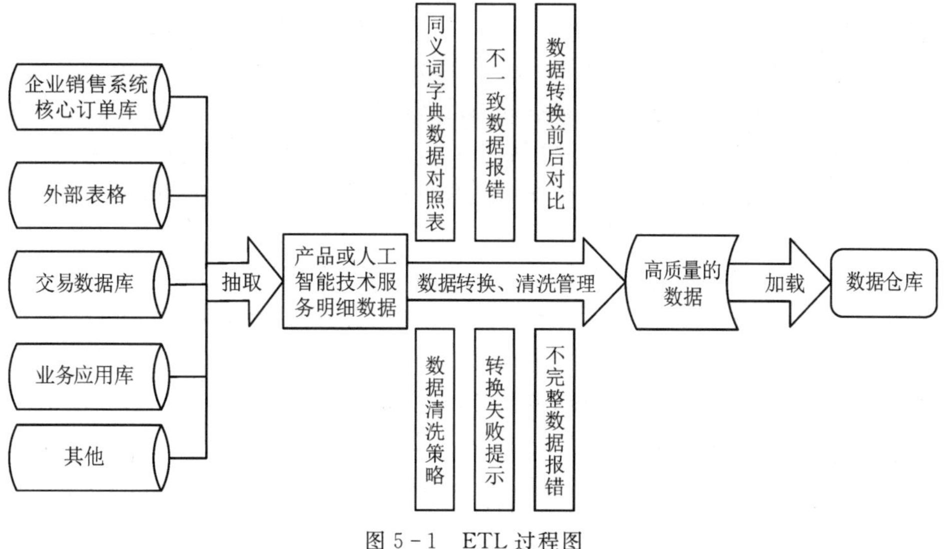

图 5－1　ETL 过程图

(1)客户需求数据的抽取。从数据源,例如制造企业的销售系统、外部表格、交易数据库、业务应用库以及其他的数据源中抽取数据,并按照客户编号统计每个客户订购产品或人工智能技术服务模块的明细数据,从而获得若干条记录,存储目标数据。

(2)客户需求数据的转换。从制造企业销售系统的订单数据库中抽取订单数据,对原始数据进行转换,通过同义词字典数据对照表、不一致数据报告、数据转换前后对比、数据清洗策略、转换失败提示和不完整数据报告等策略进行转换清洗,从而得到高质量的数据。

(3)客户需求数据的加载。计算数据指标,并将其加载到制造企业数据仓库中,以便进行进一步的数据挖掘。

5.1.3 基于关联规则的客户需求数据挖掘

通过以上 ETL 的处理,数据仓库中已存储了有效的订单数据。在此基础上,首先,对订单数据进行预处理,按照客户编号对每个客户订购的产品或人工智能技术服务模块的明细数据进行统计后得到若干条记录;其次,通过简单的随机抽样,从这些记录中抽取一些数据;然后,采用关联规则的 Apriori 算法,对客户订单数据进行识别,识别出产品和人工智能技术服务模块的关联关系,从而挖掘出能够进行匹配和关联的产品和人工智能技术服务。具体过程如下。

采用专家调查法,由领域专家结合对智能制造业务的理解,设定一个最小支持度和一个最小置信度,通过记录各专家的反馈来调整最小支持度和最小置信度,最终使每个专家的意见趋向于一致,最小支持度和最小置信度的设定也趋向于合理[177]。产品和人工智能技术服务模块之间的相互关系识别是指在客户需求数据库中找到支持度和置信度分别大于或等于最小支持度和最小置信度的所有规则。产品与人工智能技术服务模块关系识别是指在客户需求数据库中找出支持度和置信度分别大于或等于最小支持度和最小置信度的所有规则。

找到支持度大于或等于最小支持度的所有频繁数据项集(frequent item set)。具体过程如图 5-2 所示。

(1)统计客户订购的每个产品或人工智能技术服务模块出现的频数,并找出那些大于或等于最小支持度的数据项集,重复以上操作,直到不产生最大数据项集为止。

(2)扫描客户需求数据库,找到候选数据项集的支持度和那些大于或等于最小支持度的数据项集,从而得到最大数据项集。

(3)根据频繁项集得到候选关联规则并计算其置信度。如果置信度大于或等于最小置信度,候选规则就是可以匹配和关联的产品和人工智能技术服务。

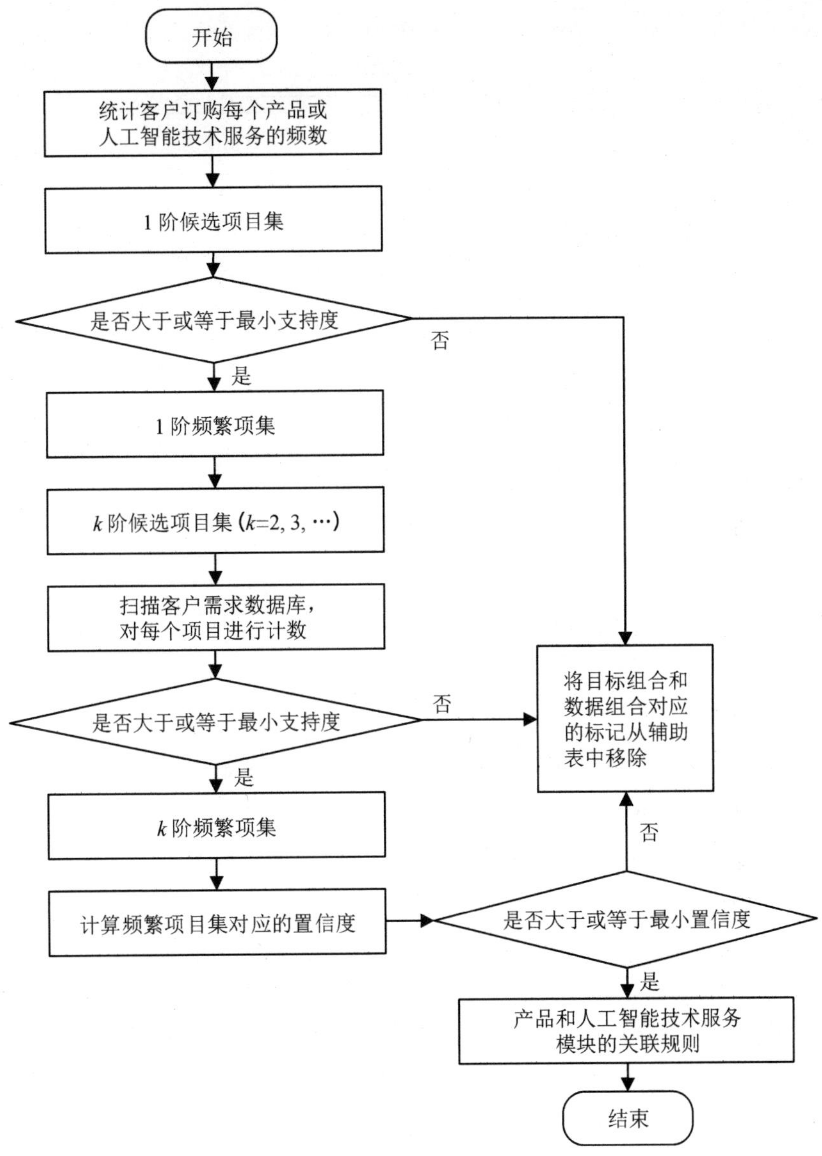

图 5-2 基于关联规则的客户需求数据挖掘过程

5.1.4 基于模块化的智能产品服务系统结构设计

首先，将客户对智能产品服务系统的需求划分为人工智能技术服务需求与产品需求两大类；然后，采用模块化设计的方法，对智能产品服务系统进行设计。智能产品服务系统模块化设计过程如图 5-3 所示。

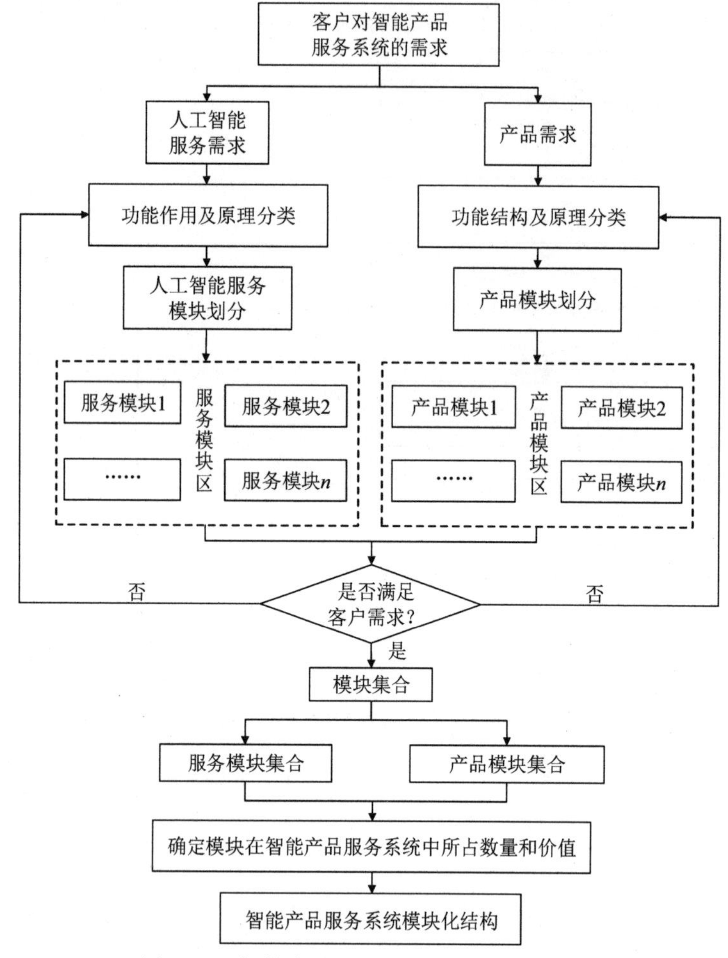

图 5-3 智能产品服务系统模块化设计过程

智能产品服务系统模块化设计过程具体由以下四个步骤组成：

(1)对识别出的产品和人工智能技术服务模块进行分类。一方面，按照功能作用及原理分类，可以划分成不同功能的服务模块；另一方面，按照客户对产品的功能结构及原理分类，可以划分成不同功能的产品模块。

(2)对划分出来的产品和人工智能技术服务模块进行评价，以此判断是否满足客户的需求，若不满足，则重新进行分类。

①制定产品和人工智能技术服务模块评价指标，确定评价的方法，例如层次分析法、组合权重、神经网络等；

②确定评价指标的权重；

③根据评价方法和指标权重对每个产品和人工智能技术服务模块进行打分；

④确定产品和人工智能技术服务模块的打分排序；

⑤按照优选的规则，选择分数较高的一些产品和人工智能技术服务模块。

(3)确定智能产品服务系统模块的集合，并且将人工智能技术服务模块与产品模块进行配置和融合，根据客户需求，确定智能产品服务系统模块集合的结构，参考计算机网络结构的设计方法，总结出总线型、星型、树型、网状等一系列网络结构。

(4)根据客户需求以及每个模块在智能产品服务系统中所占数量和价值来确定采用哪种结构。例如，以产品为中心的智能产品服务系统可采用星型结构，产品作为智能产品服务系统的中心，其所有的人工智能技术服务围绕着产品；面向应用的智能产品服务系统可采用总线型结构，在产品上附加多种人工智能技术服务；面向解决方案的智能产品服务系统可采用星型结构，以人工智能技术服务为中心，产品围绕着人工智能技术服务，还可采用总线型与星型的混合结构；面向效用的智能产品服务系统既可采用总线型结构，也可采用星型结构、树形结构等。

5.1.5 基于 TRIZ 的智能产品服务系统功能设计方法

本书利用 TRIZ 理论的方法，对产品和人工智能技术服务的功能进行分析，从而得到更加满足客户需求的智能产品服务系统。发明问题解决理论(TRIZ)，揭示了创造发明的内在规律和原理，重点突出系统矛盾，达到彻底解决矛盾，最终获得理想的解决方案的目标[168]。具体过程如图 5-4 所示。

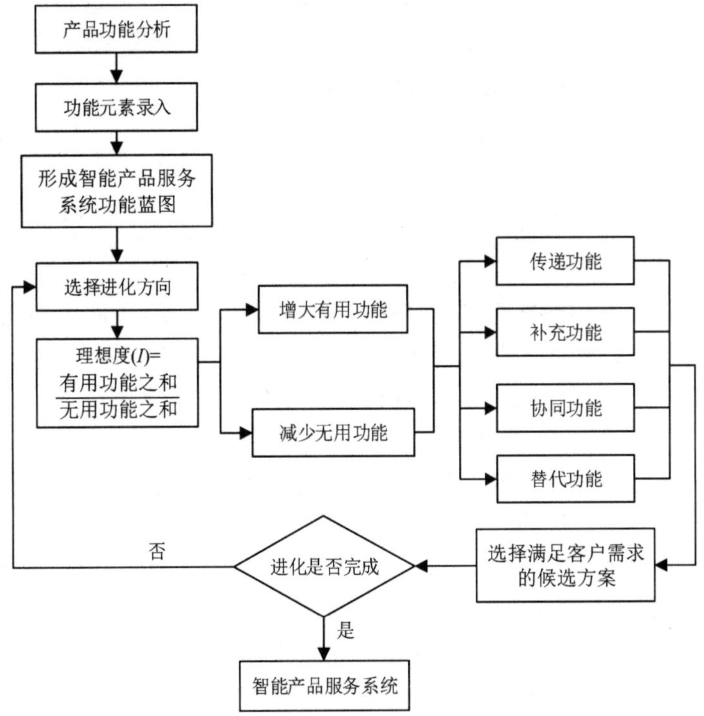

图 5-4 基于 TRIZ 的智能产品服务系统设计方法

对产品和人工智能技术服务模块的功能进行分析，将功能元素进行录入，从而得到智能产品服务系统的功能蓝图。

选择进化方向。通过 TRIZ 理想解公式$\left[\text{理想度}(I)=\frac{\text{有用功能之和}}{\text{无用功能之和}}\right]$可得，TRIZ 理想解对有用功能起到正向促进作用，对有害物质起到反向抑制作用，因此，增大有用功能，减少无用功能，能够使智能产品服务系统的智能化水平趋于理想状态[178]。制造企业可通过传递功能、补充功能、协同功能以及替代功能提高产品和人工智能技术服务的有用功能，减少无用功能，使产品和人工智能技术服务能够更好地进行融合，从而得到满足客户需求的候选方案，如图 5 - 5 所示。

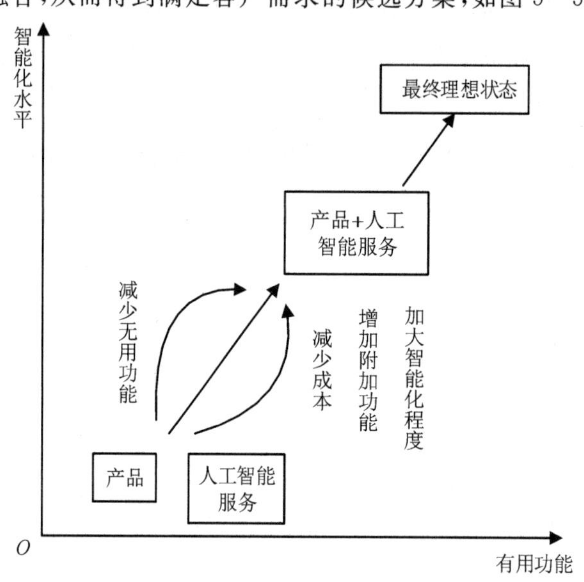

图 5 - 5　智能产品服务系统进化路线图

判断候选方案中的智能产品服务系统是否进化完成，在此可利用 AHP、组合权重等方法对产品和人工智能技术服务的功能方案进行评价分析，若评价得分较高，说明进化完成，则该候选方案为最理想的智能产品服务系统；若评价得分较低，说明进化未完成，则重新选择进化方向。

产品和人工智能技术服务随着有用功能的增加，智能化水平也有所提高，增加有用功能的方式有以下四种：

(1)减少无用功能。如产品或人工智能技术服务运行过程中，产生的无用信息和残余垃圾，导致运行速度缓慢以及占用大量内存。通过对产品或人工智能技术服务中产生不必要信息的功能进行替代，将无用信息进行过滤，从而满足客户需求。

(2)减少成本。控制产品或人工智能技术服务功能成本的关键在于设计研发阶段，产品的功能一旦确定，进入研发后，会对后续的产品批量生产及人工智能技术服务产生深远影响。因此，产品或人工智能技术服务的功能之间通过相互协同，从而提高功能效率与客户信息的安全性，在此过程中，通过客户对产品和人工智能技术服务需求数据的反馈，进行及时修正，增添、减少客户在购买产品和人工智能技术服务过程中的风险。

(3)增加附加功能。对客户在购买产品或人工智能技术服务过程中产生的信息进行集成，以此为依据，分析出客户的需求，研发设计出更加符合客户需求的产品和人工智能技术服务，提高市场竞争力。

(4)加大智能化程度。产品功能与人工智能技术服务功能之间通过有效传递，减少无效信息，提高信息的准确性和智能化程度。

5.1.6　基于 TRIZ 的智能产品服务系统功能建模

产品和人工智能技术服务具有异构性和设计交互的特点，因此，需要建立一种功能模型来描述产品和人工智能技术服务的交互过程。本书构建了一种描述产品与人工智能技术服务交互作用的功能模型，即智能产品服务系统功能模型。智能产品服务系统的功能模型包括四个区域，如图 5－6 所示。

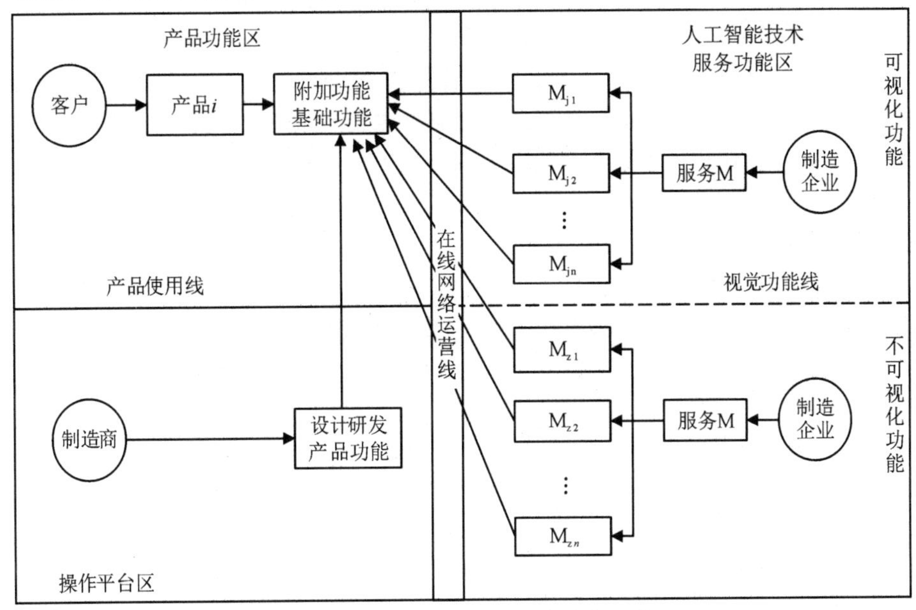

图 5－6　智能产品服务系统功能建模

注：图中 M 表示模块；M_j 表示可视功能模块；M_z 表示不可视功能模块。

在图 5－6 中，利用在线网络运营线、视觉功能线和产品使用线将智能产品服务系统的功能模型划分为四个区域。在线网络运营线将智能产品服务系统划分为产品功能区与人工智能技术服务功能区；视觉功能线将智能产品服务系统划分为可视化功能与不可视化功能，其中，可视化功能包括在线人工智能技术服务功能与远程人工智能技术服务功能等，不可视化功能包括信息集成、定制软件等。产品使用线将智能产品服务系统划分为产品功能区与操作平台区。

在智能产品服务系统功能模型框架的基础上，将基于 TRIZ 的智能产品服务系统进化路线中所运用的功能分为协同功能、替代功能、传递功能、补充功能。在此，以协同功能为例进行具体阐述。

例如，客户购买产品 i，产品 i 提供基础功能，制造企业为客户所购买的产品提供智能诊断服务，并对诊断的问题进行智能监测，对于出现的异常现象进行智能维修，每一个功能之间相互协同，这将能提高维修的效率，并确保客户信息的安全性，从而为客户提供更加高效的产品和人工智能技术服务。

5.1.7 算例验证

本书参考了我国某个装备制造企业（以下简称 A 企业）的智能产品服务系统开发现状，选取了 A 企业的 15 个客户订单数据，对所提出的智能产品服务系统设计方法进行算例验证，以验证该方法的可行性。

1. 应用背景

近年来，A 企业一直致力于智能化转型升级，即从单一产品制造商转型到智能化能源系统解决方案服务提供商。A 企业在发展过程中，取消和弱化了低附加值产业，提升和强化了高端技术和生产能力，全程为客户提供全方位产业服务。A 企业对客户需求进行分析和挖掘，从而设计出一些新的智能产品服务系统，主要包括面向产品的智能产品服务系统、面向人工智能服务的智能产品服务系统、面向智能融资服务的智能产品服务系统等。在面向产品的智能产品服务系统中，客户拥有产品的所有权和使用权，享受与产品有关的人工智能技术服务，例如产品的智能安装调试、智能维修检修、智能升级改造等服务。在面向人工智能服务的智能产品服务系统中，A 企业将产品与人工智能技术服务进行整合，为客户提供一体化的人工智能服务解决方案，例如，A 企业为客户提供产品全生命周期的人工智能服务、备品备件智能化管理服务、工程成套智能服务等。其中，产品全生命周期的人工智能服务是指 A 企业为客户提供产品研发设计智能化、安装调试智能化、维修检修智能化、升级改造智能化、技术培训智能化以及二手设备回收再制造的智能化等全生命周期的人工智能服务解决方案；备品备件智能化管理服务是指 A 企业提供备品备件的智能化库存管理和租赁服务等；工程成套服务是指 A 企业将产品与工业流程技术和设备相结合，通过先进的管理理念和人工智能技术服务，为客户提供智能化的工程设计、设备集成、采购及配套、施工安装、调试、技术培训等一体化服务，以多种合作服务相结合的方式为客户提供智能化交钥匙工程和系统解决方案。在面向智能融资服务的智能产品服务系统中，A 企业根据客户需求和特征，为客户提供智能化金融服务，例如智能化融资租赁、信托贷款、BOT(建设-经营-转让)融资服务等。

2. A 企业的智能产品服务系统设计

1) *客户需求数据挖掘*

从 A 企业的销售系统的订单数据库中，获得客户需求数据，并对客户需求数据进行 ETL 处理，产生有效的客户需求数据，并从中抽取了 15 个记录进行关联规则分析，识别出产品和人工智能技术服务模块之间的关联关系。

交易事务数据库的数据样本如表 5-1 所示。表 5-1 中的第一列是客户的订单编号，是客户订单数据库的交易事务的标识，第二列是客户所订购的产品或人工智能技术服务模块，用它们的订单编号来表示，产品和人工智能技术服务模块的组合表示本书集。智能产品服务系统设计过程中的产品或人工智能技术服务模块内容包括：M1～M6 分别表示产品 1～6；M7～M10 分别表示智能化信息集成、智能化的协同设计、安装调试、定制软件；M11～M13 分别表示智能化的培训、咨询、升级；M14～M17 则分别表示智能化的维修、诊断、监测、检修。

表 5-1 交易事务数据仓库的数据样本表

交易事务的标识	客户所订购的产品或人工智能技术服务模块编号
1	M1,M3,M9,M11,M14,M17
2	M2,M5,M6,M7,M9,M16
3	M3,M7,M8,M9,M10,M14
4	M6,M10,M11,M12,M16,M17
5	M4,M6,M11,M16,M17
6	M2,M4,M7,M9,M16,M17
7	M3,M5,M10,M11,M13,M14
8	M4,M6,M10,M11,M13,M14
9	M3,M4,M9,M11,M15,M17
10	M1,M2,M3,M6,M7,M8,M9,M10,M11,M12,M13,M14,M15,M16,M17
11	M4,M5,M6,M7,M8,M9,M10,M11,M12,M13,M14,M15,M16,M17
12	M5,M6,M11,M13,M16,M17
13	M4,M5,M7,M8,M9,M10,M11,M12,M17
14	M5,M10,M11,M14,M15,M16,M17
15	M6,M7,M8,M9,M11,M12,M17

2) *基于 Apriori 的智能产品服务系统概念设计过程*

选取智能制造领域的专家、企业业务管理人员和客户组成专门的小组，采用专家调查法，由各专家结合对 A 企业的智能制造业务的理解，将最小支持数设置为

5,将最小置信水平设置为70%。根据Apriori算法生成产品与人工智能技术服务模块的关联规则的过程如图5-7所示。

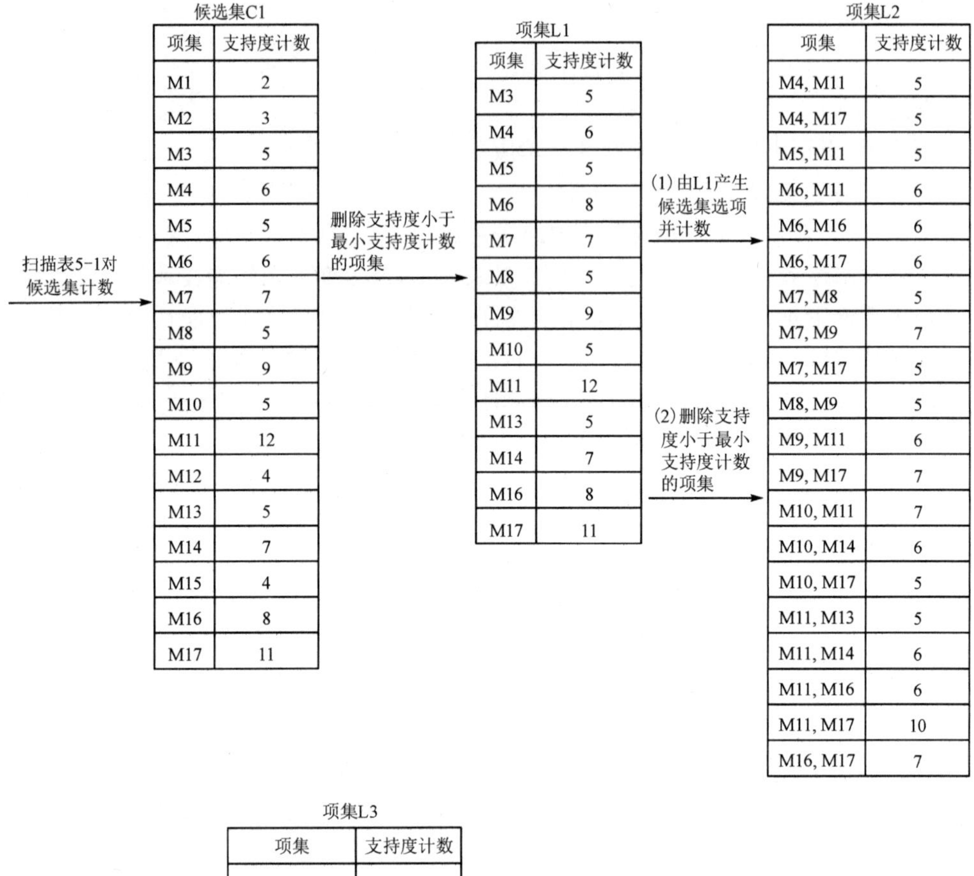

图5-7 Apriori算法的计算过程

项集{M6,M11,M16,M17}的关联规则如表5-2所示。

表 5-2　项集{M6,M11,M16,M17}的关联规则

关联规则	置信度
M6∧M11∧M16⇒M17	83.33%
M6∧M11∧M17⇒M16	100%
M6∧M16∧M17⇒M11	100%
M11∧M16∧M17⇒M6	83.33%
M6∧M11⇒M16∧M17	83.33%
M6∧M16⇒M11∧M17	83.33%
M6∧M17⇒M11∧M16	83.33%
M11∧M16⇒M6∧M17	83.33%
M11∧M17⇒M6∧M16	50%
M16∧M17⇒M6∧M11	71.43%
M6⇒M11∧M16∧M17	62.5%
M11⇒M6∧M16∧M17	41.67%
M16⇒M6∧M11∧M17	62.5%
M17⇒M6∧M11∧M16	45.45%

在项集{M6,M11,M16,M17}的关联规则表(表 5-2)中选出置信度大于或等于最小置信度 70%的关联规则,并对由符合这些关联规则的产品和人工智能技术服务模块组成的智能产品服务系统进行命名,从而设计出智能产品服务系统的概念,如表 5-3 所示。

表 5-3　由项集{M6,M11,M16,M17}所形成的智能产品服务系统概念

关联规则	智能产品服务系统概念	智能产品服务系统概念说明
M6∧M11∧M16⇒M17	产品 6 的智能安装维修服务包Ⅰ	当客户订购产品 6 及产品 6 的在线智能培训和监测服务时,给客户推荐产品 6 的智能检修服务
M6∧M11∧M17⇒M16	产品 6 的智能安装维修服务包Ⅱ	当客户订购产品 6 及产品 6 的在线智能培训和检修服务时,给客户推荐产品 6 的智能监测服务
M6∧M16∧M17⇒M11	产品 6 智能安装维修服务包Ⅲ	当客户订购产品 6 及产品 6 的智能监测和检修服务时,给客户推荐产品 6 的在线智能培训服务

续表

关联规则	智能产品服务系统概念	智能产品服务系统概念说明
M11∧M16∧M17⇒M6	产品 6 智能安装维修服务包Ⅳ	当客户订购在线智能培训、监测和检修服务时，给客户推荐订购产品 6
M6∧M11⇒M16∧M17	产品 6 智能安装维修服务包Ⅴ	当客户订购产品 6 及产品 6 的在线智能培训服务时，给客户推荐产品 6 的智能监测和检修服务
M6∧M16⇒M11∧M17	产品 6 智能安装维修服务包Ⅵ	当客户订购产品 6 及产品 6 的智能监测服务时，给客户推荐产品 6 的智能培训和检修服务
M6∧M17⇒M11∧M16	产品 6 智能安装维修服务包Ⅶ	当客户订购产品 6 及产品 6 的智能检修服务时，给客户推荐产品 6 的在线智能培训和监测服务
M11∧M16⇒M6∧M17	产品 6 智能安装维修服务包Ⅷ	当客户订购在线智能培训及监测服务时，给客户推荐订购产品 6 和产品 6 的智能检修服务
M16∧M17⇒M6∧M11	产品 6 智能安装维修服务包Ⅸ	当客户订购智能监测及检修服务时，给客户推荐订购产品 6 和产品 6 的在线智能培训服务

3）基于模块化的智能产品服务系统结构设计

根据模块化设计方法，确定出智能产品服务系统的结构，由此得到以下智能产品服务包。

根据客户对产品 6 及在线智能培训、智能监测和检修服务的需求，对识别出的产品和人工智能技术服务模块进行分类，分成产品模块（产品 6）和人工智能技术服务模块（在线智能培训、智能监测和检修服务）；对划分出来的产品和人工智能技术服务模块进行评价，以此判断是否满足客户的需求，若不满足，则重新进行分类。

对于产品 6 智能安装维修服务包Ⅰ、Ⅱ、Ⅲ、Ⅳ的结构设计，选择 M6 作为中心模块，它能够被 M11、M16、M17 调用或共享，M11、M16、M17 以星型的方式连接到 M6，且 M11、M16、M17 之间的联系都经过 M6，从而形成星型结构模块。当客户需要提供产品 6 及产品 6 的在线智能培训、远程监测和检修服务时，可采用该结构设计智能产品服务系统，如图 5 - 8 所示。

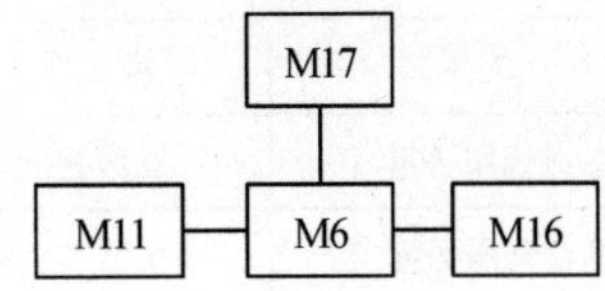

图 5-8 产品 6 智能安装维修服务包Ⅰ、Ⅱ、Ⅲ、Ⅳ的结构

对于产品 6 智能安装维修服务包 V 的结构设计，首先，选择 M6 作为中心模块，M11 以星型的方式连接到 M6，从而形成星型结构模块 N；其次，M16、M17 采用相似的接口界面连接到总线结构上，从而形成总线结构模块 N′；最后，N′以星型的方式连接到 N，从而形成混合结构模块。当客户需要产品 6 及产品 6 的在线智能培训服务时，可以给客户推荐产品 6 的智能监测和检修服务，如图 5-9 所示。

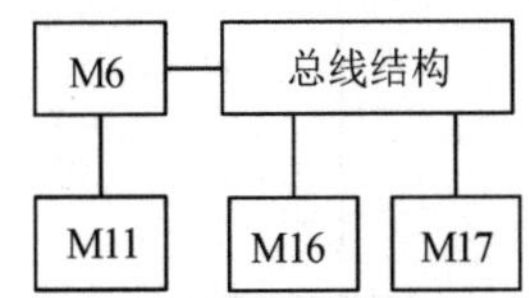

图5-9 产品 6 智能安装维修服务包Ⅴ的结构

同理，对于产品 6 智能安装维修服务包Ⅵ、Ⅶ、Ⅷ、Ⅸ的结构设计，也可根据产品 6 智能安装维修服务包Ⅴ进行设计，即将星型结构与总线型结构组合而形成混合结构。

4)基于 TRIZ 的智能产品服务系统结构设计

根据 TRIZ 设计方法，确定出产品 6 的智能安装维修服务包的结构，由此构建产品 6 的智能安装维修服务包的功能模型，如图 5-10 所示。本书分析了产品 6 的智能安装维修服务包Ⅴ的协同功能。当客户订购产品 6 及产品 6 的在线智能培训服务时，给客户推荐产品 6 的智能监测和检修服务，即能够对设备运行过程中出现的问题进行智能监测和检修，并将监测结果反馈到服务平台，对于设备出现的异常现象进行预警，以便及时进行维修；在监测设备的过程中，同时给予客户在线智能指导和培训，使客户更加了解产品 6 的基础功能和服务功能。在此过程中，通过选用智能产品服务系统进化路线 2 的方法，使产品 6 与人工智能技术服务的功能相互协同，从而提高功能效率与客户信息的安全性；客户对产品和人工智能技术服务的需求信息进行反馈，制造企业对客户反馈的信息进行数据分析，及时修正、补充有用功能，减少客户在购买产品和人工智能技术服务过程中所产生的成本。此外，还可根据客户的需求选择合适的进化路线以及符合进化路线的功能进行分析，从而找到最佳的智能产品服务包。

产品种类	模块化配置	可视化服务功能	不可视化服务功能
产品1（M1）	智能安装维修服务包 Ⅰ	在线智能培训	
产品2（M2）	智能安装维修服务包 Ⅱ	智能检修	
……	……	智能监测	
产品5（M5）	智能安装维修服务包 Ⅴ		
产品6（M6）	智能安装维修服务包 Ⅸ		

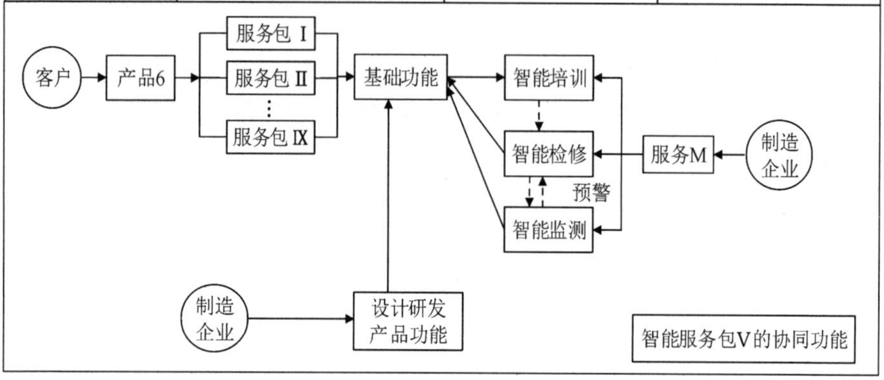

客户
产品6
服务包 Ⅰ
服务包 Ⅱ
服务包 Ⅸ
基础功能
智能培训
智能检修
预警
智能监测
服务M
制造企业
制造企业
设计研发产品功能
智能服务包V的协同功能

图 5-10　产品 6 的智能安装维修服务包的功能模型分析

5.1.8　研究总结

目前，很多制造企业在借助人工智能技术，进行智能化转型过程中，都在进行智能产品服务系统的研发和设计，以此设计出高质量的人工智能系统解决方案。但是，制造企业在智能产品服务系统设计过程中面临着两大问题：一是，客户需求具有多变性，如何挖掘客户需求，获取更多的商机和利润，成为企业当前需要解决的问题；二是，目前关于智能产品服务系统的设计方法较多，但大部分的方法较为单一，很少有方法既能考虑客户需求，又能考虑智能产品服务系统的内在关联关系，以及产品和人工智能技术服务的结构、功能设计等。而关联规则和 TRIZ 两种方法相结合能够在信息获取的过程中融入客户需求的多种因素，并通过建立系统方案将产品功能与人工智能技术服务联系起来，充分保证智能产品服务系统方案设计的质量，从而为客户提供合适的智能产品和服务。具体过程包括：首先，采用关联规则算法对客户的需求数据进行挖掘，从而识别出产品和人工智能技术服务的关联关系；其次，运用模块化设计方法，对智能产品服务系统的概念结构进行设计；然后，通过 TRIZ 方法设计出更加满足客户需求的智能产品服务系统。目前，智能产品服务系统的设计更加趋向于面向客户需求的个性化和定制化设计，本书提出的智能产品服务系统设计方法能够适应以上趋势的要求，为制造企业智能化转型过程中智能产品服务系统的研发、设计及交付提供了参考。

5.2 智能产品服务系统定价协调策略

5.2.1 问题描述

智能产品服务系统旨在为客户提供产品与人工智能技术服务集成的整体解决方案[179]，有关智能产品服务系统的定价与协调优化的研究，主要集中在产品服务系统的定价与协调方面的研究。Fredrik 和 Wilson[180]基于航空公司对托运行李收费问题，研究了主要产品和辅助服务的定价策略，以寻求总预期收入的最大化。张旭梅和王大飞[181]、阳文玲等[182]研究了不同消费者策略行为对产品服务系统定价决策的影响问题。但是，并没有客户感知价值对产品服务系统定价决策的相关文献。Fazal-e-Hasan等[183]认为客户感知价值是影响客户购买行为的关键因素。客户感知价值是比较客户体验产品或服务的得与失，对产品或服务的整体评价[184]，且定制化产品服务系统受到客户个性化需求的影响，关涛等[185]基于市场结构的特点，构建了客户感知价值利润函数，认为歧视定价策略下的产品利润和市场需求量均优于单一定价策略。董景峰等[186]考虑上下游企业间的合作模式、客户感知价值和环境不确定性等因素，研究了原始制造商垄断、Cournot（库尔诺）双寡头博弈和Stackelberg（施塔克尔贝格）博弈 3 种模式下闭环供应链新产品和再制造产品的定价问题。但是，以上学者并没有考虑质量约束对产品服务系统定价的影响。刘虹和潘亚宏[187]在质量改进随机需求的影响下，研究产品质量改进对企业最优定价策略的影响。韩亚娟和谢会[188]认为产品或服务质量水平是影响企业竞争力的核心要素，他们仅从单个运营主体的视角研究了质量约束对 PSS 的定价影响。张永芬和魏航[189]研究了产品质量对供应链中无延保服务、零售商提供延保服务和制造商提供延保服务的定价策略的影响。寇军和赵泽洪[190]分析了制造商提供产品、强势零售商销售产品和提供延保服务的两周期利润模型，研究了产品质量对产品及延保服务需求的多重影响问题。Chenavaz[191]分析了更好的产品质量意味着更高或更低的产品价格的条件，并认为在最大化利润的同时，尽管质量和成本增加，公司可能会降低产品价格，因为更好的质量与更低的价格相结合可能会产生更多的销售额。

有关质量约束下产品服务系统定价协调问题的研究，刘云志和樊治平[192]研究了供应商的产品质量水平对零售商产品定价和订货量决策的影响问题，验证了不同协调契约对二级供应链协调的有效性。寇军等[193]研究了产品质量约束影响产品或延保服务需求，比较分析了无质量约束和有质量约束下，产品质量约束对产品或延保服务定价策略的影响，并通过设计收益共享契约来协调零售商和供应商的利润。王玉燕等[194]比较分析了三级电商供应链中不同成员主导下的产品质量对供应链运作绩效的影响问题，并通过进一步优化 Shapley（沙普利）值法，使供应链成员企业的利润分配更加公平、合理。

综上所述，国内外学者分别从消费者策略性行为、质量水平、服务水平等影响因素研究了产品服务系统的定价问题，为本书有关智能产品服务系统的定价策略的研究提供了理论与方法支撑。但是，当前对智能产品服务系统定价与协调问题研究的相关文献并不多，考虑客户感知价值对智能产品服务系统定价影响的研究文献也较少。而客户在购买智能产品服务系统时会对其进行评估，客户感知价值将会影响客户对智能产品服务系统的购买意愿和心理；提升客户对智能产品服务系统的感知价值，会对企业间的合作定制产生一定的促进作用。此外，学者也未同时考虑产品质量和人工智能技术服务质量等因素，进行智能产品服务系统定价与协调相关问题的研究。已有的质量约束对产品服务系统定价影响的研究也只是从单个运营主体的视角，而事实上产品或人工智能技术服务质量水平是市场需求中不容忽略的重要因素，也是制造企业智能化转型过程中面临的重要问题之一。已有关于产品服务系统定价协调的研究多集中在批发价契约、收益共享契约等协调机制的研究，很少有学者考虑客户感知价值对市场需求、产品和人工智能技术服务质量的影响，研究“产品质量成本共担契约”对制造企业智能化转型决策的影响问题。因此，本书考虑客户感知价值对市场需求、产品和人工智能技术服务质量的影响，分别建立了非合作定制和合作定制情形下的智能产品服务系统的定价博弈模型，并研究由制造企业设计“产品质量成本共担”契约，以分担人工智能企业的产品质量成本，为智能产品服务系统的定价与协调决策提供参考。

5.2.2 客户感知价值对智能产品服务系统定价决策的影响

考虑客户感知价值下智能产品服务系统的定制化过程，研究定制化智能产品服务系统的定价与协调策略。首先，客户根据对智能产品服务系统的产品质量和人工智能技术服务水平的了解，综合比较对智能产品服务系统的感知利得与利失的差距，决定是否选择购买智能产品服务系统；其次，人工智能企业提供人工智能产品给制造企业，人工智能企业与制造企业基于自身利益最大化的目标，决定是否进行合作定制或是非合作定制智能产品服务系统，并由制造企业提供智能产品服务系统给客户；最后，制造企业制定合理的契约协调策略，分担人工智能企业的产品质量成本，以促使人工智能企业积极参与智能产品服务系统的合作定制。客户感知价值对智能产品服务系统定价决策的影响如图 5 - 11 所示。

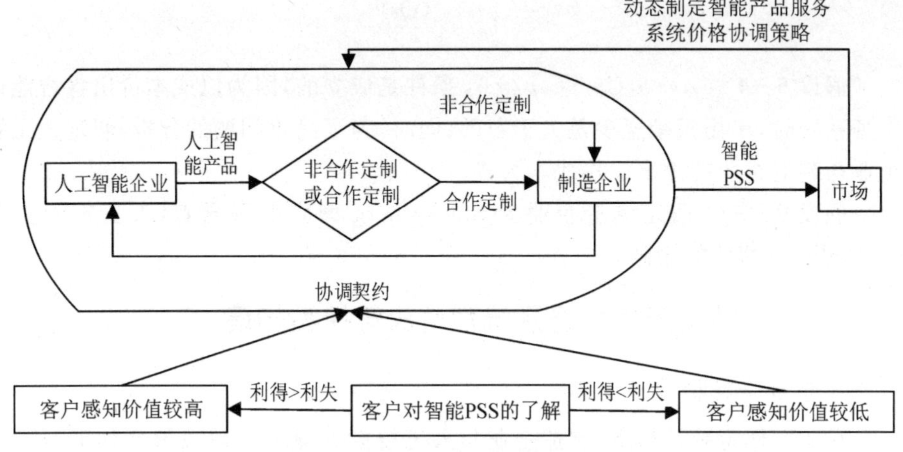

图 5-11 客户感知价值对智能产品服务系统定价决策的影响

5.2.3 智能产品服务系统定价决策模型假设

假设 5-1 逆需求函数是价格和质量的线性函数，逆需求函数与产量和价格存在反向关系，与人工智能技术服务质量存在正向关系，且客户对智能产品服务系统存在一定的感知价值，对产品和人工智能技术服务有一定的偏好。参考寇军等[193]的研究，市场需求函数为

$$D=a-bP+\beta(Q_m+Q_f)$$

其中，D 为市场需求，a 为客户的潜在需求；$b(b>0)$ 为价格敏感程度系数；P 为智能产品服务系统的市场销售单价；$Q_f(Q_f>0)$ 为人工智能技术服务质量水平；$Q_m(Q_m>0)$ 为产品质量水平；β 为客户感知价值敏感程度系数(对智能产品服务系统的整体性评价，包含对产品和人工智能技术服务质量水平的评价等)。

假设 5-2 人工智能企业提供人工智能产品的成本为 C_e、价格为 P_e；制造企业提供智能产品服务系统的成本为 C_i。

假设 5-3 这里将智能产品服务系统的质量成本分为产品质量成本和人工智能技术服务质量成本两部分。其中，产品质量成本主要包括检验费用、质量问题处理费等；人工智能技术服务质量成本主要包括人员培训费、人工智能技术服务的软硬件设施维护费等。假设制造企业的产品质量成本为

$$C_m=\frac{(Q_m)^2}{2}$$

其中，$\frac{\partial C_m}{\partial Q_m}=Q_m>0$；$\frac{\partial^2 C_m}{\partial^2 Q_m}=1>0$。即随着 Q_m 的提高，产品质量成本也会增加，并且 Q_m 越高，产品质量成本增幅越大。

同理，制造企业的人工智能技术服务质量成本为

$$C_f = \frac{(Q_f)^2}{2}$$

假设 5-4　$a - b(C_e + C_i) > 0$，条件是成立的，因为以成本价出售智能产品服务系统时，市场需求至少是大于零的；同时，为了简化问题的分析，假定人工智能企业与制造企业的固定运作成本为零。

假设 5-5　假定制造企业为 Stackelberg 博弈的领导者，人工智能企业为 Stackelberg 博弈的跟随者。

5.2.4 智能产品服务系统定价决策模型构建

1. 非合作定制

在非合作定制情形下，制造企业与人工智能企业的三阶段博弈如下：阶段一，制造企业与人工智能企业同时决定各自产品或人工智能技术服务的质量水平；阶段二，制造企业决定智能产品服务系统的价格；阶段三，人工智能企业决定人工智能产品的价格。采取逆向归纳法对上述动态博弈过程进行求解。

1)**第三阶段博弈求解**

人工智能企业实现自身利润最大化。人工智能企业的目标利润函数为

$$\begin{cases} \max\limits_{P, Q_m} \pi_1 = D(P_e - C_e) - \dfrac{(Q_m)^2}{2} \\ s.t.\ P - P_e - C_i = r \\ a > 0 \\ \beta > 0 \end{cases} \tag{5.1}$$

其中，π_1 表示人工智能企业的利润；r 表示制造企业的单位利润。

将 $P = r + P_e + C_i$ 和逆需求函数 D 代入人工智能企业的目标利润函数中，由于 $\dfrac{\partial^2 \pi_1}{\partial^2 P_e} = -2b < 0$，$\pi_1$ 对 P_e 和 Q_m 求偏导，可得海塞矩阵为

$$\boldsymbol{H} = \begin{bmatrix} -2b & \beta \\ 0 & -1 \end{bmatrix}$$

由以上的海塞矩阵可得，奇数阶主子式为 $-2b < 0$，偶数阶主子式为 $2b > 0$，故 π_1 是关于 P_e 的严格凹函数。π_1 对 P_e 求偏导，通过计算可得人工智能产品的最优价格为

$$P_e^N = \frac{bC_e + a - bP + A}{b} \tag{5.2}$$

其中，$A = \beta(Q_m + Q_f)$，N 表示非合作定制。

2)**第二阶段博弈求解**

制造企业以人工智能企业的目标函数和结果作为决策依据。制造企业的目标

利润函数为

$$\max_{P,Q_f} \pi_2 = D(P - P_e - C_i) - \frac{(Q_f)^2}{2} \tag{5.3}$$

其中，π_2 表示制造企业的利润。

由于 $\frac{\partial^2 \pi_2}{\partial^2 P} = -4b < 0$，$\pi_2$ 对 P 和 Q_f 求偏导，可得海塞矩阵为

$$\boldsymbol{H} = \begin{bmatrix} -4b & \beta \\ 0 & -1 \end{bmatrix}$$

由以上的海塞矩阵可得，奇数阶主子式为 $-4b<0$，偶数阶主子式为 $4b>0$，故 π_2 是关于 P 的严格凹函数。π_2 对 P 求偏导，通过计算可得智能产品服务系统的最优价格为

$$P^N = \frac{3a + b(C_i + C_e) + 3A}{4b} \tag{5.4}$$

3)**第一阶段博弈求解**

在博弈的第一阶段，制造企业和人工智能企业以利润最大化为目标，决定各自的质量水平，将人工智能产品的最优价格 P_e^N 和智能产品服务系统的最优价格 P^N 代入人工智能企业的目标函数中，可得

$$\max_{Q_m} \pi_1 = \frac{[a + A - b(C_e + C_i)]^2}{16b} - \frac{(Q_m)^2}{2} \tag{5.5}$$

同理，将人工智能产品的最优价格 P_e^N 和智能产品服务系统的最优价格 P^N 代入制造企业的目标函数中，可得

$$\max_{Q_f} \pi_2 = \frac{[a + A - b(C_e + C_i)]^2}{8b} - \frac{(Q_f)^2}{2} \tag{5.6}$$

由 π_1 对 Q_m 求偏导和 π_2 对 Q_f 求偏导，通过计算可得人工智能企业的最优产品质量水平 Q_m^N，制造企业的最优人工智能技术服务质量水平 Q_f^N 为

$$\begin{cases} Q_m^N = \dfrac{B\beta}{8b - 3\beta^2} \\ Q_f^N = \dfrac{2B\beta}{8b - 3\beta^2} \end{cases} \tag{5.7}$$

其中，$B = a - b(C_e + C_i)$。

将式(5.7)分别代入式(5.5)和式(5.6)中得出人工智能企业、制造企业和供应链的最优利润 π_1^N、π_2^N 和 π^N ($\pi^N = \pi_1^N + \pi_2^N$)。

$$\pi_1^N = \frac{4B^2 b - \frac{1}{2}B^2\beta^2}{(8b - 3\beta^2)^2},\ \pi_2^N = \frac{4B^2 b - \frac{1}{2}B^2\beta^2}{(8b - 3\beta^2)^2},\ \pi^N = \frac{12B^2 b - \frac{5}{2}B^2\beta^2}{(8b - 3\beta^2)^2}$$

2. 合作定制

在合作定制情形下，制造企业和人工智能企业的三阶段博弈如下：阶段一，制

造企业与人工智能企业以整个供应链利润最大化为目标，共同决定智能产品服务系统的质量；阶段二，制造企业决定智能产品服务系统的价格；阶段三，人工智能企业决定人工智能产品的价格。

由以上三阶段博弈过程可知，合作定制决策只存在第一阶段，在第二、三阶段，制造企业与人工智能企业各自进行决策。下面采取逆向归纳法对上述动态博弈进行求解。

合作定制博弈的第二、三阶段与非合作定制的第二、三阶段的过程相同，故求解过程和结果也完全相同，接下来只需对合作定制博弈的第一阶段进行求解。

令 π 表示制造企业与人工智能企业共同的利润，则博弈的第一阶段的目标利润函数为

$$\max_{Q_m,Q_f} \pi = D(P-C_e-C_i)-\frac{(Q_m)^2}{2}-\frac{(Q_f)^2}{2} \tag{5.8}$$

由 π 对 Q_f、Q_m 分别求偏导，通过计算可得，制造企业的最优服务质量水平 Q_f^C 和人工智能企业的最优产品质量水平 Q_m^C 分别为

$$Q_f^C = Q_m^C = \frac{3B\beta}{8b-6\beta^2} \tag{5.9}$$

其中，上标 C 表示合作定制。

为了使研究更具有现实意义，应有 $Q_f>0$，$Q_m>0$，由此可得 β 的取值范围为

$$0<\beta<\frac{2\sqrt{3b}}{3} \tag{5.10}$$

将式(5.9)分别代入式(5.5)、式(5.6)和式(5.8)中，可得人工智能企业、制造企业和供应链的最优利润分别为 π_1^C、π_2^C 和 π^C：

$$\pi_1^C=\frac{4B^2b-\frac{9}{2}B^2\beta^2}{(8b-6\beta^2)^2},\ \pi_2^C=\frac{8B^2b-\frac{9}{2}B^2\beta^2}{(8b-6\beta^2)^2},\ \pi^C=\frac{12B^2b-\frac{5}{2}B^2\beta^2}{(8b-3\beta^2)^2}$$

5.2.5 智能产品服务系统定价决策博弈结果分析

通过对非合作定制和合作定制情形下，智能产品服务系统的最优定价和最优供应链利润进行比较和分析，可得以下命题：

【命题 5-1】$\frac{\partial Q_m^C}{\partial\beta}=\frac{\partial Q_f^C}{\partial\beta}>0$；$\frac{\partial D^C}{\partial\beta}>0$；$\frac{\partial P^C}{\partial\beta}>0$；$\frac{\partial \pi_2^C}{\partial\beta}>0$；$\frac{\partial \pi^C}{\partial\beta}>0$；
$\frac{\partial Q_f^N}{\partial\beta}>0$；$\frac{\partial Q_m^N}{\partial\beta}>0$；$\frac{\partial P^N}{\partial\beta}>0$；$\frac{\partial D^C}{\partial\beta}>0$；$\frac{\partial \pi_1^N}{\partial\beta}>0$；$\frac{\partial \pi_2^N}{\partial\beta}>0$；$\frac{\partial \pi^N}{\partial\beta}>0$

当 $0<\beta<\frac{2\sqrt{b}}{3}$ 时，$\frac{\partial \pi_1^C}{\partial\beta}>0$；当 $\frac{2\sqrt{b}}{3}<\beta<\frac{2\sqrt{3b}}{3}$ 时，$\frac{\partial \pi_1^C}{\partial\beta}<0$。

证明：

$$\frac{\partial Q_m^C}{\partial\beta}=\frac{\partial Q_f^C}{\partial\beta}=\frac{24Bb+18B\beta^2}{(8b-6\beta^2)^2};\ \frac{\partial D^C}{\partial\beta}=\frac{24Bb\beta}{(8b-6\beta^2)^2}$$

$$\frac{\partial P^{C}}{\partial \beta}=\frac{72B\beta}{(8b-6\beta^{2})^{2}};\ \frac{\partial \pi_{2}^{C}}{\partial \beta}=6B^{2}\beta\frac{(20b-9\beta^{2})}{(8b-6\beta^{2})^{3}}$$

$$\frac{\partial \pi^{C}}{\partial \beta}=B^{2}\beta\frac{18}{(8b-6\beta^{2})^{2}};\ \frac{\partial \pi_{1}^{C}}{\partial \beta}=6B^{2}\beta\frac{(4b-9\beta^{2})}{(8b-6\beta^{2})^{3}}$$

由式(5.10)可知，Q_{m}^{C}、Q_{f}^{C}、P^{C}、D^{C}、π_{2}^{C}、π^{C} 均是 β 的增函数，同理，Q_{m}^{N}、Q_{f}^{N}、P^{N}、D^{N}、π_{1}^{N}、π_{2}^{N}、π^{N} 也是 β 的增函数；当 $0<\beta<\frac{2\sqrt{b}}{3}$ 时，π_{1}^{C} 是 β 的增函数；当 $\frac{2\sqrt{b}}{3}<\beta<\frac{2\sqrt{3b}}{3}$ 时，π_{1}^{C} 是 β 的减函数。故命题 1 成立。由此可得结论 5－1：

【结论 5－1】在非合作定制和合作定制情形下，智能产品服务系统的价格和市场需求量、产品和人工智能技术服务质量、制造企业的利润、供应链的总利润都会随着客户感知价值敏感程度的增加而增加；在合作定制情形下，且在一定的阈值范围内，随着客户感知价值敏感程度的增加，人工智能企业的利润呈现出先增加后减少的趋势。

【命题 5－2】$Q_{f}^{C}>Q_{f}^{N}$，$Q_{m}^{C}>Q_{m}^{N}$，$P^{C}>P^{N}$，$D^{C}>D^{N}$，即与非合作定制情形相比，合作定制能有效提高智能产品服务系统的产品与人工智能技术服务质量、价格和市场需求量。

证明：

$$Q_{m}^{C}-Q_{m}^{N}=\frac{B\beta(16b-3\beta^{2})}{(8b-6\beta^{2})(8b-3\beta^{2})};\ Q_{f}^{C}-Q_{f}{}^{N}=\frac{B\beta(8b+3\beta^{2})}{(8b-6\beta^{2})(8b-3\beta^{2})}$$

由式(5.10)可知，$Q_{m}^{C}-Q_{m}^{N}>0$，$Q_{f}^{C}-Q_{f}^{N}>0$，即 $Q_{m}^{C}>Q_{m}^{N}$，$Q_{f}^{C}>Q_{f}^{N}$；同理，也可验证 $P^{C}>P^{N}$、$D^{C}>D^{N}$ 成立。故命题 2 成立。由此可得结论 5－2：

【结论 5－2】与非合作定制相比，合作定制能有效提高智能产品服务系统的价格和市场需求量、产品和人工智能技术服务质量。

【命题 5－3】$\pi_{2}^{C}>\pi_{2}^{N}$，$\pi^{C}>\pi^{N}$，$\pi_{1}^{C}<\pi_{1}^{N}$。

证明：

$$\pi^{C}-\pi^{N}=\frac{B^{2}\beta^{2}(160b^{2}-132b\beta^{2}+9\beta^{4})}{(8b-6\beta^{2})^{2}(8b-3\beta^{2})^{2}}$$

$$\pi_{1}^{C}-\pi_{1}^{N}=\frac{B^{2}\beta^{2}(-64b^{2}+60b\beta^{2}-\frac{45}{2}\beta^{4})}{(8b-6\beta^{2})^{2}(8b-3\beta^{2})^{2}}$$

由式(5.10)可知，$\pi^{C}-\pi^{N}>0$，即 $\pi^{C}>\pi^{N}$；$\pi_{1}^{C}-\pi_{1}^{N}<0$，即 $\pi_{1}^{C}<\pi_{1}^{N}$。同理，也可验证 $\pi_{2}^{C}>\pi_{2}^{N}$ 成立。故命题 3 成立。由此可得结论 5－3：

【结论 5－3】合作定制情形下制造企业的利润、供应链的总利润均大于非合作定制情形下制造企业的利润、供应链的总利润；而合作定制情形下人工智能企业的利润却小于非合作定制情形下人工智能企业的利润。

5.2.6 智能产品服务系统定价协调契约

在合作定制情形下，制造企业的利润将会增加，人工智能企业的利润将会减少，其原因在于：①制造企业作为供应链的核心企业，希望人工智能企业积极参与合作定制，并有效提高智能产品服务系统中的人工智能产品质量水平；②不断提高的人工智能产品质量水平导致人工智能企业将会承担过多的产品质量成本。因此，为了降低人工智能企业的产品质量成本，制造企业可进一步设计智能产品服务系统的产品质量成本共担契约，以分担人工智能企业的产品质量成本。设 $\alpha\ (0<\alpha<1)$ 是产品质量成本共担系数，人工智能企业承担的产品质量成本为 $\frac{(1-\alpha)\ (Q_m)^2}{2}$，制造企业承担的产品质量成本为 $\frac{\alpha\ (Q_m)^2}{2}$。

在产品质量成本共担契约（以下简称协调契约）下，人工智能企业和制造企业的目标利润函数分别为

$$\max_{P_e, Q_m} \pi_1 = D(P_e - C_e) - \frac{(1-\alpha)\ (Q_m)^2}{2} \tag{5.11}$$

$$\max_{P, Q_f} \pi_2 = D(P - P_e - C_i) - \frac{(Q_f)^2}{2} - \frac{\alpha(Q_m)^2}{2} \tag{5.12}$$

通过三阶段博弈过程进行逆向归纳法求解，可以求得在 D 需求下人工智能企业的最优产品质量水平、制造企业的最优服务质量水平、智能产品服务系统的最优价格和市场需求量分别为

$$Q_m^D = \frac{B\beta}{8b(1-\alpha) - \beta^2(3-2\alpha)} \tag{5.13}$$

$$Q_f^D = \frac{2(1-\alpha)B\beta}{8b(1-\alpha) - \beta^2(3-2\alpha)} \tag{5.14}$$

$$P^D = \frac{6B(1-\alpha)}{8b(1-\alpha) - \beta^2(3-2\alpha)} + C_i + C_e \tag{5.15}$$

$$D^D = \frac{2Bb(1-\alpha)}{8b(1-\alpha) - \beta^2(3-2\alpha)} \tag{5.16}$$

要保证上述最优值的存在，应满足以下公式的范围：

$$0 < \alpha < \frac{8b - 3\beta^2}{8b - 2\beta^2} \tag{5.17}$$

可见，当制造企业的产品质量成本共担系数 α 在 $(0, \frac{8b-3\beta^2}{8b-2\beta^2})$ 的范围时，人工智能企业的最优产品质量水平是有效的。原因在于：当 $\alpha > \frac{8b-3\beta^2}{8b-2\beta^2}$ 时，人工智能企业的最优产品质量水平为负，制造企业需要承担过多的产品质量成本，因此，制造企业不会主动设计产品质量成本共担契约，更不会与人工智能企业合作定制智

能产品服务系统。

将式(5.13)至式(5.16)分别代入式(5.11)和式(5.12)中，可得人工智能企业、制造企业的最优利润分别为

$$\pi_1^D = \frac{4(1-\alpha)^2 B^2 b - \frac{1-\alpha}{2} B^2 \beta^2}{[8b(1-\alpha) - \beta^2(3-2\alpha)]^2} \tag{5.18}$$

$$\pi_2^D = \frac{8(1-\alpha)^2 B^2 b - \frac{\alpha}{2} B^2 \beta^2 - 2(1-\alpha)^2 B^2 \beta^2}{[8b(1-\alpha) - \beta^2(3-2\alpha)]^2} \tag{5.19}$$

【命题 5-4】存在最优产品质量成本共担系数 $\alpha = \frac{12b - \frac{5}{2}\beta^2}{5(4b-\beta^2)}$，使得制造企业的利润达到最大。

证明：

$$\frac{\partial^2 \pi_2^D}{\partial^2 \alpha} = \frac{-B^2\beta^2(2\beta^2 - 4b)(5\beta^2 - 16b)}{[8b(1-\alpha) - \beta^2(3-2\alpha)]^4}$$

根据式(5.17)，可得，$\frac{\partial^2 \pi_2^D}{\partial^2 \alpha} < 0$，$\pi_2^D$ 存在最大值，故当 $\frac{\partial \pi_2^D}{\partial \alpha} = 0$ 时，求得产品质量成本共担系数的最优解

$$\alpha^D = \frac{12b - \frac{5}{2}\beta^2}{5(4b-\beta^2)} \tag{5.20}$$

由此可得结论 5-4：

【结论 5-4】在产品质量成本共担系数最优的条件下，制造企业的利润最大，此时制造企业才会主动制定产品质量成本共担契约，且产品质量成本共担系数的最优解处于 $\left(0, \frac{8b-3\beta^2}{8b-2\beta^2}\right)$ 的范围内，人工智能企业的最优产品质量水平才是有效的。

【命题 5-5】在产品质量成本共担系数最优的条件下，$Q_f^D > Q_f^N$，$Q_m^D > Q_m^N$，$P^D > P^N$，$D^D > D^N$；$\pi_1^D > \pi_1^N$；$\pi_2^D > \pi_2^N$。

证明：

$$Q_m^D - Q_m^N = B\beta \frac{12b - \frac{5}{2}\beta^2}{(8b-5\beta^2)(8b-3\beta^2)}$$

$$Q_f^D - Q_f^N = B\beta^3 \frac{12b - \frac{5}{2}\beta^2}{(8b-5\beta^2)(8b-3\beta^2)(4b-\beta^2)}$$

由式(5.10)可得，$Q_m^D - Q_m^N > 0$，即 $Q_m^D > Q_m^N$；$Q_f^D - Q_f^N > 0$，即 $Q_f^D > Q_f^N$；同理也可验证 $P^D > P^N$，$D^D > D^N$；$\pi_1^D > \pi_1^N$；$\pi_2^D > \pi_2^N$，因此，命题 5 成立。由此可得

结论 5－5：

【**结论 5－5**】在协调契约下，智能产品服务系统的价格和市场需求量、产品和人工智能技术服务质量、制造企业和人工智能企业的利润相比非合作定制情形下都增加了，这也就解释了制造企业为什么愿意与人工智能企业采取协调契约下的合作定制决策；同时，也表明了智能产品服务系统的价格和市场需求量的增加所带来的利润能够弥补制造企业因分担人工智能企业的产品质量成本而产生的损失。可见，通过设计产品质量成本分担契约，能够有效提高供应链各主体的利润以及产品和人工智能技术服务的质量水平，从而促使人工智能企业积极主动地参与定制化智能产品服务系统的开发。

5.2.7 案例分析

下面以陕西鼓风机（集团）有限公司（简称陕鼓集团）智能化转型的案例为例，分析陕鼓集团智能化转型的演化路径以及每个阶段智能产品服务系统的研发与定价过程。

1. 企业简介

陕鼓集团始建于 1968 年，经历了五十余年的变革和发展，成长为大型的制造企业。目前，陕鼓集团已逐渐成为一家具有多元化、绿色化产业结构的国际智慧能源技术公司。在促进碳减排的实践过程中，陕鼓集团战略性地专注于分布式能源，建立了以分布式能源系统解决方案为核心，包括七类增值服务的“1＋7”业务模式。陕鼓集团在能源转化领域拥有五十多年的创新和专业优势，始终致力于实现低碳环保、节能减排以及提高领域能效等目标。多年来，陕鼓集团一直走在行业领域前列，荣获国内、国际数百项荣誉。

2. 陕鼓集团智能化转型的演化过程分析

陕鼓集团进行智能化转型的演化过程主要包括业务流程智能化、制造智能化和服务智能化三个阶段，如图 5－12 所示。

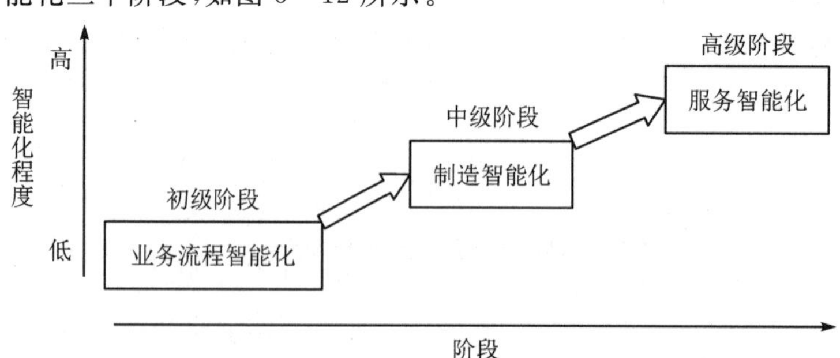

图 5－12 陕鼓集团进行智能化转型的演化过程

1）**阶段一：业务流程智能化**

陕鼓集团专注于持续使用各种数字化技术来提高自身的业务综合能力。陕鼓集团在自动化办公领域投入了大量资金和精力，购入了大量先进的数控设备，构建了数控中心，推进了生产流程的网络化管理，最终达到了提高公司工作效率和降低成本的目的。

由此可知，这一过程是陕鼓集团智能化转型的初级阶段——业务流程智能化阶段，如图5-13所示。陕鼓集团利用数字化技术，紧密结合公司的实际情况，将公司的基础数据、生产流程数据进行数据化存储管理，在某种程度上提升了公司的管理水平和效率，并降低了生产成本。

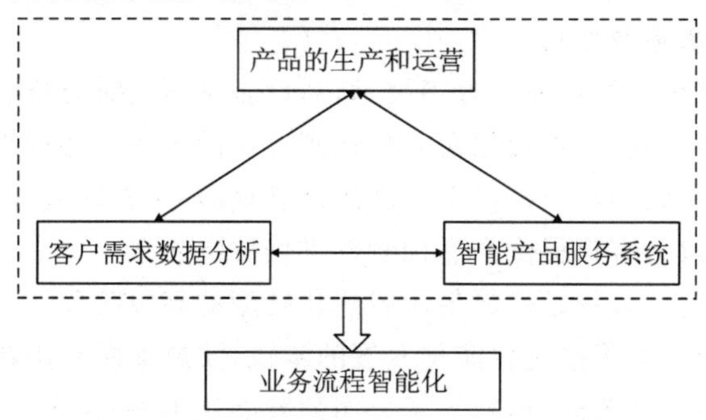

图5-13　陕鼓集团的业务流程智能化

在这一过程，陕鼓集团对客户需求进行分析，并根据客户需求，将数字化技术服务应用到产品的生产和运营过程中，形成智能产品服务系统，考虑企业的生产和运营成本，并结合企业的利润目标，对智能产品服务系统进行科学合理定价，以促进智能产品服务系统的销售。

2)**阶段二：制造智能化**

为了解决并行信号接入、海量数据采集与存储、远程传输等一系列困境，借助数字化赋能，陕鼓集团以生产管理流程数据库为中心，构建了网络化诊断与服务平台，最终达到了为客户提供智能故障诊断服务、数字化维修服务等各类售后服务的目标。

由此可知，这一过程是陕鼓集团智能化转型的中级阶段——制造智能化，如图5-14所示。陕鼓集团通过开发和应用数字化技术，显著提高了公司数据的分析水平，并将其应用于公司数据、生产流程数据的收集和分析，达到了为客户提供整体解决方案的目的。

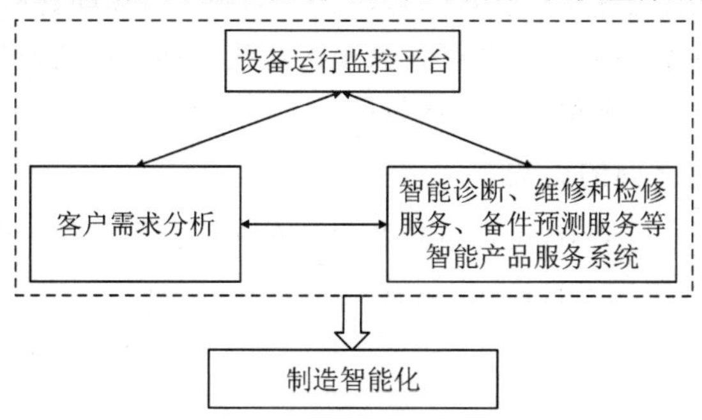

图5-14　陕鼓集团的制造智能化

在这一过程,陕鼓集团以客户需求为依托,为销售给客户的设备提供保姆式管家服务,即借助大数据、人工智能等新兴信息技术,建立设备运行监控平台,对设备运行过程和数据进行实时监控,对设备故障进行智能诊断、维修和检修服务、备件预测服务,形成多种不同的智能产品服务系统,考虑设备监控、维修和检修的成本,并结合企业的利润目标,对智能产品服务系统进行科学合理定价,以促进智能产品服务系统的销售。

3)阶段三:服务智能化

陕鼓集团利用数据存储和处理技术,对设备进行实时分析和预警,保证了客户设备的顺利运行。同时,将数据实时传送到公司的远程智能运维中心,以智能服务云平台为依托,可以为客户提供全生命周期管理服务;构建远程开放共享的在线自动监控系统,可以为客户提供产品预测性维修解决方案。

由此可知,这一过程是陕鼓集团智能化转型的高级阶段——服务智能化阶段,如图 5-15 所示。为了推进智能化发展的步伐,陕鼓集团利用新兴信息技术,将大数据融入产品价值链各环节,提高了公司的智能化水平,达到了为客户提供远程运维服务的目标。

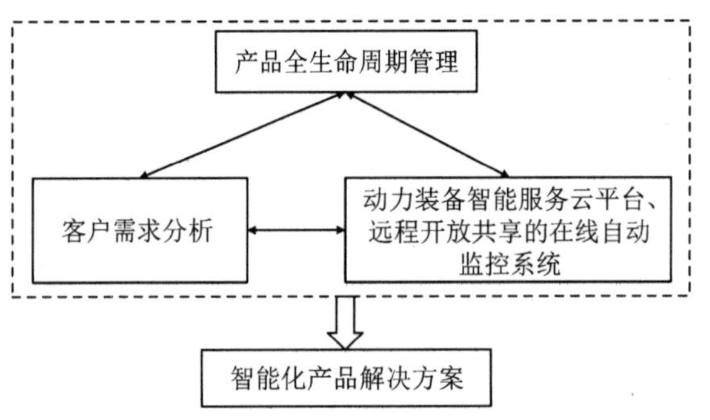

图 5-15 陕鼓集团的服务智能化

在这一过程,陕鼓集团同样对客户需求进行分析,并以客户需求为依托,一方面,将人工智能、大数据等新兴技术运用到产品全生命周期管理中,另一方面,构建动力装备智能服务云平台、远程开放共享的在线自动监控系统等,达到为客户提供各种智能化产品和服务解决方案的目的。

3. 不同阶段之间的比较

从数字采集分析能力、生产过程数字化能力、运营方式平台化能力、智能化程度等方面,对不同阶段进行比较,如表 5-4 所示。

表 5-4　陕鼓集团智能化转型不同阶段之间的比较

方面	第一阶段：业务流程智能化	第二阶段：制造智能化	第三阶段：服务智能化
数字采集分析能力	基础数据采集	大数据采集	智能分析
生产过程数字化能力	业务流程数据化	生产管理数据化	远程运维服务
运营方式平台化能力	办公自动化平台	高技术平台	开放共享平台
智能化程度	智能化程度低	智能化程度较高	智能化程度最高

由表 5-4 可知，第一阶段实现了业务流程智能化方面的智能化转型，此阶段的智能程度较低，主要对基本业务流程形成基础的数据采集，形成一个办公自动化平台；第二阶段实现了制造智能化的智能化转型，与第一阶段相比，此阶段的智能化程度较高，主要对生产管理的数据进行大数据分析，形成一个高技术平台；第三阶段实现了服务智能化方面的智能化转型，此阶段的智能化程度最高，主要通过各类数据的智能分析，为客户提供远程运维服务，形成了一个开放共享平台。因此，随着陕鼓集团智能化服务的不断深入，其智能化程度越来越高，数字化赋能使自身和客户获得的价值增值也越来越高。

4. 案例启示

我国制造企业进行智能化转型主要经历了初级、中级、高级三个阶段。在初级阶段，企业使用数字化工具，如基础数据库、办公自动化平台，提升业务数据分类和存储管理能力，使公司能够快速开发成功的核心产品以服务客户，现阶段完成了业务流程智能化；在中级阶段，制造企业继续将数字化技术融入数据收集和分析、拓展生产流程和运营方式中的深度和广度，并通过构建大数据运行平台等高技术平台，显著提高了数据分析和管理的水平，现阶段完成了制造智能化；在高级阶段，为了加快公司的智能化发展步伐，制造企业利用新兴技术，将大数据融入产品价值链各环节，提高了企业的智能化水平，实现了为客户提供远程运维服务的目标，现阶段完成了服务智能化方面的智能化转型。

5.2.8　数值模拟

为了验证以上模型结论的正确性，本书结合陕鼓集团智能化转型的案例分析，以及智能产品服务系统定价的实际情况和相关文献的研究，通过 MATLAB 软件(商业数学软件)进行数值模拟分析，主要参数赋值如表 5-5 所示，其中，涉及收益、成本和利润类的参数单位都为万元。

表 5-5　主要参数赋值

参数	a	C_e	C_i	b	β
赋值	80	10	15	0.6	0.6

1. 非合作定制、合作定制和协调契约情形下的结果分析

将表 5－5 中的参数取值代入非合作定制、合作定制和协调契约的博弈模型中，得到非合作定制、合作定制和协调契约下的最优结果对比，如表 5－6 所示。

表 5－6　非合作定制、合作定制和协调契约下的最优结果对比

参数	P	Q_f	Q_m	D	π_1	π_2	π
非合作定制	130	21	11	21	678	1246	1924
合作定制	172	44	44	30	473	1927	2400
协调契约	149	25	33	25	826	1420	2246

可见，与非合作定制相比，合作定制能有效提高智能产品服务系统的价格和市场需求量、产品和人工智能技术服务质量、制造企业的利润、供应链的总利润，会降低人工智能企业的利润，这是因为在非合作定制情形下，供应链各成员企业都是基于自身利益最大化进行决策，并没有以供应链整体利益最大化为目标。结论 5－2 和结论 5－3 中的相关内容得到了验证。

在协调契约下，当产品质量成本共担系数满足约束条件后，智能产品服务系统的价格和市场需求量、产品和人工智能技术服务质量以及供应链各主体的利润均大于非合作定制情形下的智能产品服务系统的价格和市场需求量、产品和人工智能技术服务质量以及供应链各主体的利润，由此可见，与非合作定制情形相比，协调契约下供应链各成员企业之间能够有效地协调运作。结论 5－5 中的相关内容得到了验证。

2. 合作定制情形下与非合作定制情形下产品质量成本共担契约的结果分析

客户感知价值敏感程度系数 β 会对智能产品服务系统的产品或人工智能技术服务质量水平和供应链各主体利润产生影响，其具体影响如图 5－16 和图 5－17 所示。

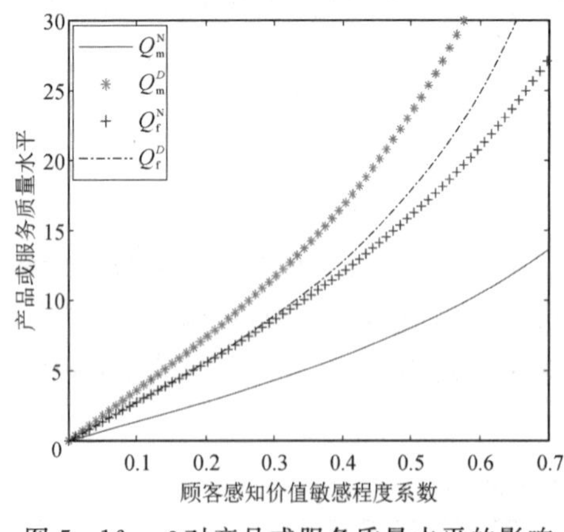

图 5－16　β 对产品或服务质量水平的影响

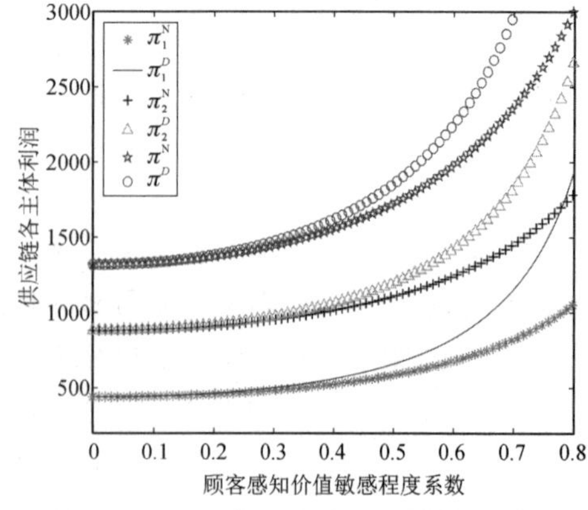

图 5－17　β 对供应链各主体利润的影响

由图 5－16 可知，客户感知价值敏感程度系数对智能产品服务系统的产品和

人工智能技术服务质量水平均有正向的影响；在协调契约情形下，产品和人工智能技术服务的质量水平均高于非合作定制情形下产品和人工智能技术服务的质量水平。由图 5－17 可知，客户感知价值敏感程度系数对制造企业的利润、供应链的总利润均有正向的影响；在协调契约情形下，人工智能企业和制造企业的利润、供应链的总利润均高于非合作定制情形下人工智能企业和制造企业的利润、供应链的总利润。结论 5－1、结论 5－5 中的相关内容得到了验证。

5.2.9　研究总结

在智能产品服务系统的定制过程中，本研究针对不同的客户感知价值和质量约束对智能产品服务系统定价策略的影响问题，运用 Stackelberg 博弈理论，建立了智能产品服务系统的定价与协调博弈模型，并对模型进行求解与分析，比较分析了在合作定制与非合作定制情形下，智能产品服务系统的价格和市场需求量、产品和人工智能技术服务质量以及供应链不同主体的利润，并引入了产品质量成本共担契约，分析了该协调契约对提高制造企业和人工智能企业利润的作用，得出以下研究结论：

与非合作定制相比，合作定制能有效提高智能产品服务系统的价格、市场需求量、产品和人工智能技术服务质量、制造企业的利润、供应链的总利润。

在合作定制情形下，客户感知价值对智能产品服务系统的价格和市场需求量、产品和人工智能技术服务质量、制造企业的利润均产生正向的促进作用，对人工智能企业的利润产生先增大后减少的作用；在非合作定制情形下，客户感知价值对智能产品服务系统的价格和市场需求量、产品和人工智能技术服务质量、制造企业和人工智能企业的利润均产生正向的促进作用。

采用"产品质量成本共担契约"可有效提升智能产品服务系统的价格和市场需求量、产品和人工智能技术服务质量，并能够提高制造企业和人工智能企业的利润。

5.3　智能产品服务系统研发和定价对策建议

5.3.1　促进智能产品服务系统研发的对策建议

1. 促进人工智能技术服务在制造企业产品服务系统研发过程中的融合应用

政府要推动人工智能技术服务在制造企业产品服务体系研发过程中的融合应用；制造商应纳入现有的服务生态系统或开发智能服务平台，将产品、服务和流程连接起来，明确强化自身价值和角色，寻求新的利润点。此外，在智能互联的产品服务生态系统中探索新的利润增长点和价值创造机会，并随着时间的推移监测商业模式的创新和战略形势。制造商需要建立、发展和实施新时期商业生态系统的理论、方法和流程，停止现有的限制，让更多的价值产生者融入服务生态系统，创造合作，共同创造价值。

2. 编制人工智能(AI)技术路线图

在这一过程中，制造企业应更加重视技术战略地图和自身规划，因为这一过程不仅可以就人工智能技术的发展达成共识，而且可以发展学术界和制造业界之间基于知识的互动，促进专业知识的交流，促进学术界、制造业界和不同领域之间的讨论。多学科知识是在知识交互过程中发展起来的。专业知识的延伸对于创新和技术具有重要意义。制造企业需要及时调整技术和产业发展趋势，提高技术创新和产业应用水平。

3. 建立工业制造环节数据库

电子商务是人工智能技术应用的领域之一，原因之一是消费过程中获得的大量数据使机器学习具有可追溯性。相反，企业的私有数据库数据有限、数据质量较低，这种情况在行业中占据主导地位，严重限制了人工智能在自主培训领域的应用。为促进人工智能与生产的深度融合，应加强生产领域数据的收集与整合，在企业私有数据库的基础上逐步发展世界领先、规模更大的生产数据库和独立的标准体系，以提高人工智能的安全性和稳定性。

4. 推广人工智能在制造业领域的应用研究和模式

政府应该促进人工智能在制造业领域的应用研究和模式推广，推动建立人工智能创新中心，创新中心的工作重点是制作和推广用于研究的技术手册。人工智能创新中心可以实行一种“公私合作”的形式，劳动力资本来自采购、融资和公共竞争市场。管理机制方面，专业委员会由技术专家、政府官员、企业代表和科学家组成。创新中心主要领导作为创新中心的主要决策主体，应采取开放招聘的方式，通过专业委员会和管理的社会化，减少政府的行政干预，确保创新中心的高效运作和专业管理。

5. 推动制造企业综合利用自身优势实施反向整合

鼓励制造企业充分利用自身优势实施反向整合。特别是要加强制造企业的内部优势，如国内市场巨大、潜在盈利区域巨大、资金力量相对较强等，与国际领先的研究机构在基础技术和关键技术上进行研发合作。推动我国领先制造企业加强在科技方面的合作和信息沟通，共同建立研发机构，综合挖掘技术、资金、人力等创新资源。此外，对技术领域的主要技术进行改进。

6. 完善实施智能制造业发展的政策设计

政府应完善实施智能制造业发展的政策设计。一是用示范企业带动产业发展。人工智能技术明显地贯穿于整个行业的生命周期,如设计、感知、决策和服务创造,以及新的智能生产形式,如离散化、流程化、网络合作、大规模定制和服务创造。二是加大产业政策支持。建立公共部门采购制度,支持知识产业发展,组织实施一批政府实施和推广项目,重点推广产业初期社会效益高、市场接受度低的关键技术和产品;对被认定为首批新材料、首批智能生产新设备的新产品,利用新技术、智能生产产品的认定给予补助。鼓励企业积极进行国际科技合作基地建设,探索技术园区、经济园区和企业建设,在境外发展人工智能研究基地和科技园区,加速加入全球创新系统。

7. 完善智能制造标准体系和共享平台

政府要完善智能制造的标准体系和共享平台。政府支持制造商和运营商、人工智能运营商、机构和行业协会,管理制定高质量的国家、行业和区域智能制造标准。支持利用工业互联网进行运作,构建可以共享的制造平台。政府应建立供需平台,推动人工智能服务提供商和生产者的定位与合作,评估实际产业需求场景,实施创新机制,制造企业特别是中小制造企业,要把生产资源与产业平台结合起来,实现生产过程数字化、智能化改造,运用案例及工业互联网技术,开放部分系统及数据,改进生产产品和服务。要把"新制造"定位全球,打造云平台,协同线上、协同境外进行协同创新,实施全链智能生产。

8. 加快构建智能制造协同创新网络

政府要加快构建智能制造协同创新网络。在核心领域建立良好的技术基金,成立由国家和省实验室、国家和省技术创新中心、国家和省生产创新中心、产业创新中心和产业创新服务综合体组成的技术研究小组,下放科技成果的使用权、处置权和受益权给单位,建立有限的转化机制。通过智能制造场景生产者的优势,建立企业与科研机构之间的对接合作平台,研发先进控制、智能感知关键技术、计算机软件、智能物流以及生产其他智能技术的关键技术。制定和规划金融、税收、土地、人才等支持智慧生产的政策,探索创新资源跨区域转移转化的政策试点。

9. 加强金融技术支撑服务体系建设

政府要加强金融和技术支持服务体系建设。政府应该利用大数据分析,为一家企业提供一项政策的精准服务。要加强利用政府资金的杠杆作用,支持符合应用发展和广阔市场前景的科技成果转化,引导研发效率高的社会资本投向智能制造企业。应鼓励金融机构更新智能生产金融服务,推动"融资、融物、工程融资"等金融模式应用,向智能生产者提供"人才贷""政治担保贷"等金融调查服务,满足企业个性化金融需求。在技术支持方面,围绕人工智能领域应用的差异化特点,督促各主管部门在垂直领域发展,成长一批符合产业集团特点的系统集成服务商,具备整体设计能力和解决方案,确保中小生产企业的更新和发展。

10. 打造智能服务体系

从传统AI产品和服务的制造企业转变为人工智能技术服务创新企业，不仅要针对商业生态系统，还要针对整个市场。同时，要打造有竞争力的生态系统，发展智能服务系统，必须应对以下挑战：如何将员工、合作伙伴和客户转化为系统的有机结构并做出贡献？如何组织不同的生态系统参与者以获得新的价值？此外，制造企业还必须建立完善的制度，优化物质和无形资源，包括人员、能力、品牌地位、知识产权、联盟、关系、业务流程等。

5.3.2 智能产品服务系统定价和销售的对策建议

1. 提升智能产品服务系统的质量水平

制造企业应严格把控智能产品服务系统的产品和人工智能技术服务的质量关，用质量和服务打动客户，将产品和人工智能技术服务的质量水平维持在比竞品质量更好的层次上，使客户感知到所购买的智能产品服务系统明显优于其他竞争品牌的产品服务系统，使客户获得心理上的满足与优越感，从而逐步提高智能产品服务系统的价格，获得客户溢价下的利润。制造企业应对于自身的智能产品服务系统进行综合评估，并根据客户的策略行为，动态进行定价与销售。

2. 提高客户对智能产品服务系统的主观认识价值

制造企业还应基于智能产品服务系统的全生命周期，根据客户感知价值的差异，对自身的产品进行充分描述，使客户充分了解智能产品服务系统的价值，从而有利于其定价与销售。一方面，在线下营销时，要营造一个良好的购物环境，加强线下客户的购物体验，积极输出正确的价值观念，寻求与客户形成情感层次的共鸣，增强他们的存在感或抑制他们的失调感；另一方面，在线上营销时，需要借助互联网等各种媒体进行广告宣传，从而使智能产品服务系统的产品和人工智能技术服务质量深入人心，以吸引消费者购买，并参考客户使用后的评价，以便于实时改变营销计划。

3. 制造企业应发挥在供应链中的领导作用，激励客户、供应商参与智能产品服务系统研发

在智能产品服务系统合作定制的过程中，首先，制造企业应以客户需求为中心，不断督促人工智能企业提升人工智能产品质量水平，为客户提供高质量水平的智能产品服务系统，同时采取各种措施激励客户、人工智能企业积极参与智能产品服务系统的研发，例如产品质量成本共担契约、技术研发支持等，切实保障合作者的利润，实现供应链的长期稳定运作。其次，制造企业应分析影响智能产品服务系统市场需求的核心要素，例如客户对智能产品服务系统的感知价值敏感程度、价格敏感程度，以及产品和人工智能技术服务质量要求等，确定最优的产品质量成本共担系数，从而激励人工智能企业积极参与智能产品服务系统的开发，并对智能产品服务系统进行定价决策。此外，制造企业通过智能服务拓宽价值，使客户参与到智能产品服务系统研发过程中，对智能产品服务系统的所有权进行定义，综合考虑投入产出，对智能产品服务系统进行定价和销售。

4. 智能产品服务系统定价需要把握客户心理

每一个智能产品服务系统都能满足客户特定方面的需求，其价值与客户的心理感受相关较高。这为使用心理定价策略提供了基础。消费者心理因素可以在一定程度上决定价格，从而企业可确定智能产品服务系统的价格水平，以满足客户的物质和精神需求，并通过智能产品服务系统中的客户偏好或忠诚度来获得最大的利益。

5. 对智能产品服务系统进行差异化定价

一方面，制造企业应根据自身特点，结合智能产品服务系统的特性，将智能技术考虑在内，在进行宣传时，根据客户需求，动态调整自己的宣传战略，强调智能产品服务系统有别于传统产品服务系统的特点，并根据不同收入、不同地区的客户，制定不同的价格以及销售方式，根据客户的实际需求，提供差异化智能产品服务系统。另一方面，制造企业应根据不同的智能化方式以及提供服务的方式，与合作企业共同进行最终的智能产品服务系统的价值定位，并考虑市场需求以及客户偏好，考虑各利益方的价值需求，进行智能产品服务系统的定价与销售。此外，对于基于产品、功能、结果的智能产品服务系统，采取差别化定价策略以及销售策略，并结合客户的需求以及不同智能产品服务系统的特点，对智能产品服务系统进行动态定价与销售。

6. 完善交易信息系统，建立交易数据库

制造企业应完善内部销售报表系统、贸易信息系统、贸易研究和贸易决策系统，长期收集必要的贸易信息，及时更新客户数据库、价格数据库、需求灵活性数据库和内部财务销售数据库，并按期分析和评估这些信息，为决策实时提供参考意见，完善科学的定价信息。

5.4　本章小结

本章首先分析了智能产品服务系统的研发策略；其次，分析了智能产品服务系统的定价与协调策略；最后，在以上研究的基础上，提出了促进智能产品服务系统研发、科学合理定价的对策建议。

第6章

我国制造企业与人工智能企业的合作协调机制

本章在运作层面，研究我国制造企业与人工智能企业的合作协调机制，构建制造企业与人工智能企业的合作协调模型，提出促进我国制造企业与人工智能企业良好合作，进行产品与人工智能服务融合，从而促进我国制造业智能化转型升级的对策建议。一方面，在完全信息和完全理性条件下，运用完全信息静态博弈理论，构建制造企业与人工智能企业之间合作激励博弈模型，分析各类影响因素对双方企业策略选择的影响作用。另一方面，在不完全信息和有限理性条件下，运用演化博弈理论，构建制造企业与人工智能企业之间的合作激励演化博弈模型，通过模型求解，分析了制造企业与人工智能企业之间的合作激励行为的演化路径和相关影响因素。

6.1 完全信息条件下制造企业与人工智能企业合作协调机制

6.1.1 问题描述

人工智能、物联网等新兴信息技术在制造企业的大量应用，推动我国制造业智能化的发展；同时，我国的制造企业与人工智能企业之间的合作过程是我国的制造企业与人工智能企业共同进行智能产品服务系统的研发，即双方企业通过签订合约，进行有关智能制造、人工智能技术的知识共享，并共同参与智能产品服务系统的研发过程。然而，虽然制造企业与人工智能企业签订了相关合同，进行知识共享，但由于缺乏有效沟通，制造企业与人工智能企业之间将产生“信息孤岛”，以致他们之间会出现信息不对称的问题；此外，在智能产品服务系统的研发过程中，若人工智能企业付出的成本高于其获得的收益，以及担心出现核心知识和技术泄露的风险，他们参与智能产品服务系统研发的意愿将不强，甚至会产生“搭便车”的行为，可能会发生“逆向选择”等道德风险问题。这都会给选择知识共享的一方企业造成核心知识泄露、核心竞争力流失等风险，从而降低他们的知识共享意愿，进而降低制造企业的智能产品服务系统的研发绩效。因此，基于以上问题，需要研究制造企业如何激励人工智能企业参与智能产品服务系统研发，探究他们合作过程的影响因素，以及这些因素对各成员企业策略选择的影响，以此为依据，提出相应的对策建议，以提升智能产品服务系统的研发绩效，进而提升制造企业的智能化转型升级绩效。

因此，本书在完全信息和完全理性条件下，运用完全信息静态博弈理论，从激励机制设计的角度，研究制造企业与人工智能企业的合作协调问题，建立制造企业与人工智能企业的合作激励博弈模型，并结合陕汽集团智能化转型升级的案例背景，对模型进行均衡分析和算例验证，从而得出相应的研究结论与管理启示。

制造企业与人工智能企业的合作协调博弈过程即是制造企业激励人工智能企业参与智能产品服务系统研发的过程。在此过程中，双方企业通过交流和学习，相互转移、吸收和消化对方企业的知识。制造企业与人工智能企业的合作协调博弈过程受到它们的知识存量、知识共享意愿、相互信任程度、知识吸收能力、奖励、知识共享成本等因素的影响，如图 6－1 所示。

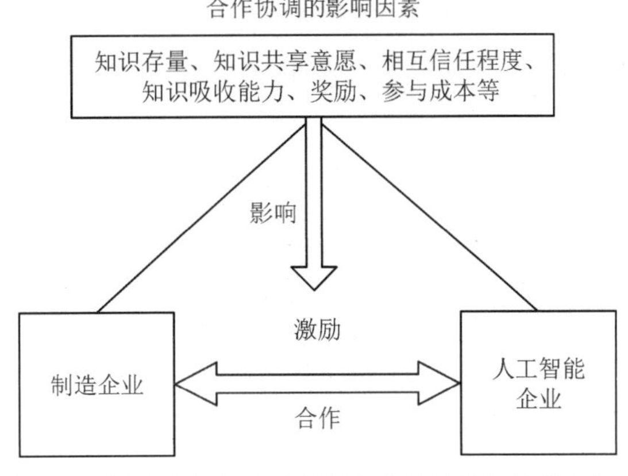

图 6－1 制造企业与人工智能企业的合作协调博弈过程

6.1.2 制造企业与人工智能企业的合作协调博弈模型

1. 模型假设

（1）参与人：制造企业、人工智能企业。

（2）制造企业选择人工智能企业的标准：人工智能企业应具有一定的智能制造能力、人工智能的知识存量和技术能力，且对智能产品服务系统的研发具有实质性的贡献。

(3)对制造企业与人工智能企业可共享知识的界定:制造企业与人工智能企业的知识既可能是互补的,也可能是相互替换的;它们的知识复杂度较低,且可转移度较高,能够通过合作双方之间的知识共享,实现各自知识存量的增加;所以,制造企业需要采取一些激励措施,激励人工智能企业积极主动地参与智能产品服务系统研发过程,并进行有关智能制造和人工智能知识的共享。

(4)制造企业与人工智能企业在进行合作时,签订合作协议,协议规定:制造企业激励人工智能企业参与智能产品服务系统研发过程,将会给予人工智能企业一定的报酬,但是,若人工智能企业没有参与,则会向制造企业缴纳一定的罚金;人工智能企业参与智能产品服务系统研发,一方面需要投入人力和时间,另一方面也有望获得更大的收益;只要人工智能企业参与智能产品服务系统研发,制造企业也会参与智能产品服务系统研发。

(5)若人工智能企业参与了智能产品服务系统研发,则制造企业将会吸收人工智能企业的知识,从而获得一定的收益;同理,制造企业也会将自身的知识共享给人工智能企业,人工智能企业也会吸收制造企业的知识,从而获得一定的收益。

(6)策略选择。制造企业的策略选择集合为{激励人工智能企业,不激励人工智能企业},以下简称{激励,不激励};人工智能企业的策略选择集合为{参与智能产品服务系统,不参与智能产品服务系统},以下简称{参与,不参与}。

(7)策略组合。制造企业与人工智能企业的合作激励博弈的策略组合如表6-1所示。

表6-1 制造企业与人工智能企业的合作激励博弈的策略组合

制造企业	人工智能企业	
	参与	不参与
激励	(激励,参与)	(激励,不参与)
不激励	(不激励,参与)	(不激励,不参与)

2. 变量设定

(1)制造企业与人工智能企业的初始收益分别为$W_i(W_i>0)$、$W_s(W_s>0)$。

(2)制造企业与人工智能企业合作进行智能产品服务系统研发,都需要付出相应的成本,分别为$C_i(C_i>0)$、$C_s(C_s>0)$。

(3)制造企业激励人工智能企业参与智能产品服务系统研发,将会给予人工智能企业一定的报酬,设为$R_c(R_c>0)$,R_c同时也是制造企业的激励成本;但是,若人工智能企业没有参与智能产品服务系统研发,将会向制造企业缴纳一定的罚金,设为$F_i(F_i>0)$。

(4)人工智能企业的知识存量转化的收益为 $Q_s(Q_s > 0)$，知识共享意愿系数为 $V_s(0 \leqslant V_s \leqslant 1)$，人工智能企业对制造企业的信任程度系数为 $T_s(0 \leqslant T_s \leqslant 1)$；制造企业的知识吸收能力系数为 $N_i(0 \leqslant N_i \leqslant 1)$，制造企业吸收人工智能企业所共享的知识而获得的收益(制造企业参与智能产品服务系统研发的收益增量)为 $K_i = N_i V_s T_s Q_s$。

(5)制造企业的知识存量转化的收益为 $Q_i(Q_i > 0)$，知识共享意愿系数为 $V_i(0 \leqslant V_i \leqslant 1)$，制造企业对人工智能企业的信任程度系数为 $T_i(0 \leqslant T_i \leqslant 1)$；人工智能企业的知识吸收能力系数为 $N_s(0 \leqslant N_s \leqslant 1)$，人工智能企业吸收制造企业所共享的知识而获得的收益(人工智能企业参与智能产品服务系统研发的收益增量)为 $K_s = N_s V_i T_i Q_i$。

3. 模型构建

综上所述，四种策略组合下，制造企业与人工智能企业的合作激励博弈的收益矩阵如表 6-2 所示。

表 6-2　制造企业与人工智能企业的合作激励博弈的收益矩阵

制造企业	人工智能企业	
	参与	不参与
激励	$(W_i + K_i - C_i - R_c, W_s + K_s - C_s + R_c)$	$(W_i + F_i - R_c, W_s - F_i + R_c)$
不激励	$(W_i + K_i - C_i, W_s + K_s - C_s)$	(W_i, W_s)

6.1.3　制造企业与人工智能企业的合作协调博弈均衡分析

1. 纯策略纳什均衡分析

假设制造企业与人工智能企业在短期均衡中都知道对方的策略空间和相应效用，运用完全信息静态博弈理论，对制造企业与人工智能企业策略选择的博弈过程分析如下。

1)*选择参与策略的收益小于选择不参与策略的收益*

若 $W_s + K_s - C_s + R_c < W_s - F_i + R_c$，即人工智能企业选择参与策略所获得的收益小于其选择不参与策略所获得的收益。该条件可变形为 $C_s - K_s > F_i$，表示人工智能企业参与智能产品服务系统研发，所付出的成本大于其获得的收益，并且参与成本与收益增量的差额大于人工智能企业缴纳的罚金，说明人工智能企业的参与成本很大，以至于人工智能企业宁愿缴纳罚金，也不愿意参与智能产品服务系统研发，所以，人工智能企业将会选择不参与策略。在这种情况下，可从以下两个方面进行讨论：

(1)若 $W_i + F_i - R_c > W_i$，即 $F_i - R_c > 0$，表示人工智能企业缴纳的罚金大于制造企业的激励成本，制造企业将会选择激励策略，因此，存在唯一的纳什均衡解：(激励，不参与)。

(2)若 $W_i + F_i - R_c < W_i$，即 $F_i - R_c < 0$，表示人工智能企业缴纳的罚金不能弥补制造企业的激励成本，制造企业将会选择不激励策略，此时，存在唯一的纳什均衡解：(不激励，不参与)。

2)**选择参与策略的收益大于选择不参与策略收益**

若 $W_s + K_s - C_s + R_c > W_s - F_i + R_c$，即人工智能企业选择参与策略所获得的收益大于其选择不参与策略所获得的收益，此时，人工智能企业将会根据利益最大化的原则，选择参与策略。在这种情况下，可从以下两个方面进行讨论：

(1)若 $W_i + K_i - C_i - R_c < W_i + K_i - C_i$，表示制造企业选择激励策略所获得的收益小于其选择不激励策略所获得的收益，制造企业将会选择不激励策略，此时，存在唯一的纳什均衡解：(不激励，参与)。

(2)若 $W_i + K_i - C_i - R_c > W_i + K_i - C_i$，表示制造企业选择激励策略所获得的收益大于其选择不激励策略所获得的收益，该条件可变形为 $-R_c > 0$，显然假设不成立。此时，制造企业的策略选择不是明确唯一的策略，它将会根据给定的信息，以某种概率选择不同的策略。因此，该情况下可能出现混合策略。

2. 混合策略纳什均衡分析

如果收益矩阵没有唯一的纳什均衡解，则制造企业与人工智能企业将会采取混合策略，即它们将会以一定的概率选择纯策略。设制造企业选择激励策略的概率为 x，则选择不激励策略的概率为 $1-x$；人工智能企业选择参与策略的概率为 y，则选择不参与策略的概率为 $1-y$，其中 $0 \leqslant x \leqslant 1$，$0 \leqslant y \leqslant 1$。在混合策略下，制造企业与人工智能企业合作激励博弈的收益矩阵如表 6-3 所示。

表 6-3 混合策略下，制造企业与人工智能企业合作激励博弈的收益矩阵

制造企业	人工智能企业	
	参与(y)	不参与($1-y$)
激励(x)	$(W_i + K_i - C_i - R_c, W_s + K_s - C_s + R_c)$	$(W_i + F_i - R_c, W_s - F_i + R_c)$
不激励($1-x$)	$(W_i + K_i - C_i, W_s + K_s - C_s)$	(W_i, W_s)

制造企业的期望收益为

$$\begin{aligned} u_i(x,y) &= x[y(W_i + K_i - C_i - R_c) + (1-y)(W_i + F_i - R_c)] + \\ &\quad (1-x)[y(W_i + K_i - C_i) + (1-y)(W_i)] \\ &= x(F_i - R_c - yF_i) + yK_i - yC_i + W_i \end{aligned}$$

令 $\dfrac{\partial u_i(x,y)}{\partial x} = 0$，可得

$$y=\frac{F_i-R_c}{F_i}=1-\frac{R_c}{F_i} \tag{6.1}$$

人工智能企业的期望收益为

$$\begin{aligned} u_s(x,y) &= y[x(W_s+K_s-C_s+R_c)+(1-x)(W_s+K_s-C_s)] \\ &\quad +(1-y)[x(W_s-F_i+R_c)+(1-x)(W_s)] \\ &= y(K_s-C_s+xF_i)-xF_i+xR_c+W_s \end{aligned}$$

令 $\frac{\partial u_s(x,y)}{\partial y}=0$，可得

$$x=\frac{C_s-K_s}{F_i} \tag{6.2}$$

其中，$K_s=N_sV_iT_iQ_i$。

3. 关于 y 的影响因素分析

(1)由式(6.1)可知，y 是 R_c 的减函数，它们呈负相关关系。当制造企业付出的激励成本 R_c 增大时，这与制造企业追求利益最大化的原则相违背，将会影响制造企业选择激励策略的积极性，此时，制造企业选择激励策略的可能性就会降低，因此，人工智能企业可能无法获得激励报酬，最终也会影响到人工智能企业参与智能产品服务系统研发的积极性，从而使得人工智能企业选择参与策略的概率变小。

(2)由式(6.1)可知，y 是 F_i 的增函数，它们呈正相关关系。一方面，当 F_i 增大时，即当人工智能企业缴纳的罚金增大时，人工智能企业会感受到罚金带来的压力，则从利益最大化的角度出发，它将会选择参与策略；另一方面，人工智能企业缴纳的罚金会为制造企业带来一定的收益，此时，制造企业将会选择激励策略，同时制造企业对人工智能企业的报酬激励，也提升了人工智能企业参与智能产品服务系统研发的意愿。所以，人工智能企业选择参与策略的概率也会变大。

4. 关于 x 的影响因素分析

(1)由式(6.2)可知，x 是 K_s 和 F_i 的减函数，它们呈负相关关系。因为 N_s、V_i、T_i、Q_i 与人工智能企业参与智能产品服务系统研发的收益增量 K_s 呈正相关关系，当 N_s、V_i、T_i 保持不变，且人工智能企业知识存量转化的收益 Q_i 增大时，制造企业从人工智能企业吸收知识而获得的收益 K_s 也相应增加。同理可得，N_s、V_i、T_i 的增加也会导致 K_s 的增加，此时，人工智能企业将会选择参与策略。因为制造企业激励人工智能企业参与智能产品服务系统研发，需要付出一定的激励成本，既然人工智能企业选择了参与策略，所以，制造企业从利益最大化的角度考虑，选择激励策略的概率将会变小。

当 F_i 增大时，人工智能企业为了不受制造企业罚金的影响，将会选择参与策略。对于人工智能企业而言，因为制造企业选择激励策略需要付出一定的激励成本，既然人工智能企业选择了参与策略，所以从利益最大化的角度考虑，制造企业

选择激励策略的概率将会变小。

(2)由式(6.2)可知，x 是 C_s 的增函数，它们呈正相关关系。当 C_s 增大时，表示当人工智能企业参与智能产品服务系统研发，所付出的成本增加，它们参与智能产品服务系统研发的意愿因此将降低，此时制造企业为了提升人工智能企业参与智能产品服务系统研发的意愿，将会选择激励策略，从而会增加制造企业选择激励策略的概率。

5. 结果分析

在以上博弈模型中，主要包括三个纯策略的纳什均衡解：(激励，不参与)、(不激励，不参与)、(不激励、参与)，以及一个混合策略的纳什均衡解。

在纯策略情况下，(激励，不参与)策略组合说明了制造企业的激励机制失灵，原因是人工智能企业参与智能产品服务系统研发的成本过大，所以人工智能企业宁可缴纳罚金，也不愿意参与智能产品服务系统研发；从长远来看，(不激励，参与)是制造企业与人工智能企业双方博弈的最优纳什均衡结果。要达到最优纳什均衡结果，就需要制造企业与人工智能企业双方共同努力，增强彼此间的信任程度，不断增加它们有关智能制造和人工智能的知识存量，提升它们的知识共享意愿和知识吸收能力，并且努力减少它们的知识共享成本，从而使得制造企业与人工智能企业都能通过相互合作和知识共享获得更多的收益。

在混合策略情况下，制造企业与人工智能企业将会以一定的概率选择(激励，参与)策略；制造企业选择激励策略的概率与人工智能企业的知识共享成本正相关，与制造企业的知识存量、知识共享意愿、对人工智能企业的信任程度以及人工智能企业的知识吸收能力负相关，与人工智能企业缴纳的罚金负相关；人工智能企业选择参与策略的概率与其缴纳的罚金正相关，与制造企业的激励成本负相关。

6.1.4 案例分析

1. 企业简介

陕西汽车控股集团有限公司(简称陕汽集团或陕汽)，前身是始建于 1968 年的陕西汽车制造厂。陕汽生产的第一辆军用车辆延安 SX250 在 1970 年成功通过测试，结束了我军历史上“有炮无车”的时代。陕汽拥有国家级企业技术中心、新能源研究中心、开发应用实验室、博士后研究站和学术专家工作站，是清洁能源、新能源和智能商用车领域的行业龙头。目前，陕汽已拥有 555 项智能网络和新能源专利技术，承担了 2 个国家 863 计划项目，连续多年荣登“中国 500 最具价值品牌榜”。陕汽为中国的国防建设、国民经济和社会发展做出了重大贡献。

2. 智能制造发展过程

基于以上案例背景，分析了陕汽智能制造的发展，包括以下三个阶段：产品智能化、制造智能化和服务智能化。其中，产品智能化位于初级阶段，制造智能化位于中级阶段，服务智能化位于高级阶段，它们的智能化程度由低到高逐渐升高，如图 6-2 所示。

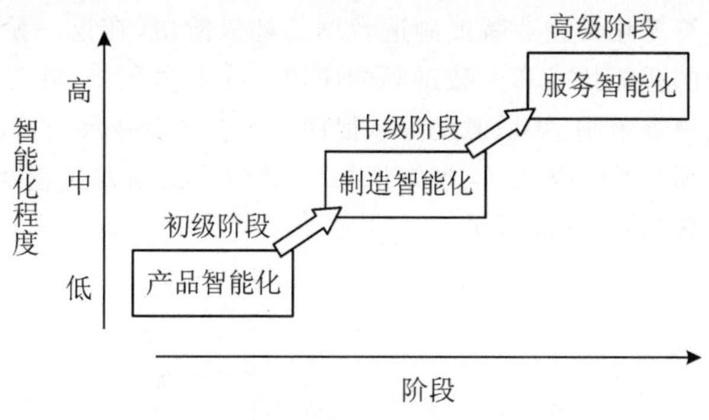

图 6-2 陕汽集团的智能制造转型过程

1)**产品智能化**

为了实现智能制造转型，陕汽集团积极进行智能产品的研发。在商务车、重卡、渣土车等方面都积极使用智能技术，不断提升产品品质。随着智能网络技术的发展和进步，智能管理、精确控制、在线诊断、智能车辆的协调、动态任务的共享、无人车辆和容量的分配等新技术和新模式，显著提高了车辆的效率，不断减少错误的做法，促进物流行业的效率。

商用车方面，陕汽采用新材料、新工艺和结构优化，实现了平台产品的轻量化。同时，配置高端解决方案(滞留＋超传输)，采用智能技术(人机交互、偏道预警、疲劳预警等)，确保所有车辆的舒适性、安全性和智能化，从而提高产品的优势地位。

陕汽还积极进行智能无人驾驶汽车研究，该企业与人工智能企业合作，组建了专业智能网联创新团队，建立了完整的智能网络技术体系。在市场细分的基础上，对自动驾驶汽车解决方案、技术基础障碍和自动汽车发展进行了深入快速的研究。智能汽车受计算机软件控制，它可以轻松地启动和停止，在行驶中关闭和改变路线，并能自动平稳地刹车以躲避障碍物。智能汽车结构配备摄像头、激光雷达、超声波雷达、毫米波雷达等，传感器可以在 100 毫秒内做出判断，并对车辆进行 360 度监控，确保车辆安全行驶。它们还应用于十四运各比赛场馆，主要用于公园、景区、工业厂房等场所，解决最后“两公里”的人员衔接和货物运输问题。

在重卡方面，陕汽利用智能技术提高整车稳定性和行驶安全性。在油耗方面，陕汽重卡具有“智能节油”技术。陕汽重卡运输控制系统的管理和分析，以及互联网上的车辆平台，提高了陕汽重卡在低油耗方面的效率。陕汽采用了新技术，对发动机、传动和控制方案进行了 10 万公里的维护周期，这不仅降低了维护成本，还提高了车辆的访问速度。同时，使用免维护的德国仓储设备，三年内不需要维修，为用户节省了大量开支。

综上所述，陕汽的产品智能化过程包括了各类车型的智能化过程，使用智能技术在提高产品品质的基础上，节约能源，确保安全性，推动物流行业效率，实现产品智能化。产品智能化是企业智能制造转型的初级阶段，在这一阶段企业侧重于产品研发过程中的智能技术和大数据等的应用。在此过程中，陕汽采取各种激励措施（报酬激励、声誉激励、知识激励等），促使人工智能企业参与产品研发过程中，并应用人工智能和大数据技术，实现知识共享，促进产品研发过程的智能化。陕汽的产品智能化过程如图 6-3 所示。

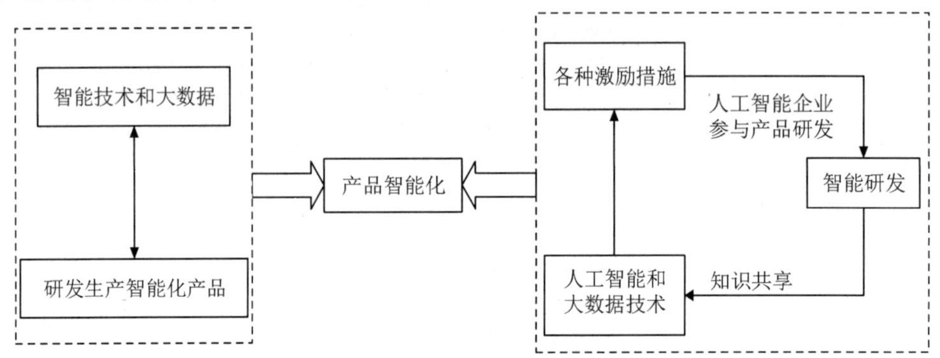

图 6-3　陕汽集团的产品智能化

2）**制造智能化**

在进行产品智能化研发的同时，陕汽也积极进行制造过程的智能化转型。作为公司最大的整车生产单位，陕汽装配厂专注于整车的成本控制。2021 年，为落实公司的相关要求，对生产成本进行控制和压缩，总装配厂积极探索以智能仪器为基础的新型综合成本管理和一站式服务模式，取得了实效。至此，仪器的库存占用锐减，总成本、仪器的消耗指标、仪器的流转时间都得到了降低。

陕汽将集成生产与成本控制有机结合。智能设备区域采用员工刷卡速度识别技术、视频技术、监控技术和人员出入控制技术，实现员工授权和独立使用功能，做到全库存管理。通过终端信息的识别和导航，集团可以获得流程配置工具，了解关于车间动态需求、可用成本预警以及业务和财务会计集成的完整数据管理。在各个级别，员工都可以动态提问，实时询问主要数据。

陕汽总装设备厂继续加大智能化改造，打造智能化生产促进组，实施自动化装备，鼓励职工改造原有生产线，生产效率持续提升，向高端制造大步迈进。

由以上分析可知，陕汽打造智能化生产线，建立智能装配厂，并鼓励创新和成立智能制造推进小组，与成本管控有机结合，实现制造智能化。制造智能化是企业智能制造转型的中级阶段，在这一阶段企业由侧重单一产品的智能化转向于在整个制造过程中应用智能技术、实现制造智能化。在此阶段，陕汽与人工智能企业合作共建智能制造创新生态系统，将人工智能技术应用到产品全生命周期，共同打造智能产品服务系统。陕汽的制造智能化过程如图 6－4 所示。

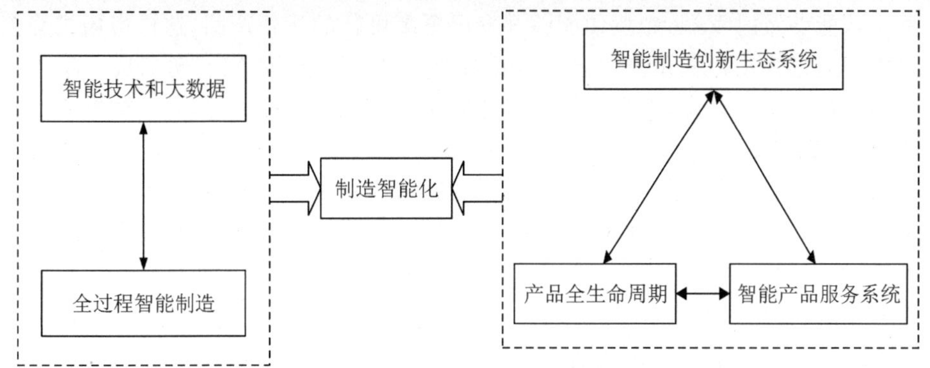

图 6－4　陕汽集团的制造智能化

3)**服务智能化**

企业能在多大程度上实现品牌和产品的独特性，不仅取决于其创造足够的新产品和新销售点的能力，还取决于其服务经营的深度。陕汽在提出向服务型企业转型的战略之后，就一直在探索并且于 2011 年提出了两项针对重卡行业后端服务市场措施。

陕汽专门成立了一家内资融资租赁的公司——德银融资租赁有限公司，这个公司将在全国范围内为陕汽的客户提供优质高效的包含金融、供应链等在内的综合服务。2011 年底，陕汽推出“天行健”车联网的汽车服务系统。与传统的重型货车售后服务不同，天行健服务的目的是满足重型货车用户全生命周期的增值服务需求，这是陕汽为用户打造的一项基于车联网技术的远程智能新服务。这套车联网系统主要是为了提高物流运输的安全性，减少交通事故；助力政府智能交通发展；在发展重型卡车车联网方面起到了示范作用。陕汽服务智能化转型战略的措施如图 6－5 所示。

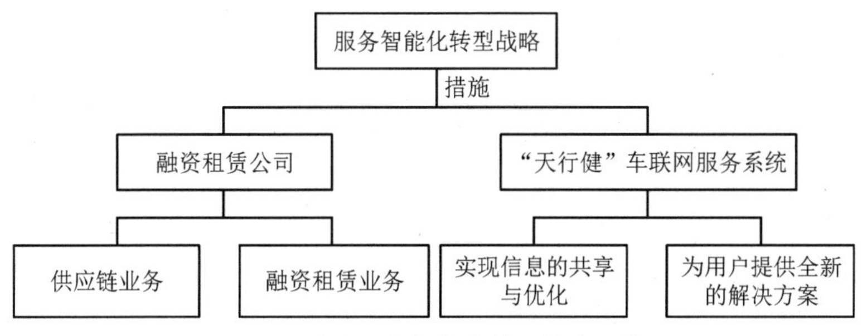

图 6－5　陕汽服务智能化转型战略的措施

为适应陕汽发展的需要，车联网作为远程服务媒介，为汽车企业和用户搭建了服务接口平台。在车联网领域，企业可以作为主要驱动力为用户提供技术增值服务。若能够及时发掘，企业便能够开发出更多可行的运营产品，这样市场机会就会增多。通过为用户提供内容丰富的创新性后市场服务，陕汽实现了从产品竞争向增值服务竞争的转变，有效提高了企业应对市场风险的能力，提升了陕汽的主要竞争力。

车联网服务系统属于新兴的后市场的内容，和传统的服务市场不同，车联网更多的是为了实现信息的共享与优化。车联网服务系统的应用和传统的市场有一定关系，车联网系统为用户提供了大量信息。例如，在以前二手车处理的信息很难实现共享，但有了车联网的平台之后，信息在最大程度上实现了共享，车联网服务系统在促进改善其他市场业务的运行效率上很有优势。

另外，车联网服务系统对前端的销售市场也有促进作用。陕汽率先推出“天行健”车联网汽车服务系统，陕汽制造的重卡与其他的重卡就存在着差异化，相较于其他产品，陕汽的用户就可以享受很多独特的服务。这对陕汽整车的销售也有促进作用，即使将来重卡生产厂家都推出了这套系统，由于陕汽率先的市场导入，在市场份额与用户的品牌忠诚度方面，陕汽具有更大的优势。

“天行健”的核心价值就是为使用者提供全新的解决方案，其具有的强大服务功能超越使用者期望。在驾驶方面，智能配送商品、车友互联、重货车导航、车医等多项专利服务，为用户开启了安全有效的智能使用时代。在车辆管理方面，提高用户管理能力的主要成果包括了 56 份修订报告，其中包括车辆位置要求、车辆性能监测、车辆燃油消耗、驾驶员行为分析和车辆运行分析等。举例来说，现在油价一路高涨已经超出了运输企业的承受范围，企业一方面要扛着高企的油价，另一方面还要防止司机盗油。因此，在车辆燃油消耗分析功能中，如果车辆的燃料、电池和其他成分不正常时，车辆将自动报告，该系统还能够及时通知用户，与此同时，电话中心也会接收到信号，并可以拍下照片以保存证据。再如，驾驶行为分析功能，系统会定期对司机的驾驶行为进行全面分析汇总，提出相应的建议，帮助司机改进驾驶习惯，从而减少燃油消耗，降低运营成本。也就是说该系统能够使车队管理更科学。

综上可知，陕汽为了实现服务智能化转型，建立融资租赁公司和“天行健”车联网的汽车服务系统，更好更快地为用户提供全新的解决方案，并且更好地实现信息的共享与优化，以推动前端的销售市场。服务智能化是企业智能制造转型的高级阶段，在此阶段，企业对产品全生命周期进行管理，将产品、制造、服务进行深度整合，实施智能产品服务体系。在此阶段，陕汽联合人工智能企业进行价值共创，为客户提供智能化的车联网服务，以满足客户个性化、多样化的需求。陕汽服务智能化过程如图 6 - 6 所示。

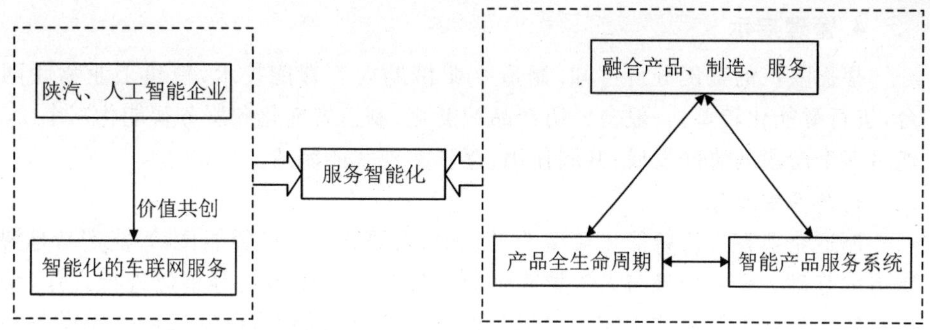

图 6-6 陕汽集团的服务智能化

3. 三个阶段比较

陕汽的智能制造转型升级是分产品智能化、制造智能化和服务智能化三个阶段进行的，其发展比较如表 6-4 所示。

表 6-4 陕汽集团智能制造发展阶段比较

阶段	实现形式	特征
产品智能化	智能产品	将智能技术融入产品中，积极研发智能产品
制造智能化	智能生产线及装配厂	实现全过程的制造智能化及建造智能工厂
服务智能化	“天行健”车联网服务系统	为用户提供全新的解决方案

陕汽通过产品智能化、制造智能化和服务智能化三个方面的协同发展，实现了智能制造转型。产品智能化着重研究如何使陕汽的产品与智能技术融合，使产品的功能更加全面；制造智能化从生产的角度出发实现产品制造过程的智能化，建立智能工厂；服务智能化建立“天行健”车联网服务系统，以实现信息的共享与优化，为用户提供全新的解决方案并对前端销售市场起到促进作用。

综上所述，陕汽通过与人工智能企业、客户、高校、科研院所、金融机构等单位的合作，通过三个阶段的协同发展共同促进企业智能化转型，提升产品的研发能力，实现产品全生命周期的价值，更好地为客户服务。陕汽智能化转型模型如图6-7所示。

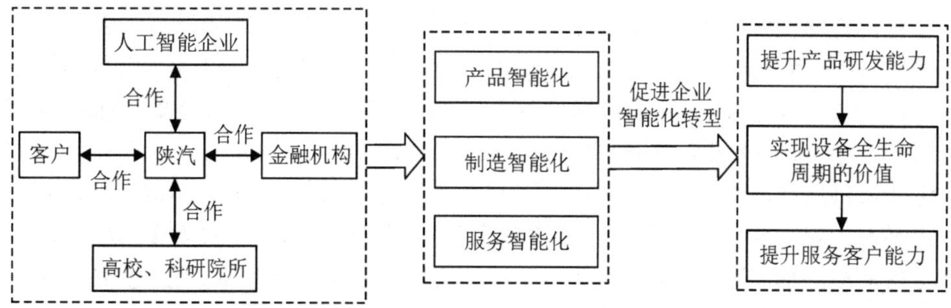

图 6-7 陕汽智能化转型模型

4. 管理启示

根据陕汽的案例分析可知，制造企业借助人工智能技术，搭建工业物联网平台，进行智能化转型，一般会经历产品智能化、制造智能化和服务智能化三个阶段，通过三个阶段的协同发展、共同作用，逐步实现智能制造。

1）**产品智能化**

制造企业在进行智能化转型的过程中，需要进行产品智能化，智能产品是智能制造的基础。企业应该与人工智能企业、客户、产学研机构等单位进行合作，聚焦于将数字技术等新兴技术应用于工业设备的产品布局上，研发机械仪器设备和智能管理控制系统等智能终端器件，与智能化的软件公司进行合作，结合供应链下游客户的智能化需求采集，进行智能研发，使企业对产品的管控和生产过程更加便捷，提高企业的效率，为客户生产更高品质的产品，同时企业要注重智能化人才的引进，对智能产品的精细过程进行管理，建立产品知识库。

2）**制造智能化**

在智能产品的基础上，制造企业可以通过构建工业物联网平台对生产过程进行及时控制和数据收集，使制造流程更加精确，可以更加有效地管理制造现场，实时掌握进度。在设备制造的过程中，一旦某一条生产线上的一个流程出了故障，很可能使整条生产线都无法工作，给企业带来重大的损失。企业可与智能技术公司合作，在积极进行智能产品研发的同时引进智能设备，既要注重制造过程的制造资源共享，应用 MES（制造执行系统）等生产信息化管理系统，还要注重制造过程中智能化人才的培养。因此，制造企业应该与人工智能企业、客户、产学研机构等单位共建智能制造创新生态系统，加强制造智能化转型，建造智能工厂，重视柔性制造，从而有效地利用资源，提高生产成效。

3）**服务智能化**

制造企业从微笑曲线两端出发，既要注重产品设计端，又要注重客户服务端。制造企业通过挖掘客户的需求信息，设计更加满足客户需求的产品。同时，通过监测产品的实际运行数据，在运行负荷、燃油消耗、压力等方面对主要部件进行预警，并在出现问题之前进行主动维护，可以准确监测成本，显著提高客户服务质量。通过对设备的实时监测，对设备进行远程诊断，实现故障预测，从而增加设备的使用周期，减少客户损失。制造业企业通过进行服务智能化转型，改变了传统的制造模式，逐步完成对产品全生命周期的控制，提升客户价值。此外，还要考虑引入高级服务人才、智能化服务设施，要开发智能化服务软件，对服务流程进行智能化的优化。从供应链的角度出发，激励上下游企业进行信息共享，研究面向客户的服务运营平台。服务智能化贯穿于产品智能化和制造智能化的整个过程中，是产品、生产过程和服务的深度融合，在融合中协同实现产品智能化和服务智能化，最终形成智能化的产品服务系统。

6.1.5 算例验证

基于以上案例背景，并根据相关文献研究，对所建博弈模型的各参数进行赋值和算例验证，并采用 MATLAB 软件，进行相应的数值仿真。

1. 纯策略纳什均衡的算例验证

由前文的均衡分析可知，存在三种纯策略的纳什均衡解，它们分别是(激励，不参与)、(不激励，不参与)、(不激励、参与)。本书只对纳什均衡解(不激励、参与)进行算例验证，其他纳什均衡解的算例验证过程类似，这里不再做进一步的阐述。

设制造企业的初始收益 W_i 为 10 万元，人工智能企业的初始收益 W_s 为 10 万元；制造企业参与智能产品服务系统研发所付出的成本 C_i 为 3 万元，人工智能企业参与智能产品服务系统研发所付出的成本 C_s 为 2 万元；制造企业的激励成本 R_c 为 4 万元；若制造企业激励人工智能企业参与智能产品服务系统研发，但人工智能企业没有参与智能产品服务系统研发，则人工智能企业向制造企业缴纳的罚金 F_i 为 3 万元。

设制造企业的知识吸收能力系数 N_i 为 0.5，人工智能企业的知识共享意愿系数 V_s 为 0.25，人工智能企业对制造企业的信任程度系数 T_s 为 0.8，人工智能企业的知识存量转化的收益 Q_s 为 80 万元，因此，制造企业吸收人工智能企业所共享的知识而获得的收益 $K_i = N_iV_sT_sQ_s = 8$ 万元。

设人工智能企业的知识吸收能力系数 N_s 为 0.5，制造企业的知识共享意愿系数 V_i 为 0.1，制造企业对人工智能企业的信任程度系数 T_i 为 0.6，制造企业的知识存量转化的收益 Q_i 为 100 万元，因此人工智能企业吸收制造企业所共享的知识而获得的收益 $K_s = N_sV_iT_iQ_i = 3$ 万元。纯策略情况下，制造企业与人工智能企业合作激励博弈的收益矩阵如表 6-5 所示。

表 6-5 纯策略情况下，制造企业与人工智能企业合作激励博弈的收益矩阵

单位：万元

制造企业	人工智能企业	
	参与	不参与
激励	(11,15)	(9,11)
不激励	(15,11)	(10,10)

由表 6-5 可知，当制造企业选择激励策略，人工智能企业选择参与或不参与策略时，人工智能企业获得的收益分别是 15 万元、11 万元，显然 15 万元大于 11 万元，即人工智能企业参与智能产品服务系统研发将会获得更多的收益；当制造企业选择不激励策略，人工智能企业选择参与或不参与策略时，人工智能企业获得的收益分别是 11 万元、10 万元，显然 11 万元大于 10 万元，即人工智能企业参与智

能产品服务系统研发将会获得更多的收益。综上可得，人工智能企业的最优策略选择是参与策略。

当人工智能企业选择参与策略，制造企业选择激励或不激励策略时，制造企业获得的收益分别是 11 万元、15 万元，显然 15 万元大于 11 万元，即制造企业选择不激励策略时获得的收益更多；当人工智能企业选择不参与策略时，制造企业选择激励或不激励策略时，制造企业获得的收益分别是 9 万元、10 万元，显然 10 万元大于 9 万元，即制造企业选择不激励策略时获得的收益更多。综上可得，制造企业的最优策略选择是不激励策略。

综上所述，该收益矩阵存在唯一的纳什均衡解：(不激励，参与)。

2. 混合策略纳什均衡的算例验证

设制造企业的初始收益 W_i 为 10 万元，人工智能企业的初始收益 W_s 为 10 万元；制造企业参与智能产品服务系统研发的成本 C_i 为 2 万元，人工智能企业参与智能产品服务系统研发的成本 C_s 为 4 万元；制造企业的激励成本 R_c 为 1 万元；若制造企业激励人工智能企业参与智能产品服务系统研发，但人工智能企业却没有参与智能产品服务系统研发，则人工智能企业向制造企业缴纳的罚金 F_i 为 4 万元。

设制造企业的知识吸收能力系数 N_i 为 0.25，人工智能企业的知识共享意愿系数 V_s 为 0.5，人工智能企业对制造企业的信任程度系数 T_s 为 0.5，人工智能企业的知识存量转化的收益 Q_s 为 64 万元，因此，制造企业吸收人工智能企业所共享的知识而获得的收益 $K_i = N_iV_sT_sQ_s = 4$ 万元。

设人工智能企业的知识吸收能力系数 N_s 为 0.2，制造企业的知识共享意愿系数 V_i 为 0.5，制造企业对人工智能企业的信任程度系数 T_i 为 0.8，制造企业的知识存量转化的收益 Q_i 为 25 万元，因此，人工智能企业吸收制造企业所共享的知识而获得的收益 $K_s = N_sV_iT_iQ_i = 2$ 万元。在混合策略情况下，制造企业与人工智能企业合作激励博弈的收益矩阵如表 6-6 所示。

表 6-6 混合策略下，制造企业与人工智能企业合作激励博弈的收益矩阵

单位：万元

制造企业	人工智能企业	
	参与(y)	不参与($1-y$)
激励(x)	(11,9)	(13,7)
不激励($1-x$)	(12,8)	(10,10)

由表 6-6 可知，该收益矩阵没有唯一的纳什均衡解，则制造企业与人工智能企业将会采取混合策略，即它们以一定的概率选择纯策略。设制造企业选择激励策略的概率为 x，则选择不激励策略的概率为 $1-x$；人工智能企业选择参与策略的概率为 y，则选择不参与策略的概率为 $1-y$，其中，$0 \leqslant x \leqslant 1$，$0 \leqslant y \leqslant 1$。

制造企业的期望收益为

$$u_i(x,y)=x[11y+13(1-y)]+(1-x)[12y+10(1-y)]=x(-4y+3)+2y+10$$

令 $\frac{\partial u_i(x,y)}{\partial x}=0$，可得 $y=0.75$

人工智能企业的期望收益为

$$u_s(x,y)=y[9x+8(1-x)]+(1-y)[7x+10(1-x)]=y(4x-2)+10-3x$$

令 $\frac{\partial u_s(x,y)}{\partial y}=0$，可得 $x=0.5$

可见，制造企业以50%的概率选择激励策略，人工智能企业以75%的概率选择参与策略。

3. 关于 y 的影响因素的验证

验证制造企业的激励成本、人工智能企业缴纳的罚金对人工智能企业选择参与策略概率的影响，如图6-8、图6-9所示。

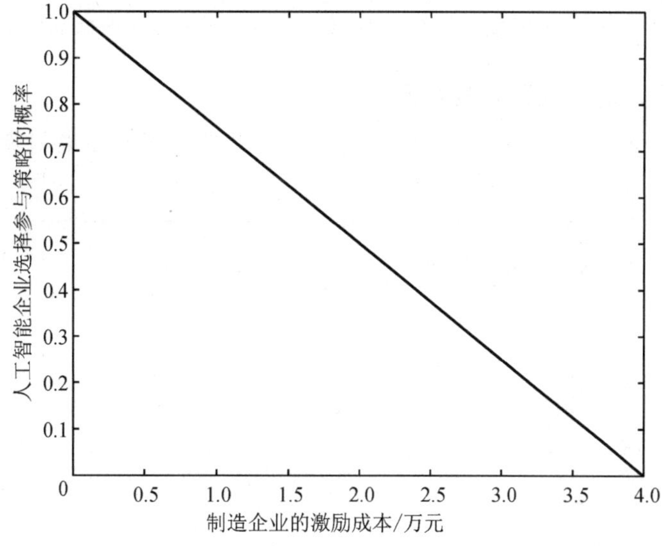

图6-8 制造企业的激励成本 R_c 对人工智能企业选择参与策略概率 y 的影响

由图6-8可知，随着制造企业激励成本的增加，人工智能企业选择参与策略的概率却减小了，从而说明了 y 是 R_c 的减函数，它们呈负相关关系。

由图6-9可知，随着人工智能企业缴纳的罚金的增加，人工智能企业选择参与策略的概率也相应增加，从而说明了 y 是 F_i 的增函数，它们呈正相关关系。

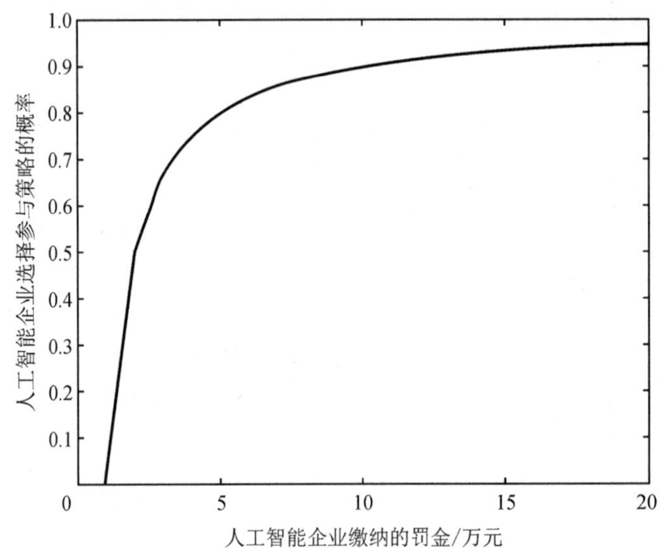

图 6-9 人工智能企业缴纳的罚金 F_i 对其选择参与策略概率 y 的影响

4. 关于 x 的影响因素的验证

(1)验证制造企业知识存量转化的收益对其选择激励策略概率的影响，如图 6-10所示。

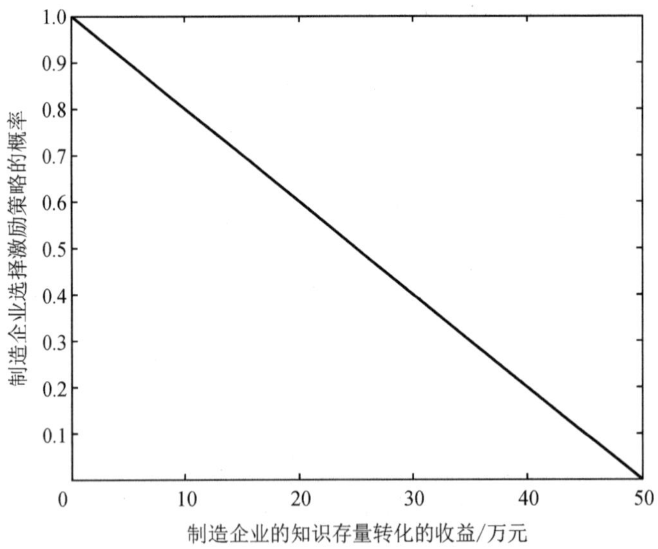

图 6-10 制造企业的知识存量转化的收益 Q_i 对其选择激励策略概率 x 的影响

由图 6-10 可知，随着制造企业知识存量转化的收益的增加，制造企业选择激励策略的概率却减小了，从而说明了制造企业选择激励策略的概率 x 与它的知识存量转化的收益 Q_i 负相关。同理，也可验证制造企业的知识共享意愿系数 V_i、制造企业对人工智能企业的信任程度系数 T_i、人工智能企业的知识吸收能力系数 N_s 对制造企业选择激励策略的概率 x 的影响，也能得出以下结论：x 与 V_i、T_i 及 N_s 负相关。

(2)验证人工智能企业缴纳的罚金、人工智能企业参与智能产品服务系统的成本对制造企业选择激励策略概率的影响，如图 6-11、图 6-12 所示。

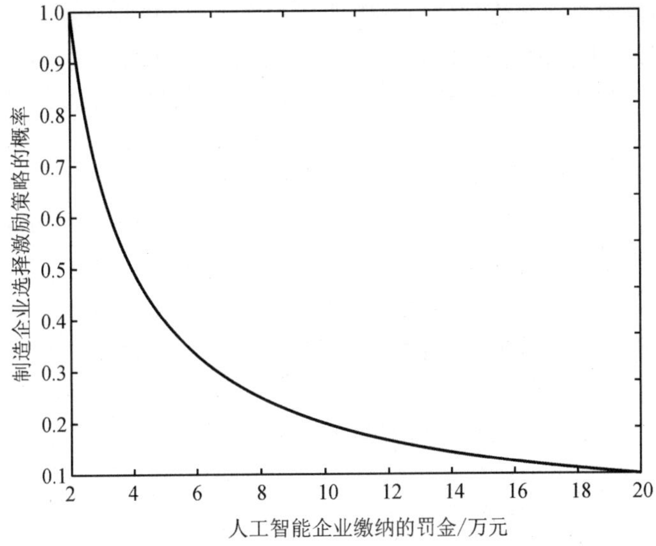

图 6-11 人工智能企业缴纳的罚金 F_i 对制造企业选择激励策略概率 x 的影响

由图 6-11 可知，随着人工智能企业缴纳罚金的增加，制造企业选择激励策略的概率却减小了，从而说明了 x 是 F_i 的减函数，它们呈负相关关系。

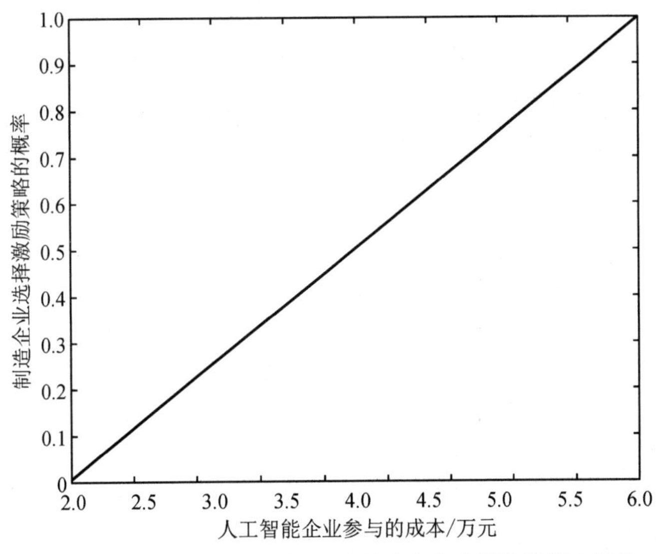

图 6-12 人工智能企业的参与成本 C_s 对制造企业选择激励策略概率 x 的影响

由图 6－12 可知，随着人工智能企业的参与成本的增加，制造企业选择激励策略的概率也相应增加，从而说明了 x 是 C_s 的增函数，它们呈正相关关系。

6.1.6 研究总结

在我国制造企业智能化转型升级的过程中，一些制造企业为了提高它们的市场竞争力，与人工智能企业合作进行智能产品服务系统研发。在此过程中，制造企业需要与人工智能企业进行知识共享。但是，人工智能企业参与智能产品服务系统研发，需要付出一定的成本。当人工智能企业付出的成本大于其获得的收益时，它们就不愿意参与智能产品服务系统研发；即使人工智能企业参与了智能产品服务系统研发，因为它们的参与动力不足，从而可能出现“搭便车”的投机行为，这将影响智能产品服务系统的研发绩效。因此，为了解决以上问题，运用完全信息静态博弈理论，本书构建了制造企业与人工智能企业的合作激励博弈模型，并通过对模型的均衡分析和算例验证，得出相应的研究结论。研究表明：

(1)在纯策略情况下，(激励，不参与)、(不激励，不参与)、(不激励，参与)是制造企业与人工智能企业的纳什均衡策略，其中，(不激励，参与)是它们的最优纳什均衡策略。

(2)在混合策略情况下，制造企业与人工智能企业将会以一定的概率选择(激励，参与)策略。制造企业选择激励策略的概率与人工智能企业的参与成本正相关，与制造企业的知识存量、知识共享意愿、制造企业对人工智能企业的信任程度以及人工智能企业的知识吸收能力负相关，与人工智能企业缴纳的罚金负相关；人工智能企业选择参与策略的概率与其缴纳的罚金正相关，与制造企业的激励成本负相关。

6.2 不完全信息下制造企业与人工智能企业合作协调机制

6.2.1 问题描述

制造企业在智能化转型升级过程中主动运用以云计算、大数据和人工智能为技术基础的智能制造模式，推动制造企业从面向生产型制造到面向智能制造的转变，从根本上改变了制造业的发展模式和企业的战略布局。然而，制造企业在面对外部环境不确定性和复杂性的情况下，如何应对外部复杂环境的变化，已经成为制造业智能化发展面临的重要问题。为了降低外部环境不确定性的影响和智能产品服务系统的研发成本，我国一些制造企业通过与人工智能企业、客户、产学研机构等单位合作，共同研制和生产智能化的产品服务系统，将人工智能企业所拥有的人工智能技术服务能力转换为智能制造服务能力，实现了高效和智能的动态服务组合，以满足客户个性化、多样化的需求。

但是，制造企业与人工智能企业之间是信息不对称的，它们之间的信息也是不完全的，即它们相互之间无法完全掌握对方企业的所有信息，并且由于有限理性和个人利益最大化的原因，人工智能企业不会主动参与智能产品服务系统的研发过程，它们也不会主动进行知识共享。只有在它们的内在动力驱使下，并通过外在的激励措施，增强它们的参与意愿和动力，才能实现智能产品服务系统价值共创的目标。

所以，制造企业为了整合智能制造资源，会与人工智能企业签订合作协议，开展深度合作；它们的合作行为受合作协议与对方企业策略选择的制约和影响，不能完全地实现自身利益最大化的目标，它们的合作行为符合演化博弈理论的“有限理性”假设。因此，本书运用演化博弈理论，对制造企业与人工智能企业之间的合作激励行为的动态策略选择进行了演化稳定性分析，从而得出在不同情况下，它们之间合作激励行为的影响因素及相应的演化路径。

6.2.2 模型假设

在本书构建的演化博弈模型中，存在两个参与群体，分别是制造企业与人工智能企业。制造企业与人工智能企业之间的信息是不对称的，它们均为有限理性人，它们拥有各自独特的知识资源优势，相互之间存在合作与竞争的关系，关键因素与外部环境的变化对双方企业的策略选择产生影响，经过连续的决策实现博弈均衡。基于以上原因，本书从有限理性和利益最大化的角度出发，结合演化博弈理论，提出以下假设。

【假设 6-1】为了便于双方企业合作共研智能产品服务系统，假设制造企业与人工智能企业签订了合作协议；一般情况下，制造企业与人工智能企业之间的知识共享是相互的，当人工智能企业参与了知识共享，制造企业也会参与知识共享。

制造企业采取的策略行为：{激励，不激励}；人工智能企业采取的策略行为：{参与智能产品服务系统研发，不参与智能产品服务系统研发}，简称{参与，不参与}。制造企业采取激励策略的比例为 x，则采取不激励策略的比例为 $1-x$，人工智能企业采取参与策略的比例为 y，则采取不参与策略的比例为 $1-y$，其中，$0\leqslant x\leqslant 1$，$0\leqslant y\leqslant 1$。

【假设 6-2】制造企业与人工智能企业的初始收益分别为 W_i、W_s；人工智能企业的知识存量转化的收益为 Q_s，知识共享意愿系数为 $V_s(0\leqslant V_s\leqslant 1)$，人工智能企业对制造企业的信任程度系数为 $T_s(0\leqslant T_s\leqslant 1)$；制造企业的知识吸收能力系数为 $N_i(0\leqslant N_i\leqslant 1)$；制造企业从人工智能企业吸收知识而获得的收益为 $K_i=N_iV_sT_sQ_s$。

【假设 6-3】制造企业的知识存量转化的收益为 Q_i，知识共享意愿系数为

$V_i(0 \leqslant V_i \leqslant 1)$，制造企业对人工智能企业的信任程度系数为 $T_i(0 \leqslant T_i \leqslant 1)$；人工智能企业的知识吸收能力系数为 $N_s(0 \leqslant N_s \leqslant 1)$；人工智能企业从制造企业吸收知识而获得的收益为 $K_s = N_s V_i T_i Q_i$。

【假设 6-4】制造企业与人工智能企业共同进行智能产品服务系统研发，都需要付出相应的成本，分别为 C_i、C_s；制造企业激励人工智能企业参与智能产品服务系统，将会给予人工智能企业一定的报酬为 R_c，R_c 同时也是制造企业的激励成本；但是，若人工智能企业没有参与智能产品服务系统，则按照合约规定，将会向制造企业缴纳一定的罚金为 F_i。

6.2.3 演化博弈模型构建

综上所述，四种策略组合下，制造企业与人工智能企业的合作激励博弈的收益矩阵如表 6-7 所示。

表 6-7 制造企业与人工智能企业的合作激励博弈的收益矩阵

制造企业	人工智能企业	
	参与(y)	不参与($1-y$)
激励(x)	$(W_i+K_i-C_i-R_c, W_s+K_s-C_s+R_c)$	$(W_i+F_i-R_c, W_s-F_i+R_c)$
不激励($1-x$)	$(W_i+K_i-C_i, W_s+K_s-C_s)$	(W_i, W_s)

e_i^1、e_i^2、e_i^3 分别表示制造企业采取激励策略的收益、不激励策略的收益和平均收益；e_s^1、e_s^2、e_s^3 分别表示人工智能企业采取参与策略的收益、不参与策略的收益和平均收益，具体的收益计算公式如下。

制造企业采取激励策略的收益为

$$e_i^1 = y(W_i + K_i - C_i - R_c) + (1-y)(W_i + F_i - R_c) \tag{6.3}$$

制造企业采取不激励策略的收益为

$$e_i^2 = y(W_i + K_i - C_i) + (1-y) \cdot W_i \tag{6.4}$$

制造企业的平均收益

$$e_i^3 = xe_i^1 + (1-x)e_i^2 \tag{6.5}$$

人工智能企业采取参与策略的收益为

$$e_s^1 = x(W_s + K_s - C_s + R_c) + (1-x)(W_s + K_s - C_s) \tag{6.6}$$

人工智能企业采取不参与策略的收益为

$$e_s^2 = x(W_s - F_i + R_c) + (1-x) \cdot W_s \tag{6.7}$$

人工智能企业的平均收益

$$e_s^3 = ye_s^1 + (1-y)e_s^2 \tag{6.8}$$

设 t 表示时间，由式(6.3)、式(6.4)、式(6.5)可得，制造企业策略选择的复制动态方程为

$$\frac{\mathrm{d}x}{\mathrm{d}t}=x(e_i^1-e_i^3)=x(1-x)(-F_iy+F_i-R_c) \tag{6.9}$$

由式(6.6)、式(6.7)、式(6.8)可得,人工智能企业策略选择的复制动态方程为

$$\frac{\mathrm{d}y}{\mathrm{d}t}=y(e_s^1-e_s^3)=y(1-y)(F_ix+K_s-C_s) \tag{6.10}$$

联立方程(6.9)、方程(6.10)得二维动态系统

$$\begin{cases}U=\dfrac{\mathrm{d}x}{\mathrm{d}t}=x(e_i^1-e_i^3)=x(1-x)(-F_iy+F_i-R_c)\\ V=\dfrac{\mathrm{d}y}{\mathrm{d}t}=y(e_s^1-e_s^3)=y(1-y)(F_ix+K_s-C_s)\end{cases} \tag{6.11}$$

令 $\frac{\mathrm{d}x}{\mathrm{d}t}=0$、$\frac{\mathrm{d}y}{\mathrm{d}t}=0$,对复制动态方程组(6.11)求解,得到该系统的5个局部均衡点,分别是 $O(0,0)$、$P(0,1)$、$R(1,0)$、$Q(1,1)$、$L(x^*,y^*)$,其中,$x^*=\frac{C_s-K_s}{F_i}$,$y^*=\frac{F_i-R_c}{F_i}$。根据Friedman[195]提出的雅克比矩阵(记为 $\boldsymbol{J}$)的稳定性判定准则,对系统的局部均衡点进行稳定性分析,当且仅当方程组(6.11)的5个局部均衡点满足 $\boldsymbol{J}$ 的行列式符号 $\det\boldsymbol{J}>0$ 和 $\boldsymbol{J}$ 的迹符号 $\mathrm{tr}\boldsymbol{J}<0$ 时,才是系统的演化稳定策略(ESS),对方程组(6.11)中的 U、V 分别关于 x 和 y 求偏导,得到的雅克比矩阵 $\boldsymbol{J}$ 如下所示:

$$\boldsymbol{J}=\begin{bmatrix}\dfrac{\partial U}{\partial x} & \dfrac{\partial U}{\partial y}\\ \dfrac{\partial V}{\partial x} & \dfrac{\partial V}{\partial y}\end{bmatrix}=\begin{bmatrix}(1-2x)(-F_iy+F_i-R_c) & x(1-x)(-F_i)\\ y(1-y)(F_i) & (1-2y)(F_ix+K_s-C_s)\end{bmatrix}$$

6.2.4 系统稳定性分析

(1)情况一:当 $x^*>1$,$0\leqslant y^*\leqslant 1$,即 $0<F_i<C_s-K_s$,$0\leqslant F_i-R_c\leqslant F_i$ 时,系统的4个局部均衡点的稳定性分析如表6-8所示。

表6-8 在情况一时的系统稳定性分析

均衡点	$\boldsymbol{J}$ 的行列式符号	$\boldsymbol{J}$ 的迹符号	均衡点的稳定性
$O(0,0)$	−	不确定	鞍点
$P(0,1)$	−	不确定	鞍点
$R(1,0)$	+	−	演化稳定策略
$Q(1,1)$	+	+	不稳定

由表6-8可知,$R(1,0)$ 是系统的演化稳定策略,即制造企业采取激励策略,人工智能企业采取不参与策略。此外,该系统还存在一个不稳定点 $Q(1,1)$,以及

两个鞍点 $O(0,0)$ 和 $P(0,1)$。系统的动态演化相位图如图 6－13 所示。

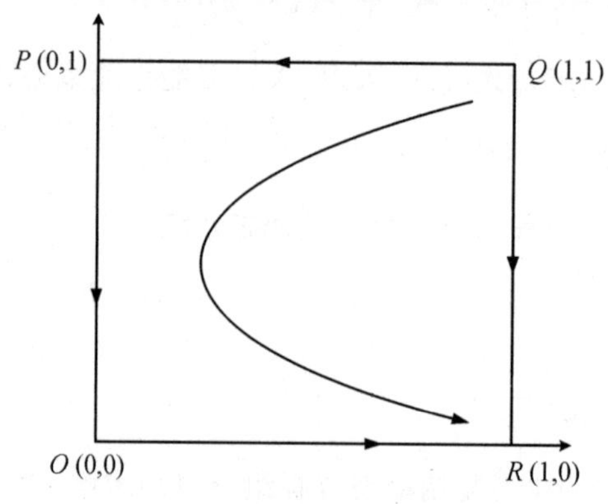

图 6－13 情况一的动态演化相位图

由表 6－8 和图 6－13 可知，从任何状态出发，系统最终都演化到 $R(1,0)$，即制造企业采取激励策略，人工智能企业采取不参与策略。该情况反映出制造企业的激励机制失灵。这是因为当人工智能企业采取参与策略时，它获得的收益小于其付出的成本，所以人工智能企业最终将会采取不参与策略；对于制造企业而言，当它采取激励策略时获得的罚金收益大于其付出的激励成本时，制造企业最终将会采取激励策略。

(2)情况二：当 $x^* < 0$，$0 \leqslant y^* \leqslant 1$，即 $C_s - K_s < 0 < F_i$，$0 \leqslant F_i - R_c \leqslant F_i$ 时，系统的 4 个局部均衡点的稳定性分析如表 6－9 所示。

表 6－9 在情况二时的系统稳定性分析

均衡点	J 的行列式符号	J 的迹符号	均衡点的稳定性
$O(0,0)$	+	+	不稳定
$P(0,1)$	+	－	演化稳定策略
$R(1,0)$	－	不确定	鞍点
$Q(1,1)$	－	不确定	鞍点

由表 6－9 可知，$P(0,1)$ 是系统的演化稳定策略，即制造企业采取不激励策略，人工智能企业采取参与策略。此外，该系统还存在一个不稳定点 $O(0,0)$，以及两个鞍点 $R(1,0)$ 和 $Q(1,1)$。系统的动态演化相位图如图 6－14 所示。

由表 6－9 和图 6－14 可知，从任何状态出发，系统最终都演化到 $P(0,1)$，即制造企业采取不激励策略，人工智能企业采取参与策略。因为当人工智能企业采取参与策略时，它获得的收益大于其付出的成本，所以人工智能企业最终将会采取参与策略；对于制造企业而言，因为人工智能企业采取了参与策略，所以制造企业将从利益最大化的角度考虑，不愿意付出激励成本，它最终将会采取不激励策略。

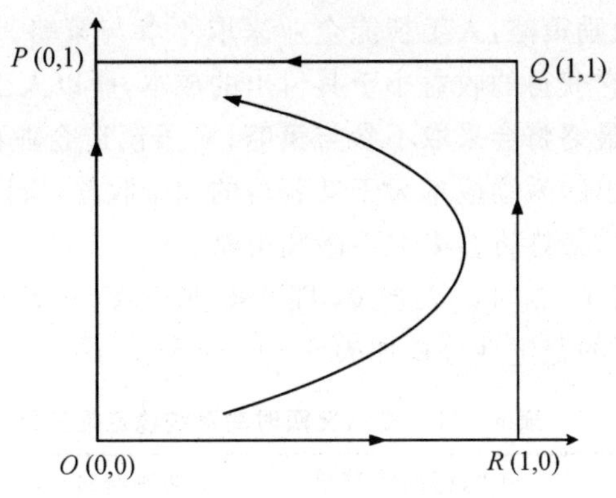

图 6-14　情况二的动态演化相位图

(3)情况三：当 $0 \leqslant x^* \leqslant 1$，$y^* < 0$，即 $0 \leqslant C_s - K_s \leqslant F_i$，$F_i - R_c < 0$ 时，系统的 4 个局部均衡点稳定性分析如表 6-10 所示。

表 6-10　在情况三时的系统稳定性分析

均衡点	J 的行列式符号	J 的迹符号	均衡点的稳定性
$O(0,0)$	+	−	演化稳定策略
$P(0,1)$	−	不确定	鞍点
$R(1,0)$	+	+	不稳定
$Q(1,1)$	−	不确定	鞍点

由表 6-10 可知，$O(0,0)$ 是系统的演化稳定策略，即制造企业采取不激励策略，人工智能企业采取不参与策略。此外，该系统还存在一个不稳定点 $R(1,0)$，以及两个鞍点 $P(0,1)$ 和 $Q(1,1)$。系统的动态演化相位图如图 6-15 所示。

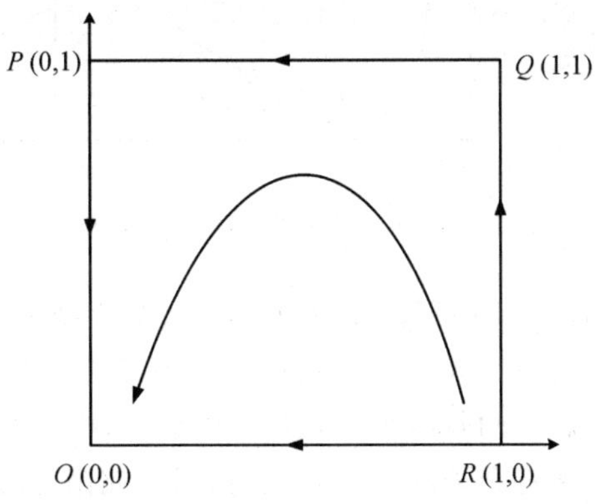

图 6-15　情况三的动态演化相位图

由表 6-10 和图 6-15 可知，从任何状态出发，系统最终都演化到 $O(0,0)$，即制造企业采取不激励策略，人工智能企业采取不参与策略。因为当人工智能企业采取参与策略时，它获得的收益小于其付出的成本，所以人工智能企业出于利益最大化的角度考虑，最终将会采取不参与策略；对于制造企业而言，当制造企业采取激励策略时，它付出的激励成本大于其获得的罚金收益，所以制造企业也出于利益最大化的角度考虑，最终将会采取不激励策略。

(4)情况四：当 $x^* > 1$，$y^* < 0$，即 $0 < F_i < C_s - K_s$，$F_i - R_c < 0$ 时，系统的 4 个局部均衡点的稳定性分析如表 6 - 11 所示。

表 6 - 11　在情况四时的系统稳定性分析

均衡点	***J*** 的行列式符号	***J*** 的迹符号	均衡点的稳定性
$O(0,0)$	+	−	演化稳定策略
$P(0,1)$	−	不确定	鞍点
$R(1,0)$	−	不确定	鞍点
$Q(1,1)$	+	+	不稳定

由表 6 - 11 可知，$O(0,0)$ 是系统的演化稳定策略，即制造企业采取不激励策略，人工智能企业采取不参与策略。此外，该系统还存在一个不稳定点 $Q(1,1)$，以及两个鞍点 $P(0,1)$ 和 $R(1,0)$。系统的动态演化相位图如图 6 - 16 所示。

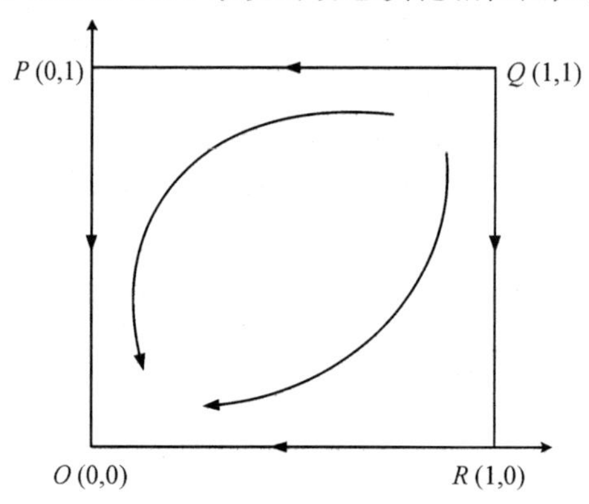

图 6 - 16　情况四的动态演化相位图

由表 6 - 11 和图 6 - 16 可知，从任何状态出发，系统最终都演化到 $O(0,0)$，即制造企业采取不激励策略，人工智能企业采取不参与策略。因为当人工智能企业采取参与策略时，它获得的收益小于其付出的成本，所以人工智能企业出于利益最大化的角度考虑，最终将会采取不参与策略；对于制造企业而言，当制造企业采取激励策略时，它付出的激励成本大于其获得的罚金收益，制造企业也出于利益最大化的角度考虑，最终将会采取不激励策略。

(5)情况五：当 $x^* < 0$，$y^* < 0$，即 $C_s - K_s < 0$，$F_i - R_c < 0$ 时，系统的 4 个

局部均衡点的稳定性分析如表 6-12 所示。

表 6-12　在情况五时的系统稳定性分析

均衡点	**J** 的行列式符号	**J** 的迹符号	均衡点的稳定性
$O(0,0)$	−	不确定	鞍点
$P(0,1)$	+	−	演化稳定策略
$R(1,0)$	+	+	不稳定
$Q(1,1)$	−	不确定	鞍点

由表 6-12 可知，$P(0,1)$ 是系统的演化稳定策略，即制造企业采取不激励策略，人工智能企业采取参与策略。此外，该系统还存在一个不稳定点 $R(1,0)$，以及两个鞍点 $O(0,0)$ 和 $Q(1,1)$。系统的动态演化相位图如图 6-17 所示。

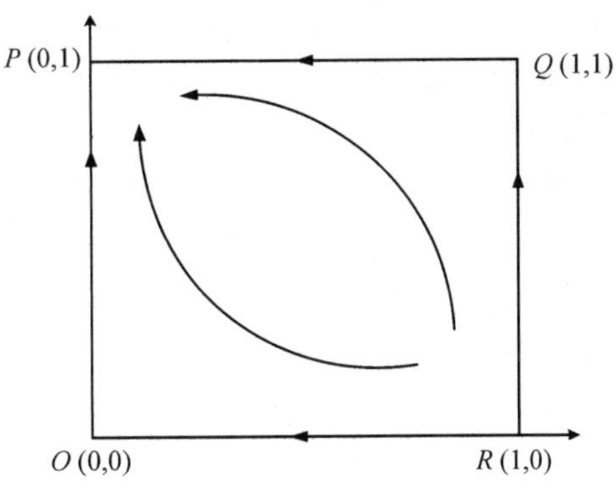

图 6-17　情况五的动态演化相位图

由表 6-12 和图 6-17 可知，从任何状态出发，系统最终都演化到 $P(0,1)$，即制造企业采取不激励策略，人工智能企业采取参与策略。因为当人工智能企业采取参与策略时，它获得的收益大于其所付出的成本，所以，人工智能企业最终将会采取参与策略；对于制造企业而言，因为当制造企业采取激励策略时，它付出的激励成本大于其获得罚金收益，所以制造企业将从利益最大化的角度考虑，最终采取不激励策略。

6.2.5　案例分析

1. 企业简介

陕西法士特汽车传动集团有限责任公司（简称法士特集团）成立于 1968 年。公司已建立了综合生产能力，各类产品已经广泛出口了十多个国家和地区。法士特集团自主研发推出的各种智能化新能源产品，已经满足了国家节能减排和汽车产业的各种要求，这些产品具有极大的竞争优势，为商用车的优化配置提供了持续的动力源泉。同时，法士特集团紧抓发展机遇，已经与多家跨国企业构建了战略合作伙伴关系。

2. 法士特集团智能化转型的演化路径分析

法士特集团进行智能化转型的演化过程主要包括业务流程智能化、制造智能化和服务智能化三个阶段，如图 6-18 所示。

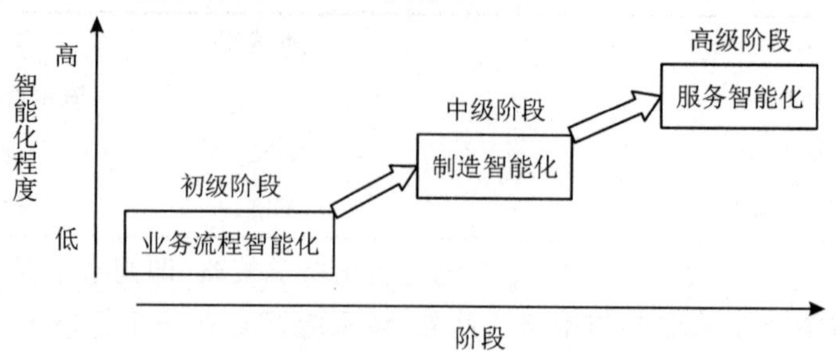

图 6-18　法士特集团智能化转型的演化路径

1)**阶段一:业务流程智能化**

法士特集团抓住发展机遇，建立了“两化”平台，主要包含数字化工艺平台、竞品分析平台、备件销售服务系统、全面质量管理系统等各类信息平台，推动加快公司的业务流程智能化步伐。同时，法士特集团还构建了库存管理系统，解决了重复采购、资金占用等一系列问题。最终，通过引入 SCOR(供应链运作参考)模型，法士特集团实现了整个业务流程的智能化。

由此可知，这一过程是法士特集团智能化转型的初级阶段——业务流程智能化阶段，如图 6-19 所示。法士特集团借助信息化技术与公司实际情况的紧密结合，利用各个平台与 SCOR 模型，将企业的研发、采购、库存、制造、销售、财务、运营、办公等各个业务流程的数据进行集成和共享，显著地提升了公司的管理水平和效率。

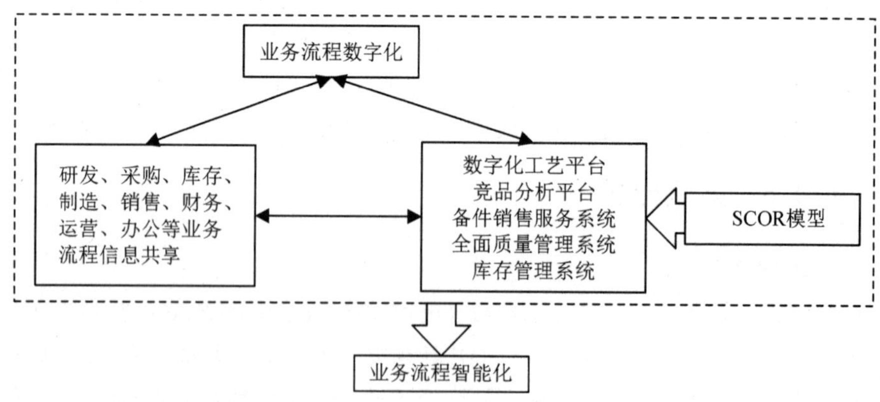

图 6-19　业务流程智能化

2)**阶段二:制造智能化**

法士特集团与人工智能企业合作,逐渐引进了200台工业机器人与50条智能化生产线,以信息化系统为核心,已经达到了自动化生产、智能化控制的目标,这在一定程度上既降低了工人的劳动强度,又提高了工人的工作效率。法士特集团还为重卡变速器构建了自动悬臂装配线,该条装配线集自动控制、通信、智能机器人、信息控制、测试等多种技术于一体,有效地提高了产品装配自动化和智能化水平。经过多年的探索实践,法士特集团建立了专业化智能生产线创新平台。

由此可知,这一过程是法士特集团智能化转型的中级阶段——制造智能化阶段,如图6-20所示。法士特集团为了实现汽车的自动化生产和装配,通过集成工业自动控制、智能机器人、信息控制等各类技术,达到了全天候智能操作的目标。一方面,显著地减少了工人的劳动强度,另一方面,有效地提高了产品生产和装配自动化和智能化水平。

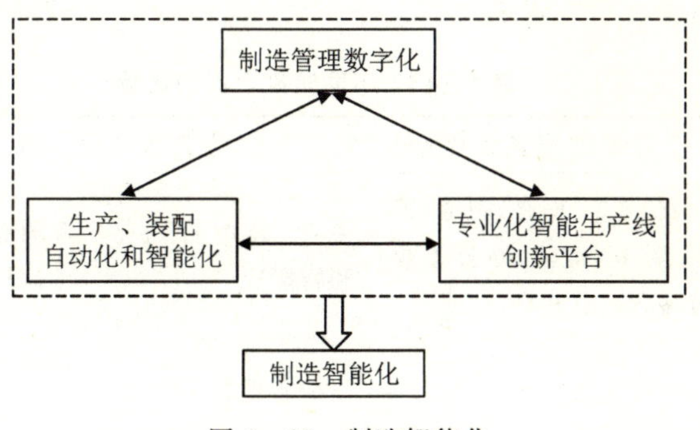

图6-20　制造智能化

3)**阶段三:服务智能化**

法士特集团与人工智能企业合作,为企业打造智慧工厂提供了坚实的人工智能技术基础。同时,法士特集团通过车联网、人工智能等技术,无须与其他部件的品牌商进行数据端口的对接,实时采集车辆部件信息的在线数据,收集设备运行信息,为客户提供车辆远程故障诊断和维修等售后服务。

由此可知,这一过程是法士特集团智能化转型的高级阶段——服务智能化阶段,如图6-21所示。为了推进智能化发展的步伐,法士特集团借助车联网、人工智能等技术手段,为客户提供了智慧物流服务、车辆远程故障诊断和维修等售后服务,提升了企业的智能化水平。

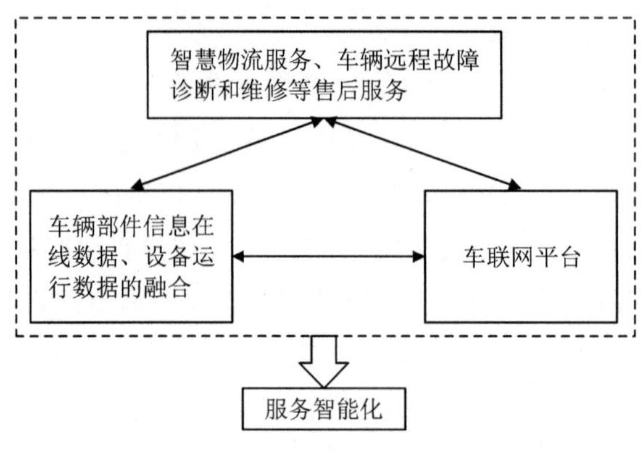

图 6-21 服务智能化

3. 不同阶段之间的比较

从具体应用、数字化能力、运营方式平台化能力、智能化程度等方面,对不同阶段进行比较,如表 6-13 所示。

表 6-13 不同阶段之间的比较

方面	第一阶段:业务流程智能化	第二阶段:制造智能化	第三阶段:服务智能化
具体应用	研发、采购、库存、制造、销售、财务、运营、办公等业务流程信息共享	生产、装配自动化和智能化	车辆部件信息在线数据、设备运行数据的融合
数字化能力	业务流程数字化	制造管理数字化	智慧物流服务、车辆远程故障诊断和维修等售后服务
运营方式平台化能力	数字化工艺平台 竞品分析平台 备件销售服务系统 全面质量管理系统 库存管理系统	专业化智能生产线创新平台	车联网平台
智能化程度	智能化程度低	智能化程度较高	智能化程度最高

由表 6-13 可知,第一阶段主要完成了业务流程方面的智能化转型,此阶段的智能程度较低,主要对研发、采购、库存、制造、销售、财务、运营、办公等业务流程进行信息共享,形成了各种信息系统;第二阶段主要完成了制造智能化,与第一阶段相比,此阶段的智能化程度较高,主要达到了生产、装配自动化和智能化的目的,从而建立了一个专业化智能生产线创新平台;第三阶段实现了服务方面的智能化转型,此阶段的智能化程度最高,主要通过车辆部件信息在线数据、设备运行数据的融合,利用车联网平台,实现了提供车辆远程故障诊断和维修等售后服务的目标。

因此，随着法士特集团智能化服务的逐渐深入，其与人工智能公司的合作程度也在逐渐加强，数字化技术使自身和客户获得的价值增值也越来越高。

4. 案例启示

我国制造企业进行智能化转型主要经历了初级、中级、高级三个阶段。在初级阶段，我国制造企业对研发、采购、库存、制造、销售、财务、运营、办公等信息，利用各种信息系统平台实现了信息共享；在中级阶段，我国制造企业与人工智能企业合作，运用数控设备、数字化测量设备、关节机器人、自动化物流设备架等智能设备，构建自动化的生产线和装配线，一方面，显著降低了工人的劳动强度，另一方面，在一定程度上提高产品生产和装配自动化和智能化水平；在高级阶段，为了推进智能化发展的步伐，我国制造企业借助物联网、人工智能等手段，通过部件信息在线数据、设备运行数据的融合，利用物联网平台，为客户提供远程故障诊断和维修等售后服务，此阶段完成了服务智能化。

6.2.6 数值模拟分析

根据以上案例背景，并结合相关文献的研究，对所建模型中的各参数取值进行设定，并采用 MATLAB 软件，对系统演化路径的影响因素进行数值模拟分析，以得出影响制造企业与人工智能企业策略选择的相关因素。

1. 分析制造企业的知识共享意愿对制造企业与人工智能企业的策略选择演化结果的影响

以情况二的演化均衡点 $P(0,1)$ 为例，在满足情况二 $C_s - K_s < 0 < F_i$，$0 \leqslant F_i - R_c \leqslant F_i$ 的条件下，设 $F_i = 3$ 万元、$R_c = 2$ 万元、$C_s = 2$ 万元保持固定不变，因为人工智能企业参与智能产品服务系统研发所获得的收益，与制造企业的知识存量转化的收益、知识共享意愿、信任程度、人工智能企业的知识吸收能力是正向关系，即 $K_s = N_s V_i T_i Q_i$；设 $N_s = 0.5$、$T_i = 0.8$、$Q_i = 30$ 万元保持固定不变，随着制造企业知识共享意愿的不断增加（$V_i = 0.2$，$V_i = 0.4$，$V_i = 0.6$，$V_i = 0.8$），人工智能企业参与智能产品服务系统研发所获得的收益也不断增加（$K_s = N_s V_i T_i Q_i = 2.4$ 万元，$K_s = N_s V_i T_i Q_i = 4.8$ 万元，$K_s = N_s V_i T_i Q_i = 7.2$ 万元，$K_s = N_s V_i T_i Q_i = 9.6$ 万元）。制造企业的知识共享意愿对制造企业与人工智能企业的策略选择演化结果的影响如图 6-22 和图 6-23 所示。

由图 6-22 和图 6-23 可知，随着制造企业知识共享意愿的不断增加，系统向 $P(0,1)$ 的演化收敛速度逐渐变快，使得系统达到演化稳定状态的时间逐渐变小，因此制造企业采取激励策略比例的变化率逐渐趋向于 0，人工智能企业采取参与策略比例的变化率逐渐趋向于 1，即制造企业的知识共享意愿越大，制造企业越倾向于采取不激励策略，人工智能企业越倾向于采取参与策略。同理，通过数值模拟，也可以分析制造企业知识存量转化的收益、制造企业对人工智能企业的信任程

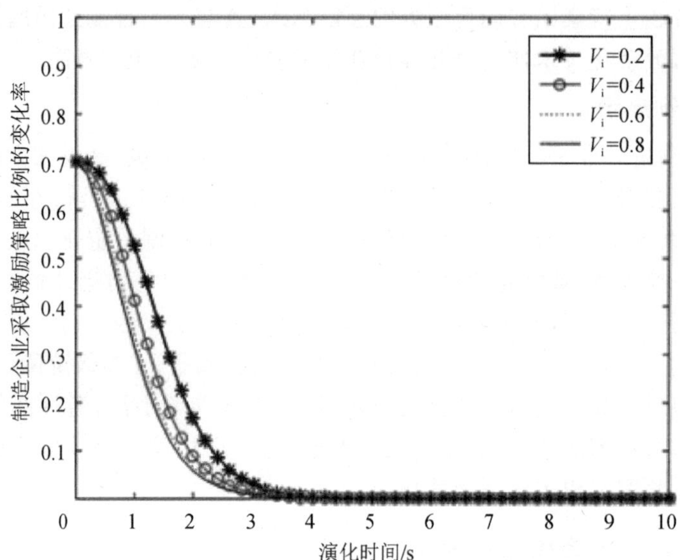

图 6-22 制造企业的知识共享意愿对其策略选择演化结果的影响

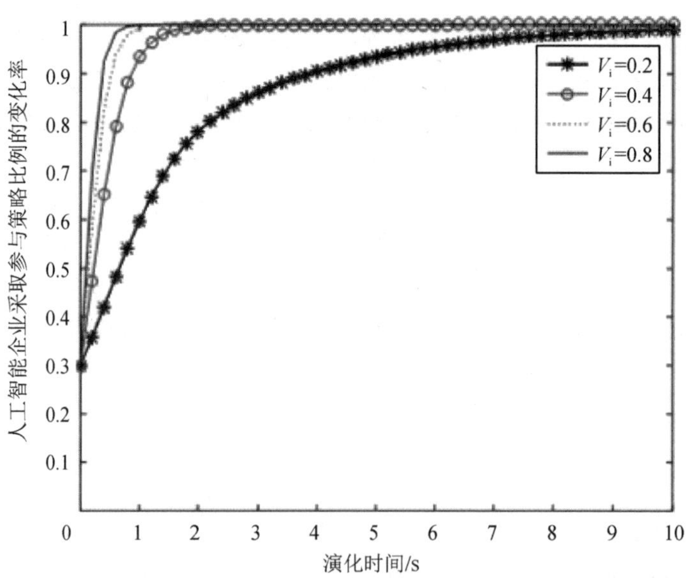

图 6-23 制造企业的知识共享意愿对人工智能企业策略选择演化结果的影响

度、人工智能企业的知识吸收能力对制造企业与人工智能企业的策略选择演化结果的影响。综上所述,从以上数值模拟分析中,可得以下研究结论:

【结论 6-1】制造企业知识存量转化的收益、制造企业的知识共享意愿、制造企业对人工智能企业的信任程度、人工智能企业的知识吸收能力越大,制造企业越倾向于采取不激励策略,人工智能企业越倾向于采取参与策略。

2. 分析人工智能企业的知识共享成本对制造企业与人工智能企业的策略选择演化结果的影响

以情况二的演化均衡点 $P(0,1)$ 例，在满足情况二 $C_s - K_s < 0 < F_i$，$0 \leqslant F_i - R_c \leqslant F_i$ 的条件下，设 $F_i = 3$ 万元，$R_c = 2$ 万元，$K_s = 5$ 万元保持固定不变，随着人工智能企业知识共享成本的增加（$C_s = 1$ 万元，$C_s = 2$ 万元，$C_s = 3$ 万元，$C_s = 4$ 万元），人工智能企业的知识共享成本对制造企业与人工智能企业的策略选择演化结果的影响如图 6-24 和图 6-25 所示。

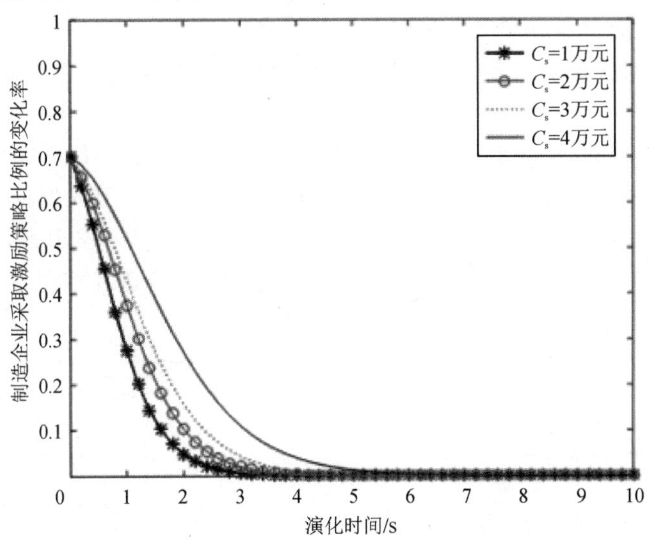

图 6-24　人工智能企业的知识共享成本对制造企业策略选择演化结果的影响

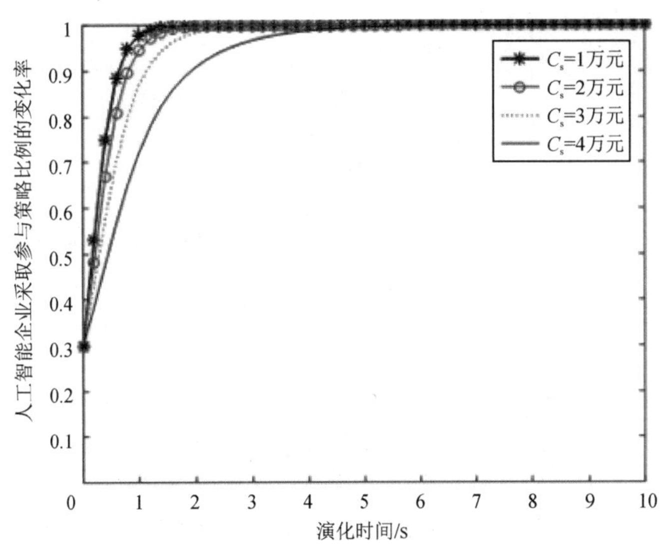

图 6-25　人工智能企业的知识共享成本对其策略选择演化结果的影响

由图 6－24 和图 6－25 可知，随着人工智能企业知识共享成本的不断增加，系统向 $P(0,1)$ 的演化收敛速度逐渐变慢，使得系统达到演化稳定状态的时间逐渐变大，因此制造企业采取激励策略比例的变化率逐渐远离 0，并逐渐趋向于 1；人工智能企业采取参与策略比例的变化率逐渐远离 1，并逐渐趋向于 0；即人工智能企业的知识共享成本越大，制造企业越倾向于采取激励策略，人工智能企业越倾向于采取不参与策略。因此，可得以下研究结论：

【结论 6－2】人工智能企业的知识共享成本越大，制造企业越倾向于采取激励策略，人工智能企业越倾向于采取不参与策略。

3. 分析制造企业的激励成本对制造企业与人工智能企业的策略选择演化结果的影响

以情况二的演化均衡点 $P(0,1)$ 例，在满足情况二 $C_s-K_s<0<F_i$，$0\leqslant F_i-R_c\leqslant F_i$ 的条件下，设 $F_i=5$ 万元，$K_s=5$ 万元，$C_s=2$ 万元保持固定不变，随着制造企业激励成本的增加（$R_c=1$ 万元，$R_c=2$ 万元，$R_c=3$ 万元，$R_c=4$ 万元），制造企业的激励成本对制造企业与人工智能企业策略选择演化结果的影响如图 6－26和图 6－27 所示。

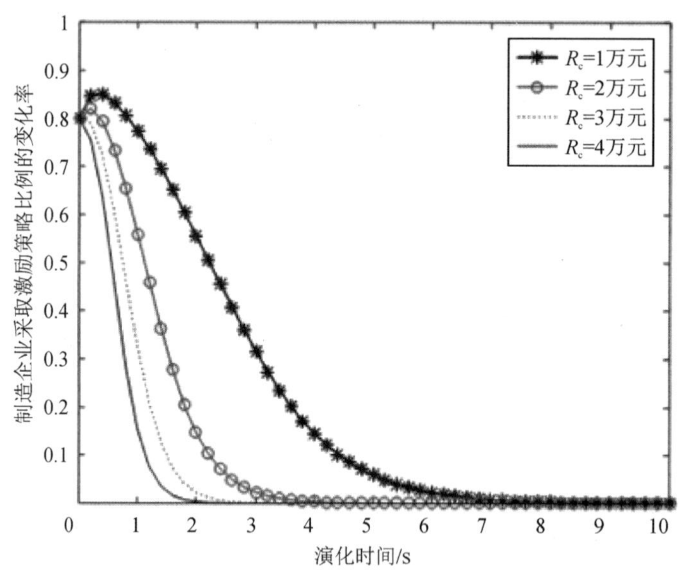

图 6－26　制造企业的激励成本对其策略选择演化结果的影响

由图 6－26 和图 6－27 可知，随着制造企业激励成本的不断增加，系统向 $P(0,1)$ 的演化收敛速度逐渐变快，使得系统达到演化稳定状态的时间逐渐变小，因此制造企业采取激励策略比例的变化率逐渐趋向于 0，人工智能企业采取参与策略比例的变化率逐渐趋向于 1，即制造企业的激励成本越大，制造企业越倾向于采取不激励策略，人工智能企业越倾向于采取参与策略。因此，可得以下研究结论：

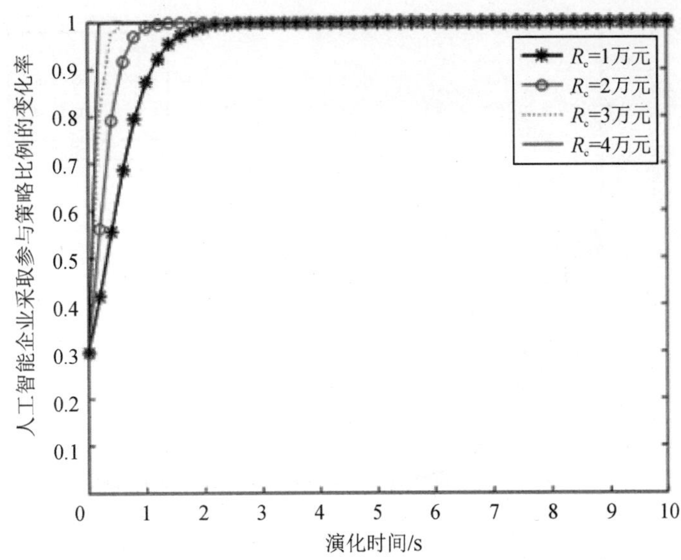

图 6－27　制造企业的激励成本对人工智能企业策略选择演化结果的影响

【结论 6－3】制造企业的激励成本越大，制造企业越倾向于采取不激励策略，人工智能企业越倾向于采取参与策略。

4. 分析人工智能企业缴纳的罚金对制造企业与人工智能企业的策略选择演化结果的影响

以情况二的演化均衡点 $P(0,1)$ 例，在满足情况二 $C_s-K_s<0<F_i$，$0\leqslant F_i-R_c\leqslant F_i$ 的条件下，设 $R_c=2$ 万元，$K_s=3$ 万元，$C_s=2$ 万元保持固定不变，随着人工智能企业缴纳罚金的增加（$F_i=3$ 万元，$F_i=4$ 万元，$F_i=5$ 万元，$F_i=6$ 万元），人工智能企业缴纳的罚金对制造企业与人工智能企业策略选择演化结果的影响如图 6－28 和图 6－29 所示。

由图 6－28 和图 6－29 可知，随着人工智能企业缴纳罚金的不断增加，制造企业采取不激励策略的演化收敛速度逐渐变慢，使得能够达到演化稳定状态的时间逐渐变大；而人工智能企业采取参与策略的演化收敛速度逐渐变快，使得能够达到演化稳定状态的时间逐渐变小。因此，制造企业采取激励策略比例的变化率逐渐远离 0，并逐渐趋向于 1；人工智能企业采取参与策略比例的变化率也逐渐趋向于 1，即人工智能企业缴纳的罚金越大，制造企业越倾向于采取激励策略，人工智能企业越倾向于采取参与策略。因此，可得以下研究结论：

【结论 6－4】人工智能企业缴纳的罚金越大，制造企业越倾向于采取激励策略，人工智能企业越倾向于采取参与策略。

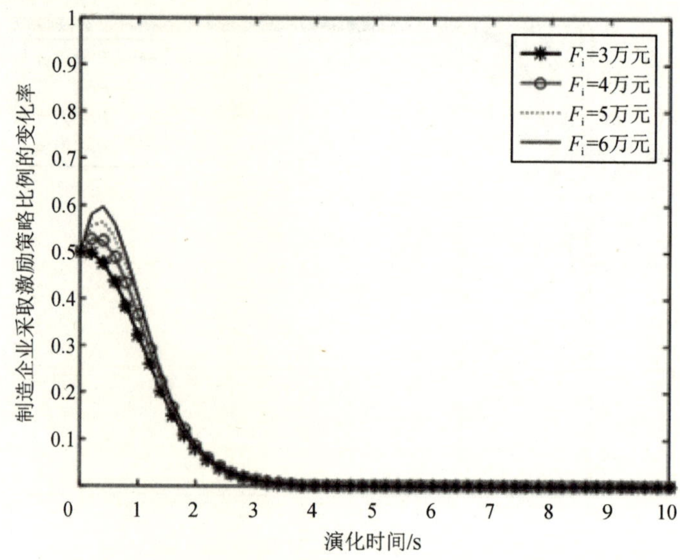

图 6-28 人工智能企业缴纳的罚金对制造企业策略选择演化结果的影响

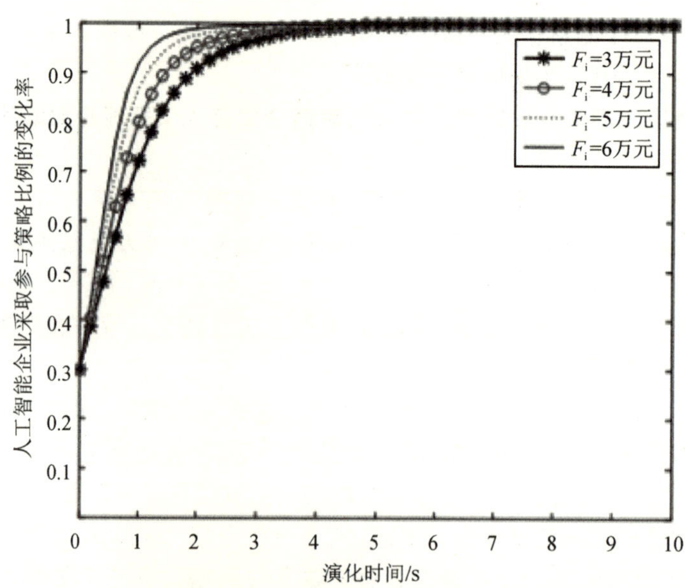

图 6-29 人工智能企业缴纳的罚金对其策略选择演化结果的影响

6.2.7 研究总结

为了提高智能产品服务系统的研发绩效，制造企业与人工智能企业都需要参与智能产品服务系统研发，且在此过程中进行知识共享。但是，因为制造企业与人工智能企业是信息不对称的，且人工智能企业不会主动参与智能产品服务系统研发，甚至会出现“搭便车”的行为，因此，为了解决以上这些问题，就需要制造企业设计相应的激励机制，并采取一定的激励措施，以促使人工智能企业积极主动地参与智能产品服务系统研发。本书运用演化博弈理论，建立了制造企业与人工智能企业合作激励的演化博弈模型，并通过模型的求解、分析和数值模拟，得出以下研究结论：

（1）制造企业知识存量转化的收益、制造企业的知识共享意愿、制造企业对人工智能企业的信任程度、人工智能企业的知识吸收能力越大，制造企业越倾向于采取不激励策略，人工智能企业越倾向于采取参与策略。

（2）人工智能企业的知识共享成本越大，制造企业越倾向于采取激励策略，人工智能企业越倾向于采取不参与策略。

（3）制造企业的激励成本越大，制造企业越倾向于采取不激励策略，人工智能企业越倾向于采取参与策略。

（4）人工智能企业缴纳的罚金越大，制造企业越倾向于采取激励策略，人工智能企业越倾向于采取参与策略。

6.3 促进我国制造企业与人工智能企业合作协调的对策建议

1. 建立制造企业对人工智能企业的动态选择和激励机制，以促进人工智能企业参与智能产品服务系统开发

信息技术已经逐步向制造企业内各环节深入渗透，包括研发、生产、经营、管理等各个阶段。互联网信息技术的运用，促进产品内容个性化、产品外观个性化和产品服务个性化。我国制造企业应立足本企业优势，探索智能化治理体系，与人工智能企业、客户、产学研机构合作，强化互动交流与知识共享，共同构建智能制造创新生态系统。政府要鼓励制造企业独立开发智能化技术及产品，并进一步推动产品和人工智能技术服务深度融合。

一方面，制造企业应根据人工智能企业的知识共享意愿、知识存量、知识吸收能力及创新能力等评价指标，对人工智能企业进行动态评价和选择。制造企业应对人工智能企业的知识共享和创新行为进行考核和监督。如果人工智能企业没有满足制造企业的考核要求，制造企业会重新选择新的合作伙伴，如此循环往复，从而构成了制造企业对人工智能企业的动态选择机制。

另一方面，制造企业应建立对人工智能企业的动态知识激励机制。信息对于信息时代的企业来说就意味着生存。企业获取信息的能力越强，就意味着其所掌握的机会与资源就越丰富，进而能获得的竞争优势也越大。制造企业向人工智能企业提供动态知识激励，属于间接激励方式。一方面，制造企业应对知识共享意愿和创新能力都较强的人工智能企业，提供更多的市场信息，以及相应的知识和技术，从而提高人工智能企业的创新能力和市场竞争优势，也同时促使它们更加努力地参与智能产品服务系统研发；另一方面，制造企业应对知识共享意愿较强，但创新能力较弱的人工智能企业，提供相应的知识培训和帮扶，从而提高它们的创新能力，也同时促使它们更加努力地参与智能产品服务系统研发。

2. 促进人工智能企业参与知识共享

一方面，制造企业需要从提升自身的收益入手，着重控制知识共享的成本：制造企业在保证其自身收益的同时，需加强与人工智能企业的合作关系，增强企业协作的风险防范意识，对于协作中可能存在的风险能及时识别、防范和控制，这有助于降低知识共享成本与激励成本。

另一方面，制造企业还需要采取一些激励措施，以提高人工智能企业参与知识共享的增量收益，从而促使人工智能企业积极主动地参与知识共享。这些激励措施主要包括：

1）采用收益激励和声誉激励相结合的方式促使人工智能企业积极主动地参与知识共享

一方面，制造企业与人工智能企业签订知识共享合作协议，并在合作协议中约定给予人工智能企业的固定收益和可变收益，其中，固定收益能够满足人工智能企业的基本需求，可变收益能够起到激励人工智能企业的作用。制造企业可根据人工智能企业的知识共享意愿、知识吸收能力、知识共享量等因素，给予人工智能企业不同的可变收益，主要表现为对创新之后的激励与补贴，以及对创新成果的收益分成。另一方面，制造企业还可给予人工智能企业一定程度的声誉激励。在人工智能企业参与知识共享的过程中，会产出一些创新成果。制造企业应给予人工智能企业创新成果奖励的荣誉，并借助各种媒体对创新成果进行宣传和推广，从而使人工智能企业获得一定的企业声誉。

2）采用信任激励措施促使人工智能企业积极主动地参与知识共享

制造企业和人工智能企业之间要建立互信合作关系。一方面，营造相互尊重、相互信任、和谐的企业文化，以此来提高制造企业与人工智能企业的相互信任程度；另一方面，应给予人工智能企业足够的授权，使人工智能企业能够在它们的职权范围内完成相应的创新任务，由此推动人工智能企业主动参与到知识共享中来。

3）创建学习型企业文化，强化人工智能企业培训引导制度

一方面，制造企业还应营造学习型的企业文化，鼓励人工智能企业通过它们自身的学习，来获取相应的知识，从而在一定程度上提升人工智能企业的知识吸收能力；另一方面，制造企业应加强对人工智能企业的培训和指导，在此过程中，将自身一定的知识存量转移给人工智能企业，以增加人工智能企业的知识存量，提高人工

智能企业的知识吸收能力，同时，也在一定程度上提高了人工智能企业的创新能力。

4)构建知识共享平台，促使隐性知识显性化，以提高知识共享的效率

制造企业应借助云计算、大数据、人工智能等先进的信息技术，构建知识共享平台，并通过知识共享平台促使隐性知识显性化，以提高知识共享的效率，从而在一定程度上增加制造企业与人工智能企业的知识存量，提高人工智能企业的知识吸收能力，同时也会降低它们的知识共享成本。

5)建立违约惩罚机制，抑制人工智能企业的投机行为

制造企业为了防止人工智能企业“搭便车”行为的出现，在与人工智能企业的合作协议中设定足够大的违约罚金，由此，遏制人工智能企业的投机行为。

3. 促进人工智能企业参与价值共创

第一，政府应重视人工智能企业发展，并建立完善的制度保障体系，不断加大对人工智能产业经费支持，为智能技术创新保驾护航。与此同时，政府还应继续强化以信息生产与服务为主要内容的共享经济建设，迅速替代原有以物为中心的僵化服务体系，并将继续促进数字经济及其他发展模式的加快变革进度，凸显产品全生命周期与价值链后端的价值创造功能。第二，制造企业要在价值共创的引导目标下与人工智能企业进行广泛合作，构建一个整合技术更新、资源整合与动态协作、线上线下服务、用户参与、多主体协同的开放式网状价值生态体系。第三，利用人工智能、云计算、大数据、区块链等新一代信息技术的发展，建立企业、用户及其产品之间的实时连接和产品质量追溯机制，开发在线监测、远程运维、个性化定制等增值服务，更好服务客户和消费者。

4. 借助人工智能技术，搭建人工智能平台，以促进制造企业与人工智能企业合作

第一，政府要深挖人工智能在制造领域的应用价值，扩大应用空间，更好地服务制造业；第二，政府要搭建人工智能服务平台，聚合全球优质资源，充分了解人工智能人才爱好与实际需求，向中国制造企业人才准确推送合适的学习资源，助力制造业智能化积极发展。第三，政府还应加快人工智能治理体系的完善，建立并嵌入道德标准，以创建更有力、更安全、更可信的人工智能应用体系，促进人工智能与制造业结合的健康发展。第四，政府还要重视与培育人工智能、机器人制造等新兴产业，并鼓励新型业态发展，从而达到新兴产业发展与就业增长共赢的局面。

6.4 本章小结

本章首先在完全信息和完全理性条件下，研究制造企业与人工智能企业的合作协调机制，建立制造企业与人工智能企业的合作激励博弈模型，分析各类影响因

素对双方企业策略选择的影响作用。其次，在不完全信息和有限理性条件下，建立制造企业与人工智能企业之间的合作激励行为的演化博弈模型，分析了制造企业与人工智能企业之间合作激励行为的演化路径和相关影响因素。最后，提出促进我国制造企业与人工智能企业合作协调的对策建议。

第7章

我国制造企业与客户的合作协调机制

本章在营销层面，研究我国制造企业与客户的合作协调机制，构建制造企业与客户的合作协调模型，提出促进我国制造企业与客户良好合作，进行产品与人工智能服务融合，从而促进我国制造业智能化转型升级的对策建议。

一方面，在完全信息和完全理性条件下，运用完全信息静态博弈理论，构建制造企业与客户之间合作激励的博弈模型，即客户参与智能产品服务系统开发的激励博弈模型，分析各类影响因素对双方企业策略选择的影响作用。另一方面，在不完全信息和有限理性条件下，运用演化博弈理论，构建制造企业与客户之间合作激励行为的演化博弈模型，即客户参与智能产品服务系统开发激励的演化博弈模型，通过模型求解和分析，分析了制造企业与客户之间合作激励行为的演化路径和相关影响因素。

7.1 完全信息条件下制造企业与客户的合作协调机制

7.1.1 问题描述

当前，我国制造业已由高速增长阶段转向高质量发展阶段。随着制造业高质量发展，很多制造企业正在通过实施智能制造战略，向智能化发展转型。智能制造是制造企业将产品与人工智能技术服务相互融合，为客户提供智能产品服务系统的一种先进制造模式。由于客户是产品和人工智能技术服务的直接体验者，所以，客户参与智能产品服务系统开发，不仅能够提出智能产品服务系统的研发创意，还能够对其研发过程提出改良意见，并对其研发结果进行体验和测试。这将有利于制造企业将客户的创新思想融入智能产品服务系统的开发过程中，为客户提供更优质的产品和人工智能技术服务。因此，很多制造企业都希望将客户纳入智能产品服务系统的研发过程中，并与客户共同进行智能产品服务系统的设计与开发。但是，一方面，由于客户参与智能产品服务系统开发需要投入大量的时间、资金、精力及知识等成本，若客户付出的成本大于其获得的收益时，它们就不愿意主动参与智能产品服务系统开发，甚至还会出现“搭便车”的行为；另一方面，制造企业虽然有意与客户合作，但并不能完全了解客户的参与意愿和想法，这将会使得制造企业在激励客户参与的过程中，出现激励力度不够、罚金设置不合理等问题。因此，为了激励客户积极主动地参与智能产品服务系统的开发，就需要对制造企业与客户策略选择的博弈过程进行分析，以期望得出最优的策略选择结果，为进一步进行激励机制设计奠定基础。

有关客户参与产品服务系统开发的研究，Mustak 等[196]认为客户参与是指产品和服务的消费者与企业共享创新技术及知识的过程。刘伟等[197]、丁志慧等[198]研究了客户参与新产品开发的最优策略选择问题。也有学者研究了客户参与对产品服务系统开发过程和绩效的影响。例如，李浩等[199]研究了客户满意度对企业产品服务系统在各阶段的实施类别和服务模式的影响。曾经莲和简兆权[134]认为客户通过参与产品服务系统开发，不仅实现了自我价值，而且提升了产品服务的价值。Veselaj 和 Torfason[200]研究了客户参与新产品开发和服务开发对企业创新绩效的影响。他们认为在早期阶段，客户参与对产品开发绩效更重要；在发布阶段，客户参与对服务开发绩效更重要。罗建强等[174,201]研究了客户参与度、服务广度与深度等对产品服务系统开发绩效的影响。Orellano 等[202]考虑客户参与在产品服务系统设计过程中的战略定位，研究了产品服务系统设计早期阶段和价值共创的各项关键要素。

赵晓煜和孙梦迪[203]对客户导向性进行了划分，研究了产品服务系统中的客户导向性与关系承诺之间的关系。Orellano 等[202]考虑客户参与在产品服务系统设计过程中的战略定位，研究了产品服务系统设计早期阶段和价值共创的各项关键要素。耿秀丽和潘亚虹[204]提出了一种基于用户体验的产品服务系统重要度的判断方法，为产品服务系统相关模块的再设计提供了依据。

可见，客户参与在智能产品服务系统的开发过程中起到了重要的作用，所以需要激励客户积极主动地参与智能产品服务系统的开发。

有关客户参与创新的激励问题的研究，鲁芳等[205]运用委托代理理论，研究了信息对称及信息不对称条件下，客户参与程度、激励系数，服务供应商的专用性资产投入水平、努力程度等因素对客户参与服务外包激励机制的影响。Scaringella 等[206]认为具有较强知识吸收能力的企业能够激励客户参与产品创新。李一等[207]认为企业与客户之间的相互信任有利于促进客户参与。李正卫等[208]认为随着客户参与程度的深入，企业与客户的创新能力以及两者之间的互动程度也随之增加。Wang 等[209]研究了企业制度对客户参与新产品开发的影响。谢明磊和刘德胜[210]认为中小企业与客户之间的相互信任关系能够正向促进客户参与新产品开发。

综上所述，有关客户参与产品服务系统开发的研究，学者们主要研究了客户参与的概念、表现形式、最优策略选择以及客户参与对产品服务系统开发过程和绩效的影响等问题；有关客户参与创新的激励问题的研究，学者们主要研究了客户参与创新的动机和行为，以及激励机制设计的影响因素和方法等。但是，学者们大多研究的是客户参与新产品研发及服务外包的激励问题，很少有学者研究客户参与智能产品服务系统开发的激励问题。因此，本书运用完全信息静态博弈理论，构建客户参与智能产品服务系统开发的激励博弈模型，并对模型进行均衡分析和算例验证，从而得出相应的研究结论，为制造企业激励客户主动参与智能产品服务系统开发提供相应的管理策略。

7.1.2　制造企业与客户的合作协调博弈模型

1. 模型假设

在客户参与智能产品服务系统开发的激励博弈模型中，主要包括制造企业和客户两个主要的利益主体；制造企业和客户都知道对方的策略空间和相应效用，且双方均为理性决策主体。

在不考虑其他因素的条件下，客户有两种策略可以选择：一种策略是，参与智能产品服务系统开发（简称参与），即将自身先进的智能制造技术和知识与制造企业共享，参与到智能产品服务系统的设计与改良过程中；另一种策略是，不参与智能产品服务系统开发（简称不参与）。

同时，制造企业也有两种策略可以选择：一种策略是激励，即采取激励策略促使客户参与智能产品服务系统开发；另一种策略是不激励。制造企业与客户合作激励博弈的四种策略组合如表 7－1 所示。

表 7－1　制造企业与客户合作激励博弈的策略组合矩阵

制造企业	客户	
	参与	不参与
激励	（激励，参与）	（激励，不参与）
不激励	（不激励，参与）	（不激励，不参与）

2. 参数设定

（1）制造企业与客户的初始收益分别为 W_i、W_c；

（2）若制造企业选择激励策略，则制造企业的激励成本为 C_{i1}，客户因制造企业激励而获得的报酬也为 C_{i1}；

(3)若客户选择参与策略,则制造企业与客户的收益增量分别为 ΔW_i、ΔW_c,制造企业与客户联合进行智能产品服务系统开发,它们支付的成本分别为 C_{i2}、C_c;

(4)若制造企业选择激励策略,但客户却选择不参与策略,则因客户不参与智能产品服务系统开发,而给制造企业造成的损失为 L_i;为了防止因客户违约而对制造企业的核心知识及技术造成重大损失,规定客户在违约时,需要向制造企业缴纳一定的罚金,所以设客户向制造企业缴纳的违约罚金为 F_c。

综上所述,在四种策略组合下,制造企业与客户合作激励博弈的收益矩阵如表 7-2 所示。

表 7-2 制造企业与客户合作激励博弈的收益矩阵

制造企业	客户	
	参与	不参与
激励	$(W_i+\Delta W_i-C_{i1}-C_{i2},$ $W_c+\Delta W_c-C_c+C_{i1})$	$(W_i-C_{i1}-L_i+F_c,$ $W_c+C_{i1}-F_c)$
不激励	$(W_i+\Delta W_i-C_{i2},$ $W_c+\Delta W_c-C_c)$	(W_i, W_c)

7.1.3 制造企业与客户的合作协调博弈均衡分析

在短期均衡中,采用划线法求该博弈模型的纳什均衡解,对该博弈模型做如下分析:

在客户选择参与策略的条件下,显然制造企业选择激励策略的收益小于选择不激励策略的收益,即 $W_i+\Delta W_i-C_{i1}-C_{i2}<W_i+\Delta W_i-C_{i2}$,在这种情况下:

(1)若 $W_c+\Delta W_c-C_c>W_c$,即客户选择参与策略的收益大于选择不参与策略的收益,由以上公式简化可得 $\Delta W_c>C_c$,说明即使制造企业不激励,客户参与智能产品服务系统开发所获得的收益增量仍然大于其付出的成本,此时,客户将会选择参与策略。对于制造企业而言,在无须付出激励成本而获得收益增量时,则将会选择不激励策略,此时存在唯一的纳什均衡解:(不激励,参与)。

(2)若 $W_c+\Delta W_c-C_c<W_c$,即客户选择参与策略的收益小于选择不参与策略的收益,由以上公式简化可得 $\Delta W_c<C_c$,即客户参与智能产品服务系统开发所获得的收益增量无法弥补其付出的成本,此时,客户将会选择不参与策略。在该情形下,应进一步讨论制造企业策略选择的收益,又可分为以下两种情况讨论:

①若 $W_i-C_{i1}-L_i+F_c<W_i$,即制造企业选择激励策略的收益小于选择不激励策略的收益,由以上公式简化可得 $F_c<C_{i1}+L_i$,说明如果制造企业选择激励策略,则会付出一定的激励成本,但客户仍然选择不参与策略,这将会对制造企业造成一定的损失,且客户缴纳的罚金仍然无法弥补制造企业的激励成本和损失之和,所

以制造企业将会选择不激励策略，此时有唯一的纳什均衡解：(不激励，不参与)。

②若 $W_i - C_{i1} - L_i + F_c > W_i$，即制造企业选择激励策略的收益大于选择不激励策略的收益，由以上公式简化可得 $F_c > C_{i1} + L_i$，即制造企业可以通过对客户的罚金来弥补其激励成本和损失，此时，制造企业将会选择激励策略。在该情形下，应进一步讨论客户策略选择的收益情况，又可分为以下两种情况讨论：

A. 若 $W_c + \Delta W_c - C_c + C_{i1} < W_c + C_{i1} - F_c$，即客户选择参与策略的收益小于选择不参与策略的收益，由以上公式简化可得 $C_c - \Delta W_c > F_c$，即客户参与智能产品服务系统开发所付出的成本过大，在制造企业对其不参与行为的惩罚程度较小时，客户宁愿交罚金，也不愿参与智能产品服务系统开发，此时有唯一的纳什均衡解：(激励，不参与)。

B. 若 $W_c + \Delta W_c - C_c + C_{i1} > W_c + C_{i1} - F_c$，即客户选择参与策略的收益大于选择不参与策略的收益，由以上公式简化可得 $C_c - \Delta W_c < F_c$，即当制造企业对客户不参与行为的惩罚力度足够大时，客户将选择参与策略。但此时的博弈是一个零和博弈，即博弈收益矩阵中，没有纯策略纳什均衡，使得博弈双方同时达到各自收益最大化，因此，应考虑混合策略。

设制造企业选择激励策略的概率为 α，则选择不激励策略的概率为 $1-\alpha$；客户选择参与策略的概率为 β，则选择不参与策略的概率为 $1-\beta$，其中，$0 \leqslant \alpha \leqslant 1$，$0 \leqslant \beta \leqslant 1$。此时，制造企业与客户合作激励博弈的收益矩阵如表 7-3 所示。

表 7-3 混合策略情况下，制造企业与客户合作激励博弈的收益矩阵

制造企业	客户	
	参与(β)	不参与($1-\beta$)
激励(α)	$(W_i + \Delta W_i - C_{i1} - C_{i2}, W_c + \Delta W_c - C_c + C_{i1})$	$(W_i - C_{i1} - L_i + F_c, W_c + C_{i1} - F_c)$
不激励($1-\alpha$)	$(W_i + \Delta W_i - C_{i2}, W_c + \Delta W_c - C_c)$	(W_i, W_c)

制造企业的期望效用函数为

$$\pi_1(\alpha,\beta) = \alpha[\beta(W_i + \Delta W_i - C_{i1} - C_{i2}) + (1-\beta)(W_i - C_{i1} - L_i + F_c)] + (1-\alpha)[\beta(W_i + \Delta W_i - C_{i2}) + (1-\beta)W_i]$$

令 $\frac{\partial \pi_1(\alpha,\beta)}{\partial \alpha} = 0$，得

$$\beta = \frac{F_c - C_{i1} - L_i}{F_c - L_i} = 1 - \frac{C_{i1}}{F_c - L_i} \tag{7.1}$$

客户的期望效用函数为

$$\pi_2(\alpha,\beta) = \beta[\alpha(W_c + \Delta W_c + C_{i1} - C_c) + (1-\alpha)(W_c + \Delta W_c - C_c)] + (1-\beta)[\alpha(W_c + C_{i1} - F_c) + (1-\alpha)W_c]$$

令 $\frac{\partial \pi_2(\alpha,\beta)}{\partial \beta} = 0$，得

$$\alpha = \frac{C_c - \Delta W_c}{F_c} \tag{7.2}$$

由式(7.1)可知：因为 $0 \leqslant \beta \leqslant 1$，只有当 $F_c > C_{i1} + L_i$ 时，β 才有意义。这表明：只有当制造企业对客户不参与行为的惩罚力度足够大，且能够弥补制造企业的激励成本和损失时，混合策略博弈分析才有意义。

β 是 C_{i1} 和 L_i 的减函数。从经济利益的角度考虑，C_{i1} 越大，即制造企业的激励成本越大时，制造企业越不愿意进行激励；L_i 越大，即因客户不参与而给制造企业带来的损失越大时，制造企业的激励积极性越小。在这种情况下，客户获得的激励报酬将会减少，以至于无法弥补其支付的参与成本，还可能导致客户的参与成本大于其获得的收益，所以客户将不愿意参与智能产品服务系统开发。可见，在制造企业的激励积极性下降的前提下，客户的参与积极性也随之下降。

β 是 F_c 的增函数。从经济利益的角度考虑，当 F_c 增加时，β 也随之增加，即当客户缴纳的罚金增加时，客户越倾向于采取参与策略，同时当制造企业获得的罚金能够弥补其激励成本和损失时，制造企业的激励积极性也会提高。

由式(7.2)可知：

因为 $0 \leqslant \alpha \leqslant 1$，只有当 $C_c - \Delta W_c < F_c$ 时，α 才有意义。这表明：只有当客户的参与成本适当，且制造企业对其不参与行为的惩罚足够大时，混合策略博弈分析才有意义。

α 是 F_c 和 ΔW_c 的减函数。F_c 越大，即制造企业对客户的罚金越大，客户采取不参与行为所面临的压力越大，此时客户将会参与智能产品服务系统开发；ΔW_c 越大，意味着客户参与智能产品服务系统开发所获得的收益增量越大，客户的参与积极性越高。在这种情况下，制造企业采取激励策略的可能性反而下降，即制造企业越倾向于采取不激励策略。

α 是 C_c 的增函数。C_c 增大，意味着客户参与成本的增加，将导致客户的参与意愿降低。由于制造企业更希望客户能够参与智能产品服务系统开发，故制造企业选择激励策略的可能性将会增加。此时，制造企业将会采取各种激励措施，以增加对客户的激励报酬，从而在一定程度上弥补客户的参与成本，提高客户参与的积极性。

研究结论：在制造企业与客户的激励博弈模型中，共有 3 个纯策略纳什均衡解：(不激励，参与)、(不激励，不参与)和(激励，不参与)。其中，(不激励，参与)策略是制造企业与客户双方博弈的最优纳什均衡策略，即在制造企业与客户的合作过程中，客户能够在制造企业不激励的情况下，主动参与智能产品服务系统开发。由以上分析可得，实现该均衡的条件是 $\Delta W_c > C_c$，即客户参与智能产品服务系统开发所获得的收益增量大于其付出的成本。为了满足这个条件，制造企业需要不断加强与客户的合作，对参与智能产品服务系统开发的客户，给予更多的激励。在其他两个均衡中，客户将会选择不参与策略。由于制造企业对客户进行激励，制造企业获得的收益小于其付出的激励成本，因此，制造企业将会选择不激励策略，双方企业之间的博弈策略为(不激励，不参与)。而(激励，不参与)策略反映了制造企业激励机制的失灵。这是因为制造企业对客户的激励和惩罚程度不够，导致无论制造企业是否激励，客户都不愿意参与智能产品服务系统开发。

在混合策略情况下，制造企业和客户将会以一定的概率选择(激励，参与)策略。制造企业选择激励策略的概率与客户的参与成本正相关，与客户的收益增量、客户缴纳的罚金负相关；客户选择参与策略的概率与客户缴纳的罚金正相关，与制造企业的激励成本和损失负相关。可见，当制造企业激励客户参与，客户选择不参与策略时，制造企业将会加大对客户的惩罚力度，以迫使客户选择参与策略。所以，在这种情况下，一方面，制造企业应采取各种激励措施，以促使客户参与智能产品服务系统开发；另一方面，也应采取相应的惩罚措施，以防止客户的投机行为。

7.1.4　案例分析

1. 企业简介

陕西伟志集团股份有限公司(以下简称伟志集团)成立于1987年。公司从德国和日本引进了多条现代化生产线，500余家特许加盟专卖店分布在西北、西南、西北、华北、华东、华中等各个地区。公司本着“诚信、智慧、善意、勤奋”的理念，成功制定了“不满意退货”的服务义务，在持续创新和完善产品和服务的努力下，实现了公司持续稳定的发展。目前，伟志集团已逐步建立起以服装为核心、其他行业业务为辅助的多元化产业集团。

2. 伟志集团智能化转型升级的演化路径分析

伟志集团进行智能化转型升级的发展路径主要包括业务流程智能化、制造智能化和服务智能化，如图7-1所示。

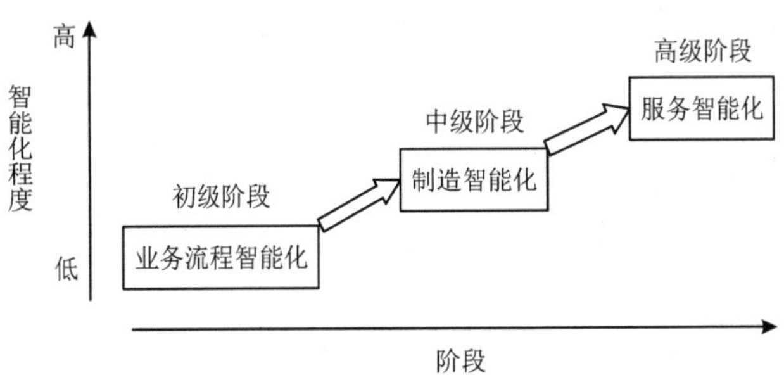

图7-1　伟志集团智能化转型的演化路径

1)**阶段一:业务流程智能化**

为了提升自身的供应链协同水平,伟志集团与海尔集团的卡奥斯平台(COSMOPlat)深度合作,卡奥斯平台为伟志集团定制化开发和部署了一整套软硬件。通过这一套软硬件,伟志集团可以达到整个业务流程的自动化运作,实现了全流程数字化驱动和网络化协同。同时,以卡奥斯平台为依托,借助供应链采购系统、智能制造执行系统、智能仓储系统,实现了数智化管理。

由此可知,这一过程是伟志集团智能化转型的初级阶段——业务流程智能化阶段,如图 7-2 所示。伟志集团将信息化技术与公司自身实际情况紧密结合,利用软硬件和信息系统实现了企业的整个业务流程的数据共享和协同。在此阶段,伟志集团借助 COSMOPlat 平台,激励客户参与定制化服装的设计研发与生产。客户可提出智能化、数字化的需求,参与企业供应链的全流程,包括智能化生产过程等。

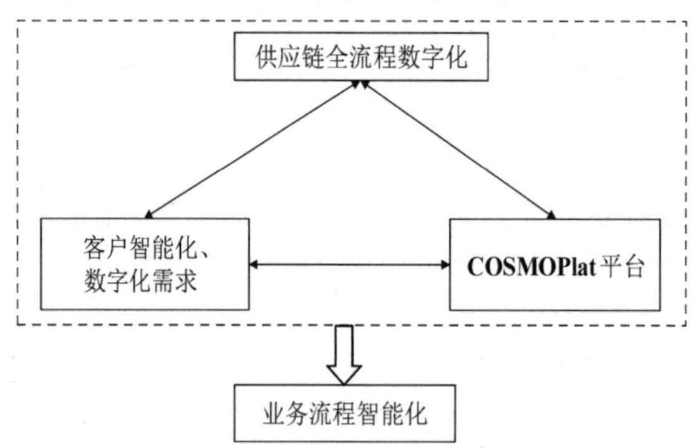

图 7-2 伟志集团的业务流程智能化

2)**阶段二:制造智能化**

伟志集团通过学习国内外知名智能制造企业的相关经验,最终建立了智能制造生产线。在智能化生产线上,衣服具有自己独特的物联网卡——智能 IC 卡,其包括用户提供的尺寸、面料、版式等需求信息。在每个工位的工业平板电脑感应模块刷完 IC 卡后,与 5G 互联网数据平台关联,为班组或工人提供工艺、计数、后台进度、有无差错、完成情况等查询功能,大大提升了生产效率,减少了交货周期,完成了数据智能驱动的大规模生产。

由此可知,这一过程是伟志集团智能化转型的中级阶段——制造智能化阶段,如图 7-3 所示。伟志集团为了实现服装的智能化生产,通过应用物联网、5G 等新一代信息技术,建立了智能化生产线,显著地提升了生产效率和产品生产智能化水平。在此阶段,伟志集团激励客户参与智能化生产线,对智能化服装研发提出创意需求,并参与到智能化服装的研发和生产过程。

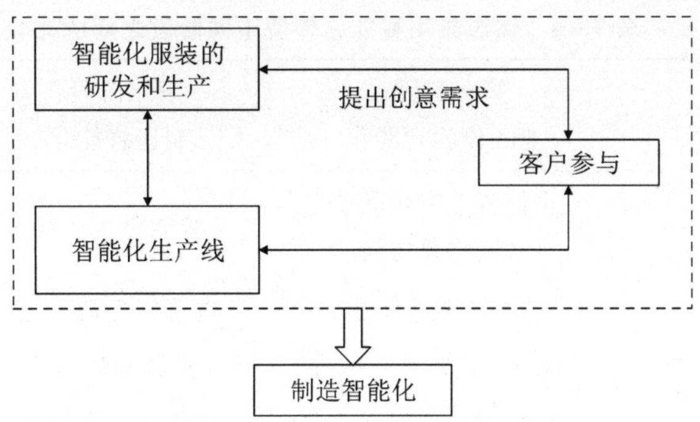

图 7-3　伟志集团的制造智能化

3)**阶段三:服务智能化**

为实现客户对产品个性化、多样化的目标,伟志集团积极推动生产方式和经营思维的转变。以互联网思维和服装智能技术为依托,在智能制造系统的支持下,构建了个性化定制生产线,客户远程下单,系统快速完成板型配对,经过一系列智能化的流程处理,最终达到了为客户提供智能化的个性化定制服务的目的。

由此可知,这一过程是伟志集团智能化转型的高级阶段——服务智能化阶段,如图 7-4 所示。伟志集团为了满足客户的个性化、多元化需求,通过互联网思维和服装智能技术的应用,借助个性化定制生产线和智能制造系统为客户提供个性定制化服务,在一定程度上提高了客户的满意度和企业的智能化水平。在此阶段,借助人工智能技术与智能制造系统,伟志集团与客户进行价值共创,共同进行智能化、定制化服装产品的设计、研发、生产和销售等其他业务。

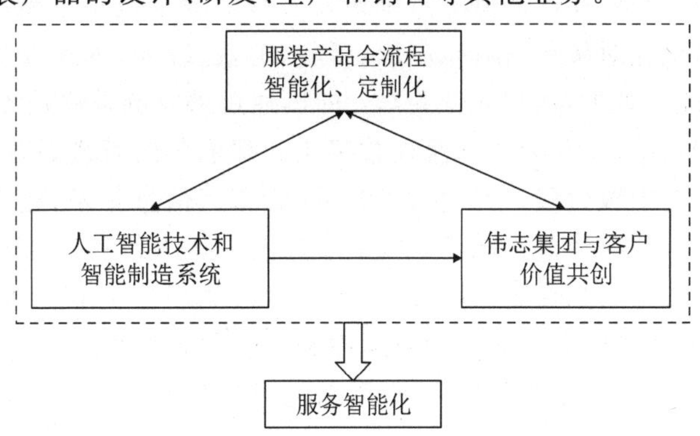

图 7-4　伟志集团的服务智能化

3. 不同阶段之间的比较

从具体应用、数字化能力、运营方式平台化能力、智能化程度等方面,对伟志集团智能化转型不同阶段进行比较,如表 7-4 所示。

表 7-4 伟志集团智能化转型不同阶段之间的比较

方面	第一阶段：业务流程智能化	第二阶段：制造智能化	第三阶段：服务智能化
具体应用	全流程数字化驱动和网络化协同	智能化生产线	个性化定制生产线智能制造系统
数字化能力	业务流程数字化	制造管理数字化	个性化定制服务
运营方式平台化能力	软硬件、信息系统平台	5G 互联网数据平台	板型数据库
智能化程度	智能化程度低	智能化程度较高	智能化程度最高

由表 7-4 可知，第一阶段主要完成了业务流程方面的智能化转型，此阶段的智能程度较低，主要是利用软硬件和信息系统实现了企业的整个业务流程的数据共享和协同；第二阶段主要完成了制造智能化，与第一阶段相比，此阶段的智能化程度较高，主要通过智能化生产线和 5G 互联网数据平台实现高效率生产；第三阶段实现了服务方面的智能化转型，此阶段的智能化程度最高，主要通过个性化定制生产线和智能制造系统，借助板型数据库的支持，达到为客户提供优质快速的个性化定制服务的目的。因此，随着伟志集团智能化服务的不断深入，其智能化程度越来越高，客户参与程度也在不断加强，数字化技术使企业自身和客户获得的价值增值也越来越高。

4. 案例启示

我国服装类制造企业进行智能化转型主要经历了三个阶段，随着转型阶段的逐渐深入，客户参与智能产品服务系统研发过程的程度也在不断增强。在初级阶段，服装类制造企业对接单、排产、制版、备料、剪裁、缝纫、入库发货等全部业务流程利用软硬件统一管理，数据充分共享，并且，通过供应链采购系统、智能制造执行系统、智能仓储系统，实现业务全流程数字化和智能化的管理，这一阶段实现了业务流程智能化；在中级阶段，借助物联网、5G 等新兴信息技术，建立了互联网数据平台和智能化生产线，以此提高了工人的生产效率和产品生产的智能化水平，这一阶段实现了制造智能化；在高级阶段，为推进服装类制造企业智能化发展的步伐，服装类制造企业通过建立衣服板型数据库和个性化定制生产线，借助智能制造系统，为客户提供个性化、定制化服务，此阶段完成了服务智能化。

7.1.5 算例验证

基于以上案例背景，并根据相关文献研究，对所建博弈模型的各参数进行赋值和算例验证。由于(不激励，参与)策略、(激励，参与)策略分别是纯策略和混合策略中的典型策略，因此，主要对以上两种策略进行算例验证，并采用 MATLAB 软件进行相应的数值仿真。

1. 唯一纳什均衡策略

设制造企业的初始收益 W_i 为 8 万元，客户的初始收益 W_c 为 4 万元。

(1)若客户选择参与策略，则制造企业进行智能产品服务系统开发所付出的成本 C_{i2} 为 2 万元，同时支付的激励成本 C_{i1} 为 3 万元，获得的收益增量 ΔW_i 为 5 万元；此时，客户获得的收益增量 ΔW_c 为 3 万元，付出相应的参与成本 C_c 为 2 万元，并获得制造企业的激励报酬 C_{i1} 为 3 万元；

(2)若制造企业选择激励策略，而客户却选择不参与策略，则会给制造企业造成损失 L_i 为 2 万元，此时，客户需要向制造企业缴纳的罚金 F_c 为 2 万元。该情况下，双方企业策略选择的收益矩阵如表 7－5 所示。

表 7－5　双方企业策略选择的收益矩阵(算例 1)　　单位：万元

制造企业	客户	
	参与	不参与
激励	(8,8)	(5,5)
不激励	(11,5)	(8,4)

在上述参数取值的条件下，由表 7－5 可知，在客户选择参与策略的条件下，制造企业选择激励策略的收益为 8 万元，选择不激励策略的收益为 11 万元，显然 8 万元＜11 万元，此时，制造企业将会选择不激励策略；同时，客户获得的收益增量($\Delta W_c = 3$ 万元)，大于其付出的参与成本($C_c = 2$ 万元)，即客户参与智能产品服务系统开发所获得的收益增量能够弥补其付出的参与成本，此时，客户将会选择参与策略。因此，在这种情况下，制造企业与客户的策略组合为(不激励，参与)，对应的收益组合：(11,5)是该博弈模型的唯一纳什均衡解。

2. 混合策略

设制造企业的初始收益 W_i 为 8 万元，客户的初始收益 W_c 为 4 万元。

(1)若客户选择参与策略，则制造企业进行智能产品服务系统开发所付出的成本 C_{i2} 为 2 万元，同时支付的激励成本 C_{i1} 为 1 万元，获得的收益增量 ΔW_i 为 5 万元；此时，客户获得的收益增量 ΔW_c 为 2 万元，付出相应的参与成本为 C_c 为 3 万元，并获得制造企业的激励报酬 C_{i1} 为 1 万元；

(2)若制造企业选择激励策略，而客户却选择不参与策略，则会给制造企业造成损失 L_i 为 1 万元，此时，客户需要向制造企业缴纳的罚金 F_c 为 3 万元。该情况下，双方企业策略选择的收益矩阵如表 7－6 所示。

表 7－6　双方企业策略选择的收益矩阵(算例 2)　　单位：万元

制造企业	客户	
	参与(β)	不参与($1-\beta$)
激励(α)	(10,4)	(9,2)
不激励($1-\alpha$)	(11,3)	(8,4)

在上述参数取值的条件下，由表 7－6 可知，该博弈的收益矩阵没有纯策略的纳什均衡解，因此，需要考虑混合策略。

将上述参数取值分别代入式(7.1)和式(7.2)，可得 $\alpha=0.3333$，$\beta=0.5$，即制造企业以 33.33％的概率选择激励策略，客户以 50％的概率选择参与策略。

3. α 和 β 的影响因素验证

1）***关于 α 的影响因素的验证***

验证客户的参与成本 C_c、收益增量 ΔW_c 对制造企业选择激励策略概率 α 的影响，如图 7－5、图 7－6 所示。

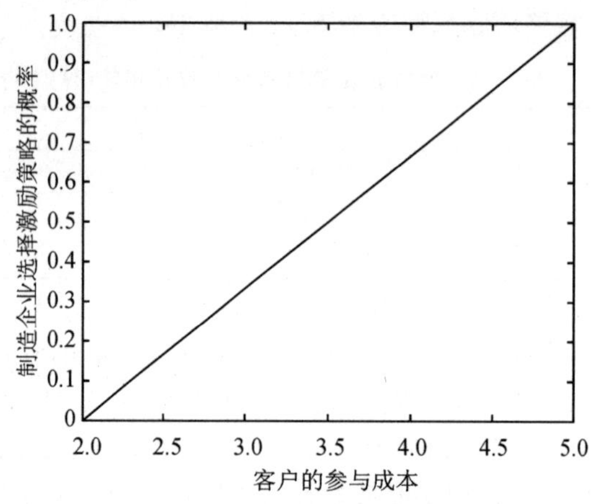

图 7－5 客户的参与成本对制造企业选择激励策略概率的影响

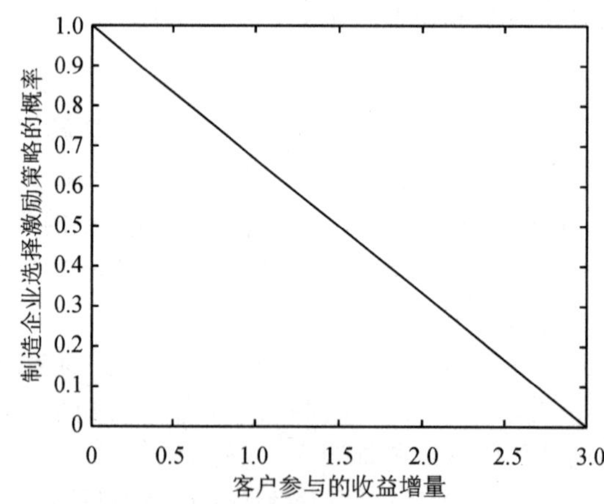

图 7－6 客户参与的收益增量对制造企业选择激励策略概率的影响

由图 7－5、图 7－6 可知，随着客户参与成本的增加，制造企业选择激励策略的概率相应增加；随着客户参与的收益增量的增加，制造企业选择激励策略的概率反而越小。说明，制造企业选择激励策略的概率 α 是客户的参与成本 C_c 的增函数，它们呈正相关关系；制造企业选择激励策略的概率 α 是客户参与的收益增量 ΔW_c 的减函数，它们呈负相关关系。同理，也可验证制造企业选择激励策略的概率 α 是客户缴纳的罚金 F_c 的减函数，它们呈负相关关系。

2)**关于 β 的影响因素的验证**

验证制造企业的激励成本 C_{i1}、客户缴纳的罚金 F_c 对客户选择参与策略概率 β 的影响，如图 7-7、图 7-8 所示。

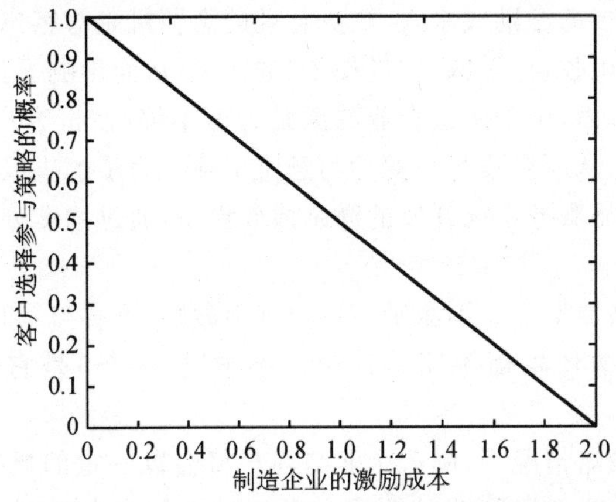

图 7-7 制造企业的激励成本对客户选择参与策略概率的影响

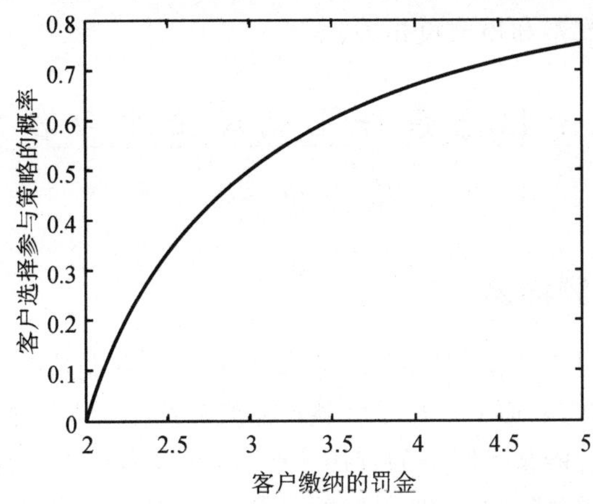

图 7-8 客户缴纳的罚金对其选择参与策略概率的影响

由图 7-7、图 7-8 可知，制造企业的激励成本越大，客户选择参与策略的概率反而越小；客户缴纳的罚金增加，客户选择参与策略的概率也相应增加。说明，客户选择参与策略的概率 β 是制造企业的激励成本 C_{i1} 的减函数，它们呈负相关关系；客户选择参与策略的概率 β 是客户缴纳的罚金 F_c 的增函数，它们呈正相关关系。同理,也可验证客户选择参与策略的概率 β 是制造企业的损失 L_i 的减函数,它们呈负相关关系。

7.1.6 研究总结

为了更好地进行智能化转型,我国很多制造企业选择激励客户参与智能产品服务系统的开发。在制造企业激励客户参与的过程,存在信息不对称的情况,使得制造企业难以了解客户的参与意愿,从而导致出现以下两个方面的问题:一方面,制造企业投入较多的激励成本,但缺少合理的惩罚机制对客户行为进行约束,使得客户为了获得投机收益,采取了“搭便车”的行为,从而影响了智能产品服务系统的开发绩效;另一方面,由于制造企业的激励力度不够,使得客户无法在参与过程中获得较多的收益,从而导致客户的参与意愿下降。为了解决以上问题,本书建立了客户参与智能产品服务系统开发的激励博弈模型,通过均衡分析和算例验证,得出以下研究结论:

(1)在纯策略情况下,(不激励,参与)、(不激励,不参与)和(激励,不参与)是制造企业与客户的纳什均衡策略。其中,(不激励,参与)是它们的最优纳什均衡策略。

(2)在混合策略情况下,制造企业与客户将会以一定的概率选择(激励,参与)策略;制造企业选择激励策略的概率与客户的参与成本正相关,与客户的收益增量、客户缴纳的罚金负相关;客户选择参与策略的概率与其缴纳的罚金正相关,与制造企业的激励成本和损失负相关。

7.2 不完全信息条件下制造企业与客户的合作协调机制

7.2.1 问题描述

为了满足客户个性化、多样化的需求,我国的一些制造企业探索将产品与人工智能技术服务融合,从而衍生出了智能产品服务系统。在智能产品服务系统中,客户是产品和人工智能技术服务的直接体验者,所以客户参与智能产品服务系统开发,不仅能够提出智能产品服务系统的研发创意,还能够对其研发过程提出改良意见,并对其研发结果进行体验和测试。这将有利于制造企业将客户的创新思想融入智能产品服务系统的开发过程中,为客户提供更优质的产品和人工智能技术服务。因此,很多制造企业都希望将客户纳入智能产品服务系统的研发过程中,并与客户共同进行智能产品服务系统的设计与开发。随着新一代信息技术的发展,客户参与智能产品服务系统开发的途径变得更广,客户参与的意愿增强,希望将个性化的需求，以及关于产品使用、服务享受过程中的意见和想法与制造企业共享，以满足自身的需求。

但是，由于存在信息不对称和有限理性的问题，制造企业与客户在共同参与智能产品服务系统开发前，制造企业无法完全了解客户参与的真实意愿和想法，客户也无法判断制造企业的激励意愿，使得制造企业无法采取有针对性的激励措施促使客户参与智能产品服务系统开发；同时，客户也无法选择最优的参与策略，最终降低了客户参与智能产品服务系统开发的创新绩效。因此，需要研究客户参与智能产品服务系统开发的影响因素，以及这些因素对博弈双方策略选择演化路径的影响，以制定相应的激励措施。

为了解决以上问题，在不完全信息和有限理性条件下，本书运用演化博弈理论，建立了客户参与智能产品服务系统开发激励的演化博弈模型，对模型进行求解和分析，并以西电集团的案例为背景，对各类影响因素对系统演化路径的影响进行数值模拟分析，从而得出相应的研究结论和管理启示。

由于制造企业与客户是有限理性的，在客户参与智能产品服务系统开发过程中，一方面，制造企业希望客户能够积极主动地参与智能产品服务系统开发；另一方面，客户也希望能将自身个性化需求和使用经验与制造企业分享。制造企业的策略选择集合是{激励，不激励}，客户的策略选择集合是{参与，不参与}。在双方企业博弈过程中，它们都会根据对方的策略选择动态地调整自身的策略，所以制造企业与客户之间构成了双向和动态的博弈过程。客户参与智能产品服务系统开发激励博弈的动态过程如图 7-9 所示。

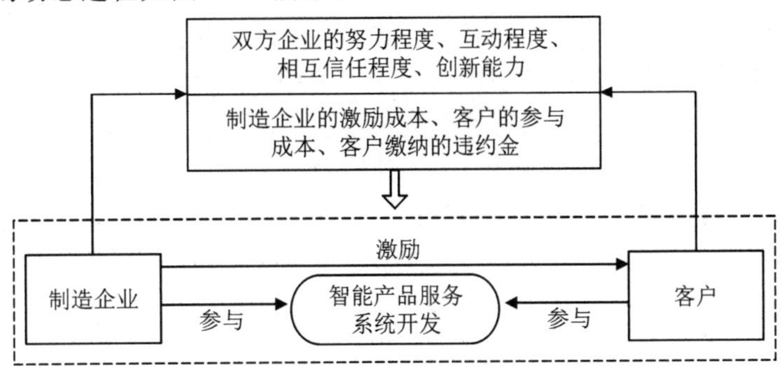

图 7-9　客户参与智能产品服务系统开发激励博弈的动态过程

在客户参与智能产品服务系统开发的激励博弈过程中，制造企业与客户签订了相关合作协议，以规范它们的合作行为。制造企业与客户的策略选择，一方面，在一定程度上受到了双方企业的努力程度、互动程度、相互信任程度以及创新能力的影响；另一方面，也在一定程度上受到了制造企业付出的激励成本、客户付出的参与成本，以及客户缴纳的违约金的影响。制造企业与客户将会根据这些影响因素以及对方企业的策略选择,动态地调整自身的策略。所以,客户参与智能产品服务系统开发激励博弈是动态变化的过程。

从客户策略选择的视角,分析客户参与智能产品服务系统激励博弈的动态过程,当客户的努力程度、创新能力、与制造企业的互动程度、对制造企业的信任程度越大时,客户将会获得更多的收益,这使得客户更倾向于选择参与策略;当客户缴纳的违约金金额越大时,对客户的参与行为约束力越强,客户也将越倾向于选择参与策略;当制造企业的激励成本越大时,制造企业的激励意愿也将越低,这将促使客户更倾向于选择不参与策略。同理,也可以从制造企业策略选择的视角,分析客户参与智能产品服务系统开发激励博弈的动态过程。

7.2.2 模型假设与参数设定

1. 模型假设

(1)假设:若制造企业与客户合作进行智能产品服务系统开发,将会依据双方企业的创新能力、努力程度、互动程度和相互信任程度,对它们共同创造的总收益进行分配;若客户违约,则会给制造企业造成一定的损失,此时客户需向制造企业缴纳一定的违约金。

(2)参与主体:在客户参与智能产品服务系统开发的激励博弈模型中,主要包括制造企业和客户两个主要的利益主体;参与主体的信息不对称,且作为有限理性人,需要通过不断学习和模仿,以找到能使自己利益最大化的策略。

(3)行动:在不考虑其他因素的条件下,制造企业有两种策略可以选择,一种策略是激励,即采取激励策略促使客户参与智能产品服务系统开发;另一种策略是不激励。同时,客户也有两种策略可以选择,一种策略是参与智能产品服务系统开发(简称参与),即将自身先进的智能制造技术和知识与制造企业共享,参与到智能产品服务系统的设计与改良过程中;另一种策略是不参与智能产品服务系统开发(简称不参与)。博弈双方策略选择如下:

制造企业={激励,不激励};合作伙伴={参与,不参与}。

(4)策略组合:制造企业与客户合作激励博弈的策略组合矩阵如表 7-7 所示。

表 7-7 制造企业与客户合作激励博弈的策略组合矩阵

制造企业	客户	
	参与	不参与
激励	(激励,参与)	(激励,不参与)
不激励	(不激励,参与)	(不激励,不参与)

2. 参数设定

(1)设制造企业与客户的初始收益分别为 W_i、W_c;

(2)制造企业与客户的努力程度分别为 α_i、α_c（$0\leqslant\alpha_i\leqslant1$，$0\leqslant\alpha_c\leqslant1$）；制造企业与客户的互动程度分别为 β_i、β_c（$0\leqslant\beta_i\leqslant1$，$0\leqslant\beta_c\leqslant1$）；制造企业与客户的创新能力分别为 δ_i、δ_c（$0\leqslant\delta_i\leqslant1$、$0\leqslant\delta_c\leqslant1$）；制造企业对客户的信任程度为 ζ_i（$0\leqslant\zeta_i\leqslant1$），客户对制造企业的信任程度为 ζ_c（$0\leqslant\zeta_c\leqslant1$）；制造企业与客户共同创造的总收益为 U，则制造企业获得的收益增量为 $\alpha_i\beta_i\delta_i\zeta_iU$，客户获得的收益增量 $\alpha_c\beta_c\delta_c\zeta_cU$。

(3)制造企业支付的激励成本为 C_{i1}，付出的参与成本为 C_{i2}；客户获得制造企业的激励报酬为 C_{i1}，付出的参与成本 C_c。

(4)由于客户违约而给制造企业造成的损失为 L_i，客户缴纳的违约金为 F_c。

(5)设制造企业选择激励策略的比例为 x，选择不激励策略的比例为 $1-x$（$0\leqslant x\leqslant1$）；客户选择参与策略的比例为 y，选择不参与策略的比例为 $1-y$（$0\leqslant y\leqslant1$）。

7.2.3　演化博弈模型构建

综上所述，在四种策略组合下，制造企业与客户合作激励博弈的收益矩阵如表7-8所示。

表7-8　制造企业与客户合作激励博弈的收益矩阵

制造企业	客户	
	参与（y）	不参与（$1-y$）
激励（x）	（$W_i+\alpha_i\beta_i\delta_i\zeta_iU-C_{i1}-C_{i2}$，$W_c+\alpha_c\beta_c\delta_c\zeta_cU+C_{i1}-C_c$）	（$W_i-C_{i1}-L_i+F_c$，$W_c+C_{i1}-F_c$）
不激励（$1-x$）	（$W_i+\alpha_i\beta_i\delta_i\zeta_iU-C_{i2}$，$W_c+\alpha_c\beta_c\delta_c\zeta_cU-C_c$）	（W_i，W_c）

制造企业选择激励策略和不激励策略的期望收益分别为 E_{i1}、E_{i2}，平均期望收益为 $\overline{E}_i$，由收益矩阵可得

$$E_{i1}=y(W_i+\alpha_i\beta_i\delta_i\zeta_iU-C_{i1}-C_{i2})+(1-y)(W_i-C_{i1}-L_i+F_c) \tag{7.3}$$

$$E_{i2}=y(W_i+\alpha_i\beta_i\delta_i\zeta_iU-C_{i2})+(1-y)W_i \tag{7.4}$$

$$\overline{E}_i=xE_{i1}+(1-x)E_{i2} \tag{7.5}$$

则制造企业选择激励策略的复制动态方程为

$$M=\frac{\mathrm{d}x}{\mathrm{d}t}=x(E_{i1}-\overline{E}_i)=x(1-x)[-y(F_c-L_i)+F_c-L_i-C_{i1}] \tag{7.6}$$

客户选择参与和不参与策略的期望收益分别为 E_{c1}、E_{c2}，平均期望收益为 $\overline{E}_c$，由收益矩阵可得

$$E_{c1}=x(W_c+\alpha_c\beta_c\delta_c\zeta_cU+C_{i1}-C_c)+(1-x)(W_c+\alpha_c\beta_c\delta_c\zeta_cU-C_c) \tag{7.7}$$

$$E_{c2}=x(W_c+C_{i1}-F_c)+(1-x)W_c \tag{7.8}$$

$$\overline{E}_c = yE_{c1} + (1-y)E_{c2} \tag{7.9}$$

则客户选择参与策略的复制动态方程为

$$N = \frac{dy}{dt} = y(E_{c1} - \overline{E}_c) = y(1-y)[xF_c + \alpha_c\beta_c\delta_c\zeta_c U - C_c] \tag{7.10}$$

由式(7.6)、式(7.10)可知,制造企业与客户的复制动态方程组为

$$\begin{cases} M = \dfrac{dx}{dt} = x(E_{i1} - \overline{E}_i) = x(1-x)[-y(F_c - L_i) + F_c - L_i - C_{i1}] \\ N = \dfrac{dy}{dt} = y(E_{c1} - \overline{E}_c) = y(1-y)[xF_c + \alpha_c\beta_c\delta_c\zeta_c U - C_c] \end{cases} \tag{7.11}$$

式(7.11)是一个二维动态系统,令 $\frac{dx}{dt} = 0$、$\frac{dy}{dt} = 0$,对式(7.11)求解可得,系统可能存在有5个局部均衡点,即:$O(0,0)$,$A(1,0)$,$B(1,1)$,$C(0,1)$,$D(x^*, y^*)$,其中 $x^* = \frac{C_c - \alpha_c\beta_c\delta_c\zeta_c U}{F_c}$,$y^* = \frac{F_c - L_i - C_{i1}}{F_c - L_i}$。

利用Friedman[195]提出的雅克比矩阵法,可得系统的雅克比矩阵为

$$\boldsymbol{J} = \begin{bmatrix} \dfrac{\partial M}{\partial x} & \dfrac{\partial M}{\partial y} \\ \dfrac{\partial N}{\partial x} & \dfrac{\partial N}{\partial y} \end{bmatrix}$$

$$= \begin{bmatrix} (1-2x)[-y(F_c - L_i) + F_c - L_i - C_{i1}] & -x(1-x)(F_c - L_i) \\ y(1-y)F_c & (1-2y)[xF_c + \alpha_c\beta_c\delta_c\zeta_c U - C_c] \end{bmatrix}$$

通过计算可以得到各均衡点的行列式(det$\boldsymbol{J}$)和迹(tr$\boldsymbol{J}$)的值如表7-9所示。

表7-9 各均衡点的行列式(det$\boldsymbol{J}$)和迹(tr$\boldsymbol{J}$)的值

均衡点	行列式(det$\boldsymbol{J}$)	迹(tr$\boldsymbol{J}$)
$O(0,0)$	$(F_c - L_i - C_c)(\alpha_c\beta_c\delta_c\zeta_c U - C_c)$	$(F_c - L_i - C_c) + (\alpha_c\beta_c\delta_c\zeta_c U - C_c)$
$A(1,0)$	$-(F_c - L_i - C_c)(F_c + \alpha_c\beta_c\delta_c\zeta_c U - C_c)$	$-(F_c - L_i - C_c) + (F_c + \alpha_c\beta_c\delta_c\zeta_c U - C_c)$
$B(1,1)$	$-C_c(F_c + \alpha_c\beta_c\delta_c\zeta_c U - C_c)$	$C_c - (F_c + \alpha_c\beta_c\delta_c\zeta_c U - C_c)$
$C(0,1)$	$C_c(\alpha_c\beta_c\delta_c\zeta_c U - C_c)$	$-C_c - (\alpha_c\beta_c\delta_c\zeta_c U - C_c)$
$D(x^*, y^*)$	a	0

表7-9中,$a = \frac{(C_c - \alpha_c\beta_c\delta_c\zeta_c U)(F_c - C_c + \alpha_c\beta_c\delta_c\zeta_c U)(F_c - L_i - C_{i1})}{(F_c - L_i)F_c}$。

7.2.4 系统稳定性分析

根据Friedman[195]提出的判别方法,对各均衡点的行列式和迹进行判断,可分

为以下几种情况：

(1)情况 1：当 $x^* > 1$，$0 \leqslant y^* \leqslant 1$，即 $0 < F_c < C_c - \alpha_c\beta_c\delta_c\zeta_c U$，$0 \leqslant F_c - L_i - C_{i1} \leqslant F_c - L_i$ 时，系统中存在 4 个均衡点，分别是：O(0,0)、A(1,0)、B(1,1)、C(0,1)，均衡点的稳定性分析如表 7-10 所示，该情况下的系统相位图如图 7-10 所示。

表 7-10　情况 1 条件下均衡点的稳定性分析

均衡点	行列式符号（det$\boldsymbol{J}$）	迹符号（tr$\boldsymbol{J}$）	结果
$O(0,0)$	－	不确定	鞍点
$A(1,0)$	＋	－	ESS
$B(1,1)$	＋	＋	不稳定点
$C(0,1)$	－	不确定	鞍点

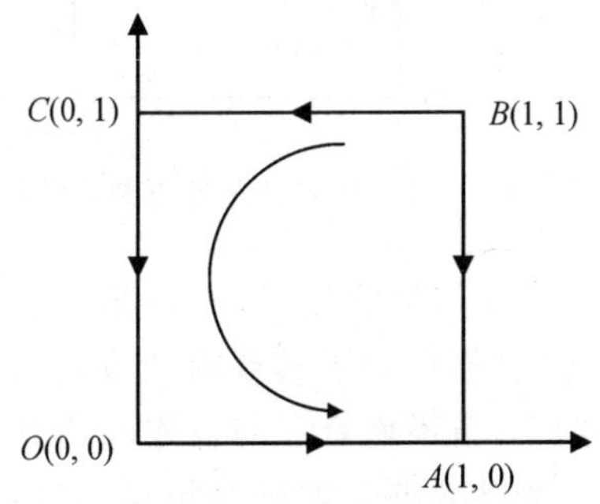

图 7-10　情况 1 条件下的系统相位图

由表 7-10 和图 7-10 可以看出，这种情况下系统最终收敛于 A(1,0)。说明客户付出的参与成本较大，不仅大于其获得的收益增量，还大于其缴纳的违约金，以致客户宁可缴纳违约金，也不愿意参与产品服务系统开发，所以客户将会选择不参与策略；此时，若制造企业采取激励策略，将会获得客户缴纳的违约金；若客户缴纳的违约金较大，不仅能够弥补制造企业的激励成本，还能够弥补制造企业的损失，制造企业将会选择激励策略。所以。随着系统的进一步演化，博弈双方的行为相互影响，这使得制造企业最终倾向于选择激励策略，客户最终倾向于选择不参与策略。

(2)情况 2：当 $x^* > 1$，$y^* < 0$，即 $0 < F_c < C_c - \alpha_c\beta_c\delta_c\zeta_c U$，$F_c - L_i - C_{i1} < 0 < F_c - L_i$ 时，系统中存在 4 个均衡点，分别是：O(0,0)、A(1,0)、B(1,1)、C(0,1)，均衡点的稳定性分析如表 7-11 所示，该情况下的系统相位图如图 7-11 所示。

表 7-11　情况 2 条件下均衡点的稳定性分析

均衡点	行列式符号（det$\boldsymbol{J}$）	迹符号（tr$\boldsymbol{J}$）	结果
$O(0,0)$	+	−	ESS
$A(1,0)$	−	不确定	鞍点
$B(1,1)$	+	+	不稳定点
$C(0,1)$	−	不确定	鞍点

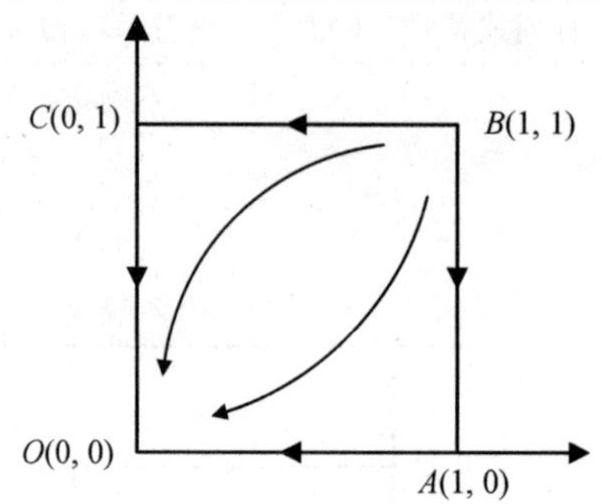

图 7-11　情况 2 条件下的系统相位图

由表 7-11 和图 7-11 可以看出，这种情况下系统最终收敛于 $O(0,0)$。说明客户付出的参与成本较大，不仅大于其获得的收益增量，还大于其缴纳的违约金，以致客户宁可缴纳违约金，也不愿意参与智能产品服务系统开发，所以客户将会选择不参与策略；此时，若制造企业采取激励策略，则制造企业将会付出较大的激励成本，所以制造企业将会选择不激励策略。随着系统的进一步演化，博弈双方的行为相互影响，这使得制造企业最终倾向于选择不激励策略，客户最终倾向于选择不参与策略。

(3)情况 3：当 $0 \leqslant x^* \leqslant 1$，$y^* < 0$，即 $0 \leqslant C_c - \alpha_c\beta_c\delta_c\zeta_c U \leqslant F_c$，$F_c - L_i - C_{i1} < 0 < F_c - L_i$ 时，系统中存在 4 个均衡点，分别是：$O(0,0)$、$A(1,0)$、$B(1,1)$、$C(0,1)$，均衡点的稳定性分析如表 7-12 所示，该情况下的系统相位图如图 7-12 所示。

表 7-12　情况 3 条件下均衡点的稳定性分析

均衡点	行列式符号（det$\boldsymbol{J}$）	迹符号（tr$\boldsymbol{J}$）	结果
$O(0,0)$	+	−	ESS
$A(1,0)$	+	+	不稳定点
$B(1,1)$	−	不确定	鞍点
$C(0,1)$	−	不确定	鞍点

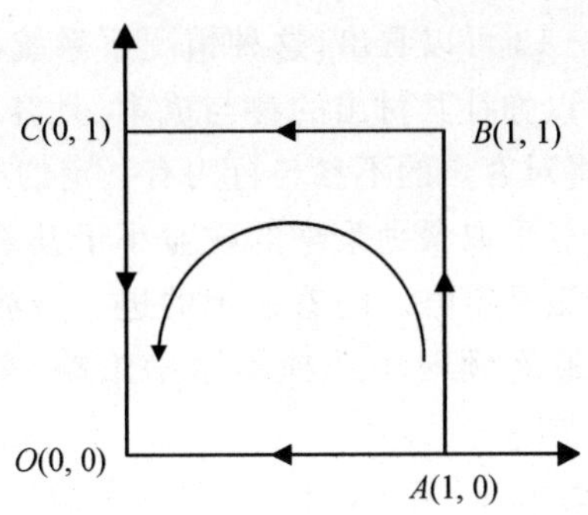

图 7-12 情况 3 条件下的系统相位图

由表 7-12 和图 7-12 可以看出,这种情况下系统最终收敛于 $O(0,0)$。说明客户获得的收益增量无法弥补其付出的参与成本,所以客户将会选择不参与策略;此时,若制造企业采取激励策略,将会付出较大的激励成本,所以制造企业将会选择不激励策略。随着系统的进一步演化,博弈双方的行为相互影响,这使得制造企业最终倾向于选择不激励策略,客户最终倾向于选择不参与策略。

(4)情况 4:当 $x^* < 0$,$0 \leqslant y^* \leqslant 1$,即 $C_c - \alpha_c\beta_c\delta_c\zeta_c U < 0 < F_c$,$0 \leqslant F_c - L_i - C_{i1} \leqslant F_c - L_i$ 时,系统中存在 4 个均衡点,分别是:$O(0,0)$、$A(1,0)$、$B(1,1)$、$C(0,1)$,均衡点的稳定性分析如表 7-13 所示,该情况下的系统相位图如图 7-13 所示。

表 7-13 情况 4 条件下均衡点的稳定性分析

均衡点	行列式符号(det**J**)	迹符号(tr**J**)	结果
$O(0,0)$	+	+	不稳定点
$A(1,0)$	−	不确定	鞍点
$B(1,1)$	−	不确定	鞍点
$C(0,1)$	+	−	ESS

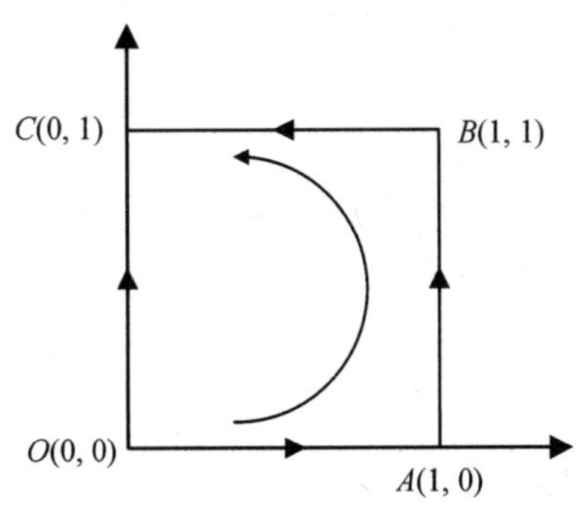

图 7-13 情况 4 条件下的系统相位图

由表 7－13 和图 7－13 可以看出，这种情况下系统最终收敛于 $C(0,1)$。说明客户获得的收益增量可以弥补其付出的参与成本，且客户采取不参与策略所缴纳的违约金较高，违约金将对客户的不参与行为有一定的约束性，所以客户将会选择参与策略；此时，制造企业采取激励策略的收益小于其采取不激励策略的收益，所以制造企业将会选择不激励策略。随着系统的进一步演化，博弈双方的行为相互影响，这使得制造企业最终倾向于选择不激励策略，客户最终倾向于选择参与策略。

(5)情况 5：当 $x^* < 0$，$y^* < 0$，即 $C_c - \alpha_c\beta_c\delta_c\zeta_c U < 0 < F_c$，$F_c - L_i - C_{i1} < 0 < F_c - L_i$ 时，系统中存在 4 个均衡点，分别是：$O(0,0)$、$A(1,0)$、$B(1,1)$、$C(0,1)$，均衡点的稳定性分析如表 7－14 所示，该情况下的系统相位图如图 7－14 所示。

表 7－14　情况 5 条件下的均衡点的稳定性分析

均衡点	行列式符号（det$\boldsymbol{J}$）	迹符号（tr$\boldsymbol{J}$）	结果
$O(0,0)$	−	不确定	鞍点
$A(1,0)$	+	+	不稳定点
$B(1,1)$	−	不确定	鞍点
$C(0,1)$	+	−	ESS

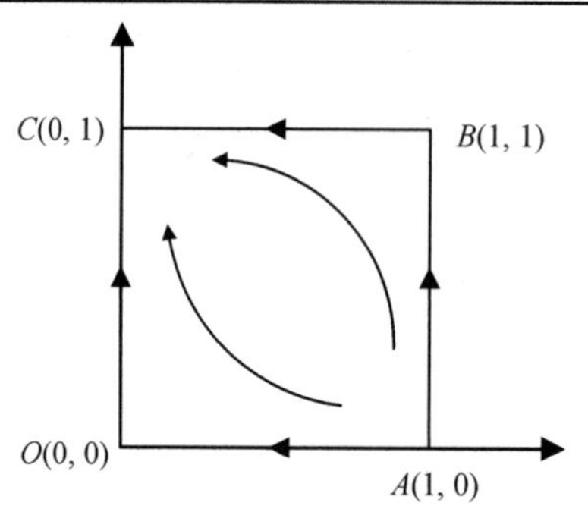

图 7－14　情况 5 条件下的系统相位图

由表 7－14 和图 7－14 可以看出，这种情况下系统最终收敛于 $C(0,1)$。说明客户获得的收益增量可以弥补其付出的参与成本，且客户采取不参与策略所缴纳的违约金较高，违约金将对客户的不参与行为有一定的约束性，所以客户将会选择参与策略；此时，制造企业采取激励策略的收益小于零，所以制造企业将会选择不激励策略。随着系统的进一步演化，博弈双方的行为相互影响，这使得制造企业最终倾向于选择不激励策略，客户最终倾向于选择参与策略。

7.2.5 案例分析

1. 企业简介

中国西电集团有限公司(简称西电集团)始建于1959年。经过多年的发展,西电集团成为中国输配电行业最具代表性的公司和重要的全球力量。在新时期,西电集团将利用"加快产能建设,促进行业发展"的重大历史机遇,在管理、质量、效率和能源等方面进行改革,培育新的动力源泉,创造新的竞争优势,推动公司发展迈出历史性的步伐,最终成为全球智能电力系统解决方案提供商。

2. 西电集团智能化转型的演化路径分析

西电集团进行智能化转型的演化过程主要包括业务流程智能化、制造智能化和服务智能化三个阶段,如图7-15所示。

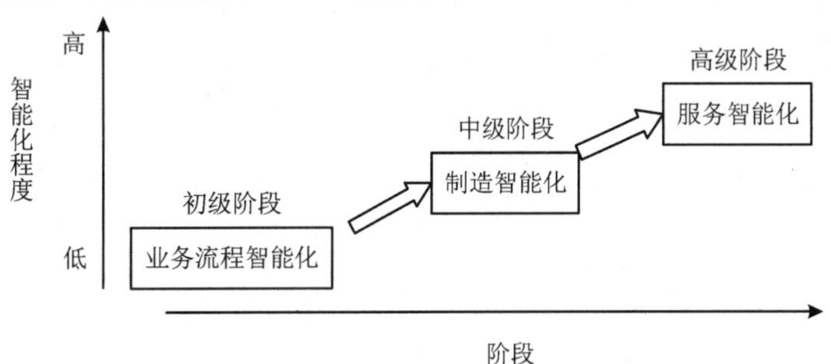

图7-15 西电集团智能化转型的演化路径

1)阶段一:业务流程智能化

西电集团构建了集团管控系统和子企业生产运营系统组成的信息系统。一方面,集团管控系统可以分为财务、人力资源、营销、主数据管理等系统;另一方面,子企业生产运营系统主要包括了ERP、PLM(产品生命周期管理)、MES以及其他辅助信息系统。同时,西电集团构建了完善的数据体系和信息共享机制,公司集客户、供应商、产品、BOM(物料清单)、工艺路线等信息于一体,充分共享数据,整合财务业务运作流程。

由此可知,这一过程是西电集团智能化转型的初级阶段——业务流程智能化阶段,如图7-16所示。西电集团利用数字化技术与公司实际情况的紧密结合,将公司的基本资源、财务、人力资源、营销等数据进行集成和共享,达到了提升公司的管理水平和效率、降低成本的目标。在此阶段,西电集团将人工智能、大数据、云计算等新一代信息技术应用到ERP、PLM和MES系统的实施和应用过程,实现了智能化的企业资源、产品生命周期和制造流程的全方位管理。此外,西电集团还鼓励客户参与企业智能化产品服务系统的设计与研发过程。

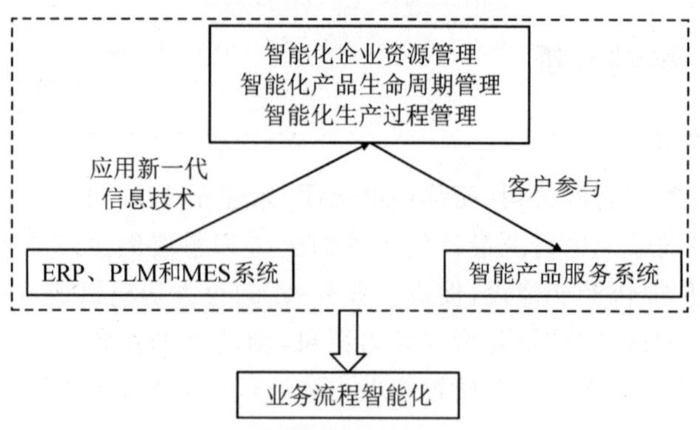

图 7-16　西电集团的业务流程智能化

2)**阶段二:制造智能化**

西电集团借助人工智能、云计算等技术,建立了以产品全生命周期管理系统为基础的数字化制造系统,实现了产品设计、制造、试验全流程数字化管理,并结合以RFID(射频识别)、二维码、传感器为依托的物联网技术应用,为公司创造了高效的数字化制造信息平台。

由此可知,这一过程是西电集团智能化转型的中级阶段——制造智能化阶段,如图 7-17 所示。西电集团为了实现产品的数字化全过程管理这一目标,通过研发并应用数字化技术,将物联网技术应用于产品设计、制造、试验等过程中,显著地提高了公司的效率和智能化水平。在这一阶段,西电集团采取各种激励措施,鼓励客户参与产品的数字化全过程管理,主要包括:智能化产品服务系统的设计、研发、生产和交付等。客户也能提出一些创意需求、产品和服务的功能改进建议,从而提高智能化产品服务系统的研发绩效。

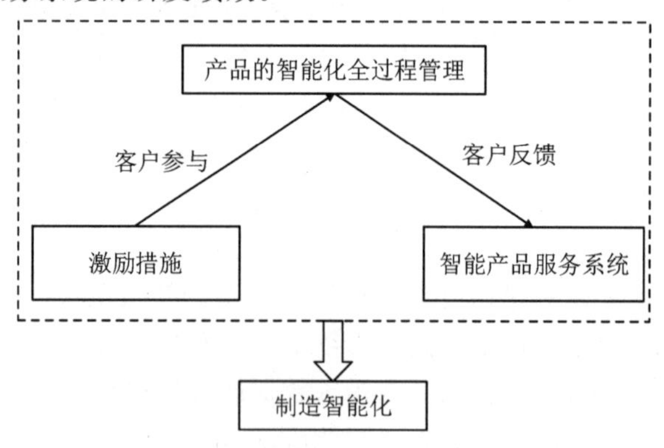

图 7-17　西电集团的制造智能化

3)**阶段三:服务智能化**

西电集团开发了智能监控、故障智能诊断、寿命智能预测等其他系统,通过

ERP、MES 以及上述系统的集成应用，达到了产品全生命周期管理和质量追溯的目标。同时西电集团还引入了一个产品安装服务监控指挥系统，以确保借助移动终端和无线网络为客户远程安装、调试、故障诊断和维护等各类售后服务。

由此可知，这一过程是西电集团智能化转型的高级阶段——服务智能化阶段，如图 7－18 所示。为了推进智能化发展的步伐，西电集团利用新兴信息技术，将大数据融入产品价值链各环节，一方面，提高了公司的智能化水平，另一方面，达到了为客户提供远程运维服务的目标。在此阶段，西电集团采取各种激励措施，激励客户参与变压器智能监控、故障智能诊断、寿命智能预测等智能化产品服务系统的研发、设计和生产阶段，客户能够根据自身掌握的智能制造知识，并结合以往的使用体验，提出智能化产品服务系统的功能需求和创意思想，并协助公司完成变压器智能监控、故障智能诊断、寿命智能预测等其他系统的设计，以促进企业的智能化转型升级。

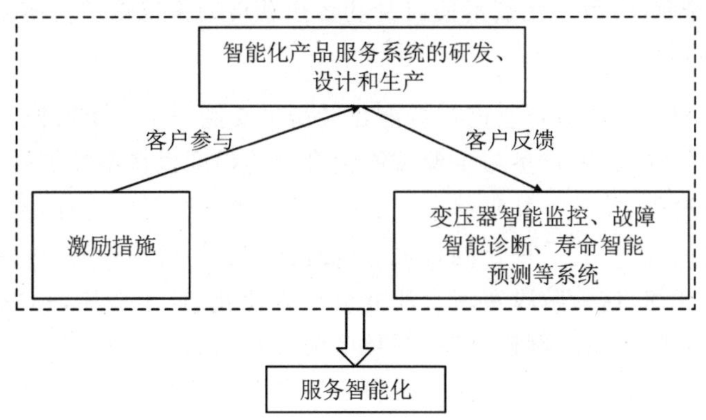

图 7－18 西电集团的服务智能化

3. 不同阶段之间的比较

从数字融合环节、数字化能力、运营方式平台化能力、智能化程度等方面，对不同阶段进行比较，如表 7－15 所示。

表 7－15 不同阶段之间的比较

阶段	业务流程智能化	制造智能化	服务智能化
数字融合环节	基础数据融合	设计、制造、试验数据融合	在线监控、故障诊断、寿命预测等数据融合
数字化能力	业务流程数字化	制造管理数字化	远程运维服务

续表

阶段	业务流程智能化	制造智能化	服务智能化
运营方式平台化能力	信息平台	制造信息平台	监控指挥平台
智能化程度	智能化程度低	智能化程度较高	智能化程度最高

由表 7－15 可知，第一阶段主要完成了业务流程方面的智能化转型，此阶段的智能程度较低，主要对业务流程形成基础的数据融合，形成一个信息系统平台；第二阶段主要完成制造智能化，与第一阶段相比，此阶段的智能化程度较高，主要对设计、制造、试验的数据进行融合，构成一个制造信息平台；第三阶段实现了服务方面的智能化转型，此阶段的智能化程度最高，主要通过智能监控、智能故障诊断、智能寿命预测等数据的融合，为客户提供智能运维服务，形成了一个智能监控指挥平台。因此，随着西电集团智能化服务的不断深入，其智能化程度越来越高，客户参与企业智能化转型升级的程度也越来越深，数字化技术使自身和客户获得的价值增值也越来越高。

4. 案例启示

我国输配电类制造企业进行智能化转型主要经历了三个阶段。随着这三个阶段的逐渐演化深入，客户参与企业智能化升级的程度也在不断加强。在初级阶段，制造企业对财务、业务等基础信息，利用信息平台进行统一管理，数据充分共享，整合财务业务流程，为公司在合同管理、资源优化配置、成本控制、库存管理等方面提供了有力的支撑，这一阶段实现了业务流程智能化；在中级阶段，制造企业运用数字化技术，实现了设计、制造、试验等环节的数据融合，并建立了制造信息平台，促进了制造全过程数字化管理，这一阶段实现了制造智能化；在高级阶段，为了推进智能化发展的步伐，制造企业利用新兴信息技术，通过智能监控、智能故障诊断、智能寿命预测等数据的融合，构建了智能监控指挥平台，实现了为客户提供远程运维服务的目标，此阶段主要完成了服务智能化。

7.2.6 数值模拟分析

根据以上案例背景，并结合相关文献的研究，对演化博弈模型的各参数取值进行设定，并采用 MATLAB 软件进行数值模拟分析。

在系统演化的 5 种情况中，情况 4 与情况 5 的结果是比较理想的，并且在情况 4 条件下，制造企业采取激励策略的收益大于 0、小于不激励策略的收益，这使得制造企业仍有一定的可能性选择激励策略，此时系统仿真可能存在多种情况。因此，选择情况 4 进行仿真，即 $C_c-\alpha_c\beta_c\delta_c\zeta_cU<0<F_c$，$0\leqslant F_c-L_i-C_{i1}\leqslant F_c-L_i$ 时，客户缴纳的违约金 F_c、制造企业激励成本 C_{i1}、客户努力程度系数 α_c、客户与制造企业的互动程度系数 β_c、客户创新能力系数 δ_c、客户对制造企业的信任程度系数 ζ_c、客户参与成本 C_c 等不同参数变化对系统中制造企业与客户策略选择变化的影

响,本书借助 MATLAB 软件对系统进行数值仿真。

给定制造企业与客户策略选择的初始比例分别为 $x_0 = 0.5$、$y_0 = 0.5$,设 $F_c = 6$,$L_i = 2$,$C_{i1} = 3$,$\alpha_c = 0.5$,$\beta_c = 0.5$,$\delta_c = 0.5$,$\zeta_c = 0.5$,$U = 80$,$C_c = 2$。由于仿真分析基于案例背景,所以涉及收益和成本的参数单位均为万元。

1. 客户缴纳的违约金 F_c 变化对双方企业策略选择的影响

保持其他参数不变,使客户缴纳的违约金 F_c 逐渐增加,$F_c = 5.1,7,9,11$,对制造企业策略选择影响的仿真图如图 7-19 所示,对客户策略选择影响的仿真图如图 7-20 所示。

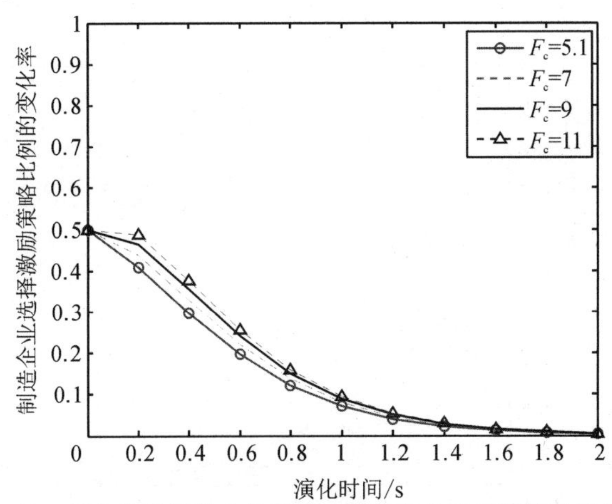

图 7-19 客户缴纳违约金的变化对制造企业自身策略选择的影响

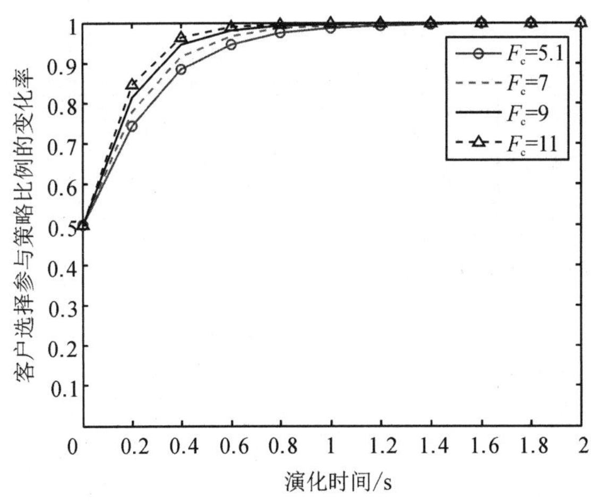

图 7-20 客户缴纳违约金的变化对其策略选择的影响

由图 7-19、图 7-20 可知,随着客户缴纳的违约金的金额不断增加,制造企业选择不激励策略的演化收敛速度也逐渐变慢,系统能够达到演化稳定状态的速度也逐渐变慢、时间逐渐变长；而客户选择参与策略的演化收敛速度逐渐变快，使得系统达到演化稳定策略的速度变快、时间变短。此时，制造企业选择激励策略比例的变化率逐渐远离 0，并逐渐趋近于 1；客户选择参与策略比例的变化率逐渐趋近于 1，说明在客户参与智能产品服务系统开发过程中，客户缴纳违约金的金额越高，制造企业越倾向于选择激励策略，客户越倾向于选择参与策略。

2. 制造企业激励成本 C_{i1} 变化对双方企业策略选择的影响

保持其他参数不变，使制造企业激励成本 C_{i1} 逐渐增加，$C_{i1}=1,2,3,3.9$，对制造企业策略选择影响的仿真图如图 7－21 所示，对客户策略选择影响的仿真图如图 7－22 所示。

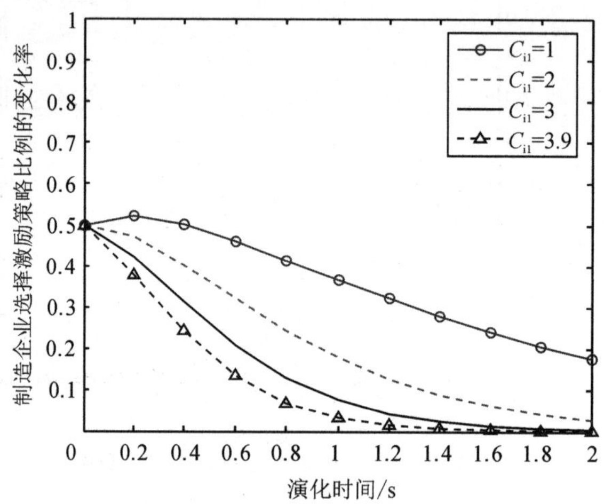

图 7－21 激励成本变化对制造企业策略选择的影响

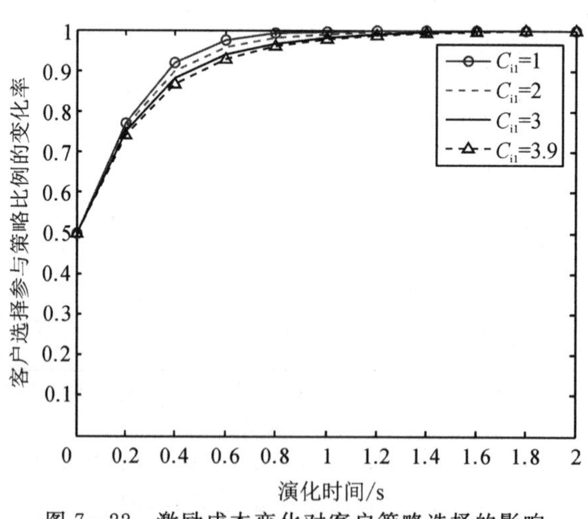

图 7－22 激励成本变化对客户策略选择的影响

由图7-21、图7-22可知，随着制造企业激励成本不断增加，制造企业选择不激励策略的演化收敛速度变快，使得系统能够达到演化稳定状态的速度逐渐变快、时间逐渐变短；而客户选择参与策略的演化收敛速度变慢，使得系统达到演化稳定策略的速度变慢、时间变长。此时，制造企业选择激励策略比例的变化率逐渐趋近于0；客户选择参与策略比例的变化率逐渐远离1，并逐渐趋近于0，说明在客户参与智能产品服务系统开发过程中，制造企业激励成本越高，制造企业越倾向于选择不激励策略，客户越倾向于选择不参与策略。

3. 客户努力程度系数 α_c 变化对策略选择的影响

保持其他参数不变，使客户努力程度系数 α_c 逐渐增加，$\alpha_c = 0.21, 0.4, 0.6, 0.99$，对制造企业策略选择影响的仿真图如图7-23所示，对客户策略选择影响的仿真图如图7-24所示。

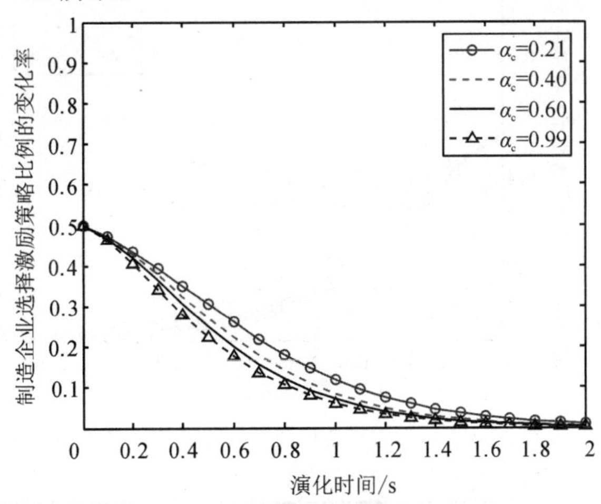

图7-23 客户努力程度系数变化对制造企业策略选择的影响

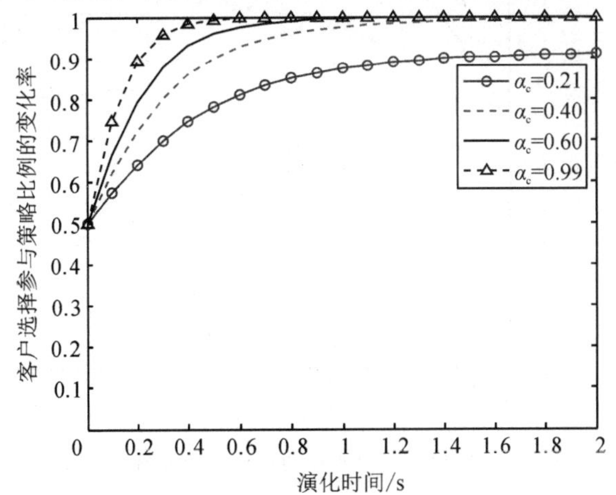

图7-24 客户努力程度系数变化对其策略选择的影响

由图 7-23、图 7-24 可知，随着客户努力程度系数不断增加，系统向(0,1)点的演化收敛速度逐渐变快，使得系统达到演化稳定状态的速度逐渐变快、时间逐渐变短。此时，制造企业选择激励策略比例的变化率逐渐趋近于 0；客户选择参与策略比例的变化率逐渐趋近于 1，说明在客户参与智能产品服务系统开发过程中，客户努力程度越高，制造企业越倾向于选择不激励策略，客户越倾向于选择参与策略。

4. 客户与制造企业的互动程度系数 β_c 变化对策略选择的影响

保持其他参数不变，使客户与制造企业的互动程度系数 β_c 逐渐增加，$\beta_c=$ 0.21，0.4，0.6，0.99，对制造企业策略选择影响的仿真图如图 7-25 所示，对客户策略选择影响的仿真图如图 7-26 所示。

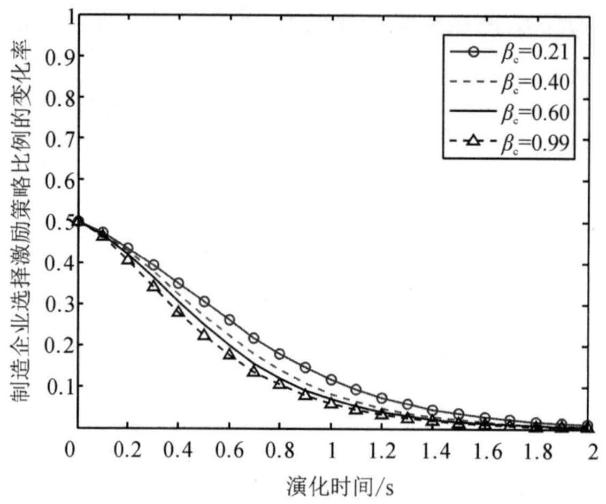

图 7-25　客户与制造企业的互动程度系数变化对制造企业策略选择的影响

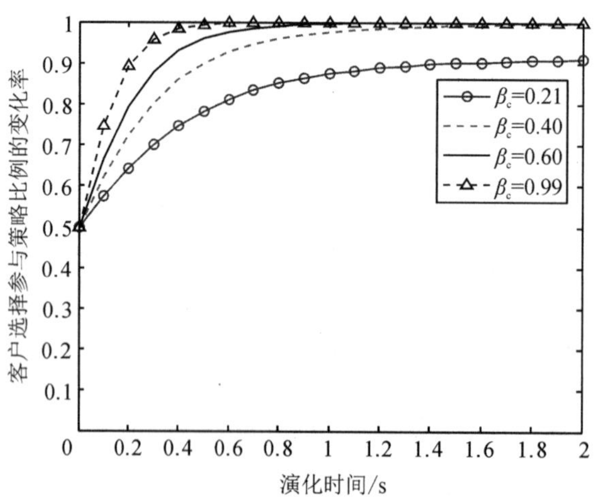

图 7-26　客户与制造企业的互动系数变化对客户策略选择的影响

由图 7-25、图 7-26 可知，随着客户与制造企业的互动系数不断增加，系统向(0,1)点的演化收敛速度逐渐变快，使得系统达到演化稳定状态的速度逐渐变快、时间逐渐变短。此时，制造企业选择激励策略比例的变化率逐渐趋近于 0；客户选择参与策略比例的变化率逐渐趋近于 1，说明在客户参与智能产品服务系统开发过程中，客户与制造企业的互动程度越高，制造企业越倾向于选择不激励策略，客户越倾向于选择参与策略。

5. 客户创新能力系数 δ_c 变化对策略选择的影响

保持其他参数不变，使客户创新能力系数 δ_c 逐渐增加，$\delta_c = 0.21, 0.4, 0.6, 0.99$，对制造企业策略选择影响的仿真图如图 7-27 所示，对客户策略选择影响的仿真图如图 7-28 所示。

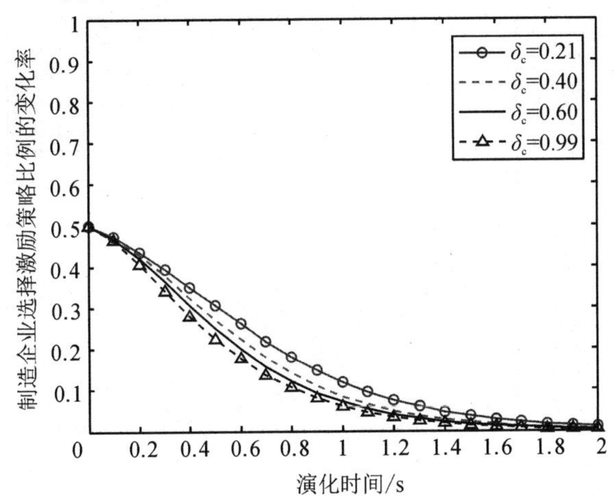

图 7-27 客户创新能力系数变化对制造企业策略选择的影响

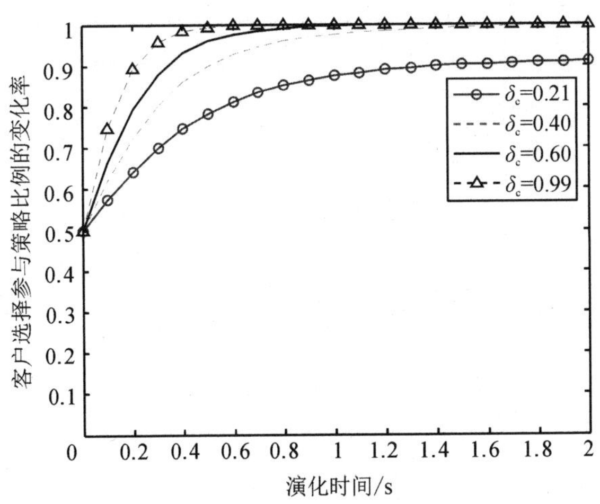

图 7-28 客户创新能力系数变化对其策略选择的影响

由图 7-27、图 7-28 可知，随着客户创新能力系数不断增加，系统向(0,1)点的演化收敛速度逐渐变快，使得系统达到演化稳定状态的速度逐渐变快、时间逐渐变短。此时，制造企业选择激励策略比例的变化率逐渐趋近于 0；客户选择参与策略比例的变化率逐渐趋近于 1，说明在客户参与智能产品服务系统开发过程中，客户的创新能力越强，制造企业越倾向于选择不激励策略，客户越倾向于选择参与策略。

6. 客户对制造企业信任程度系数 ζ_c 变化对策略选择的影响

保持其他参数不变，使客户对制造企业信任程度系数 ζ_c 逐渐增加，$\zeta_c=0.21$，0.4，0.6，0.99，对制造企业策略选择影响的仿真图如图 7-29 所示，对客户策略选择影响的仿真图如图 7-30 所示。

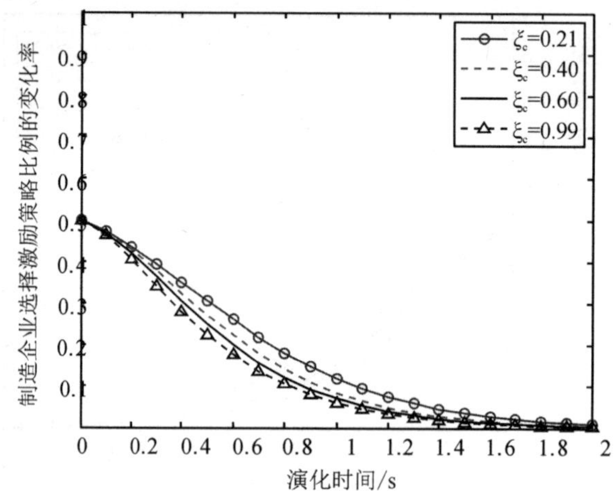

图 7-29 客户对制造企业信任程度系数变化对制造企业策略选择的影响

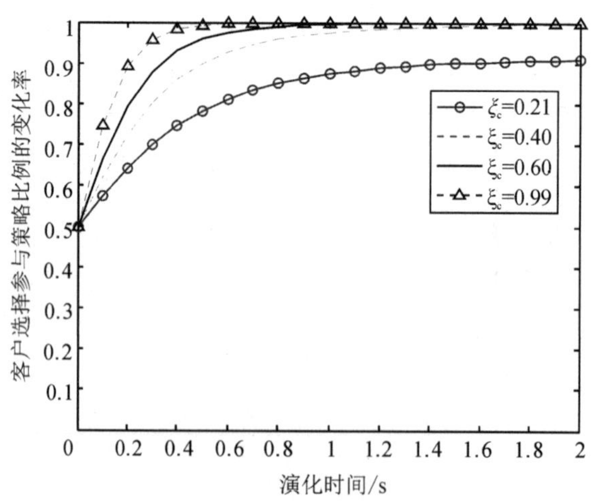

图 7-30 客户对制造企业信任程度系数变化对客户策略选择的影响

由图7-29、图7-30可知，随着客户对制造企业信任程度系数不断增加，系统向(0,1)的演化收敛速度逐渐变快，使得系统达到演化稳定状态的速度逐渐变快、时间逐渐变短。此时，制造企业选择激励策略比例的变化率逐渐趋近于0;客户选择参与策略比例的变化率逐渐趋近于1，说明在客户参与智能产品服务系统开发过程中，客户对制造企业信任程度越高，制造企业越倾向于选择不激励策略，客户越倾向于选择参与策略。

7. 客户参与成本 C_c 变化对策略选择的影响

保持其他参数不变，使客户参与成本 C_c 逐渐增加，$C_c=1,2,3,4$，对制造企业策略选择影响的仿真图如图7-31所示，对客户策略选择影响的仿真图如图7-32所示。

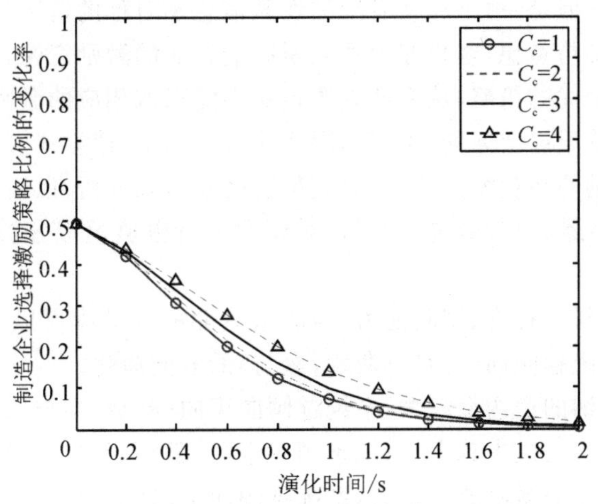

图7-31　客户参与成本变化对制造企业策略选择的影响

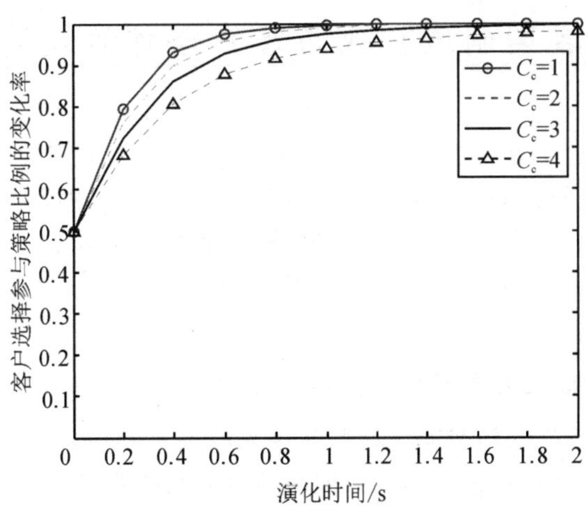

图7-32　客户参与成本变化对其策略选择的影响

由图 7-31、图 7-32 可知,随着客户参与成本不断增加,制造企业选择不激励策略的演化收敛速度变慢,使得系统能够达到演化稳定状态的速度逐渐变慢、时间逐渐变长;而客户选择参与策略的演化收敛速度变慢,使得系统达到演化稳定策略的速度变慢、时间变长。此时,制造企业选择激励策略比例的变化率逐渐远离 0,逐渐趋近于 1;客户选择参与策略比例的变化率逐渐远离 1,并逐渐趋近于 0,说明在客户参与智能产品服务系统开发过程中,客户的参与成本越高,制造企业越倾向于选择激励策略,客户越倾向于选择不参与策略。

7.2.7 研究总结

随着智能制造的理念不断推广,许多制造企业激励客户共同参与智能产品服务系统的开发。但是,由于存在有限理性及信息不对称的情况,制造企业不能准确地了解客户的参与意愿,客户亦无法判断制造企业的激励意愿,这使得制造企业与客户无法选择最优的策略,从而使制造企业不能采取相应的激励措施,以更好地促进客户参与。基于以上问题,本书运用演化博弈理论,建立了客户参与智能产品服务系统开发激励的演化博弈模型,对模型进行求解和分析,以西电集团的智能化转型升级案例为背景,对参数进行赋值,对模型进行数值模拟分析,得到如下的研究结论:

(1)客户的努力程度、创新能力、与制造企业的互动程度以及对制造企业的信任程度越大,系统越倾向于向(不激励,参与)的方向演化;

(2)客户缴纳的违约金越大,系统越倾向于向(激励,参与)的方向演化;

(3)客户的参与成本越大,系统越倾向于向(激励,不参与)的方向演化;

(4)制造企业的激励成本越大,系统越倾向于向(不激励,不参与)的方向演化。

7.3 促进我国制造企业与客户合作协调的对策建议

围绕我国制造企业的智能化转型升级、产品与人工智能技术服务融合的目标,一方面,提出促进我国制造企业与客户合作协调的对策建议;另一方面,从如何加强我国制造企业与客户良好合作的角度,提出相应的对策建议;此外,从借助人工智能技术和平台,促进我国制造企业与客户的良好合作等方面,提出相应的对策建议。

1. 促进客户参与智能产品服务系统开发

我国制造企业在实施智能化转型升级战略的进程中,应抓住客户这一核心产品创新动力源泉,将客户参与纳入智能产品服务系统开发过程中,实现智能制造产品大规模定制。让客户参与到智能产品服务系统开发过程中,不仅能助力我国制造企业研发出比市场上同类智能产品更能满足客户个性化需求的智能化产品，同时还能在一定程度上缩短智能产品的研究开发周期，节约更多的时间研发新的智能产品。客户可以通过提出产品想法、参与产品设计、进行产品检验等方式来实现参与智能产品服务系统的开发。首先，能帮助制造企业降低智能化市场需求的不确定性及不稳定性；其次，能促进智能产品服务系统的宣传、推广。因此，制造企业需要与客户紧密合作并增强互动，充分发挥客户参与的创新性作用。

一方面，从制造企业的角度来说，具体可从以下几个方面采取管理措施，促进客户参与智能产品服务系统开发。

1）**建立开放、合作创新的企业文化，增强与客户间的相互信任程度**

在客户参与智能产品服务系统开发过程的初期，客户参与的动力来源于客户与制造企业之间的信任。首先，制造企业的企业文化氛围在客户参与中扮演着重要角色，和谐、开放的合作氛围能够提升制造企业与客户合作创新的意愿，增强内部员工全面了解并尊重客户的企业文化；其次，制造企业应与客户签订合作协议，以规范双方企业合作进程中的行为；然后，制造企业应建立信息共享平台，提高信息透明度，一定程度能够降低与客户沟通交流的成本，以此增强制造企业和客户间相互信任的程度，加深和客户的合作关系。

2）**建立具备考核、反馈的培训平台，增强客户的互动程度，考察客户的努力程度、创新能力**

首先，制造企业通过前期与客户的交流，识别出客户的个性化需求，针对客户需求制定相应的培训课程，对客户进行产品使用的培训，以提升客户对产品和服务的认知度，增加制造企业和客户的互动程度；其次，制造企业应建立具备考核和反馈机制的培训平台，一方面，拓宽了培训信息的传输渠道，另一方面，通过考核和反馈，识别客户的培训效果，甄别客户在互动环节的努力程度及创新能力，以改善并提升相关培训力度，进而加强制造企业与客户之间的信任关系。

3）**建立物质、精神奖励并存的激励制度**

制造企业应创建物质、精神奖励共存的激励机制。一方面，制造企业应对客户进行固定报酬激励，例如奖金、福利等。但是，只采用固定报酬激励，容易造成客户参与积极性下降，甚至出现“搭便车”等投机行为。因此，制造企业可以根据客户参与过程中表现情况的不同，对客户进行可变报酬激励，例如客户的努力程度、互动程度、创新能力、对制造企业的信任程度越高，制造企业对其支付的可变报酬越多，可变报酬的形式可以是创新收益分成、津贴等。另一方面，制造企业还应采取精神激励的方式进一步激励客户参与，例如，对努力程度、互动程度、创新能力较高的客户进行声誉激励，通过网络、媒体等平台对客户进行表扬和表彰。

4）**制造企业应制定相应的监督机制和惩罚措施，以约束客户的行为**

一方面，制造企业应制定相应的监督机制，设定相应的评价指标，对客户在参与和培训过程中的行为进行评价；另一方面，制造企业应采取相应的惩罚措施，以降低客户产生投机行为的可能性，制造企业应设定合理的违约金，或在合作者平台或联盟中对违约客户的行为进行通报，并中断与其签订的合作协议。

另一方面，从政府的角度来说，政府应加大对我国制造业智能化转型升级的投入，营造促使客户愿意积极主动参与智能产品服务系统开发的环境，给予客户补贴，激励客户参与，建立制造企业和客户之间的沟通渠道。客户参与是制造企业发展的核心动力，我国政府应正确把握制造业智能化转型升级的方向，积极推进客户参与，培养创新型客户参与，提高制造企业智能产品服务开发的创新能力。

2. 促进客户知识共享

在知识主导型经济时代，知识开始成为制造企业的关键资源，我国制造企业仅靠自身的知识及能力无法适应快速变化的智能化市场需求。此时，制造企业需要和客户进行知识共享来缓解智能产品同质化严重的现象。制造企业能利用员工和客户间的知识共享，来完成知识在客户、企业间的交换，如员工能获得客户的消费偏好等知识，同时又能给客户提供更多的产品、服务相关的知识，这就能帮助我国制造企业准备把控客户的个性化市场需求，为客户制定多样、个性化的服务和产品，从而不断增强企业的市场核心竞争力。因此，我国制造企业应积极促进员工将专业及服务知识与客户偏好及评价等进行交流共享，从而加强制造企业和客户之间的合作，最终实现技术创新。

在智能化转型背景下，我国政府应该提供更好的基础保障，建立统一的标准，确保客户在进行知识共享时不会造成信息泄露等不良影响。如建立诚信评估体系，对恶意泄露客户信息的企业加大惩罚力度，收取的罚金用来维护市场秩序等。政府还应设置奖励机制，如给予积极参与知识共享的制造企业和客户相应的补贴，以此来促进我国制造企业和客户之间的信息共享。此外，我国政府还应积极推动知识共享平台的互联互通，构建良好的数据资源共享环境。

3. 促进客户价值共创

要完成我国制造企业智能化转型升级目标，其关键是实现和客户间的价值共创。传统的制造企业是封闭的，制造企业只利用自身有限的制造技术来进行产品创新，而忽略了客户参与的价值。我国制造企业在智能化转型升级进程中，要充分发挥客户在智能化产品研究开发、创新设计、制造生产、销售管理等各大环节的重要作用。在智能化转型升级背景下，制造企业需通过提升以客户服务为中心的价值共创能力，将客户、制造企业及人工智能技术高度融合在一起，构成互惠共赢的价值共创体系，从而促进我国制造企业与客户间的交流和互动。在我国制造企业和客户价值共创的过程中，客户不再是简单的智能化产品消费者，而是制造企业服务价值产生的共同参与者，制造企业和客户成为了互帮互助的利益共同体，能够快速增强制造企业的价值竞争优势。

此外，为加强我国制造企业和客户之间的价值共创，政府应完善制造业价值共创方面的法律法规，引导客户积极参与制造企业智能化产品的设计研发，构建制造企业和客户互惠共赢的价值共创生态系统，建立有关制造业智能化转型升级的监督管理体系，维护健康良性稳定的智能化转型升级发展环境，不断推动制造业智能化技术的创新和升级。

4. 客户参与智能产品服务系统的全生命周期过程

我国制造企业应以客户需求为市场导向，灵活、快速应对智能化市场需求转变。客户需求的转变激励制造企业进行智能化产品的不断创新，且在智能化产品设计、开发、测试、交付使用、销售、售后等全生命周期过程中，客户始终扮演着重要的角色。客户参与智能化产品的研发设计主要通过分析产品功能、设计产品外观风格等过程来实现，能够帮助我国制造企业研发出与市场需求高度匹配的产品；客户在智能化产品测试过程中，能通过反馈产品体验感受来推进制造企业提升产品质量；当智能化产品开始流入市场，客户通过对智能化产品的评价、给出改进意见来推动制造企业进行智能化产品创新。总而言之，客户在智能化产品的全生命周期中占据着核心地位，我国制造企业要想实现智能化转型升级，必须不断发掘客户的潜在价值，从而实现智能化产品的创新升级。

5. 借助人工智能技术和平台，促进我国制造企业与客户的良好合作

在人工智能化背景下，我国制造企业可以利用人工智能技术和平台建立数据资源中心，实现与客户及其他企业的信息资源互换。如通过智能化协同软件，实现信息、资源、数据的高度集中，并根据不同的客户需求进行资源的重新配置。此外，转变产品为导向的传统制造方式，以客户多样、个性化的需求为落脚点，通过人工智能技术和平台对客户市场需求进行分析，从海量的数据资源中筛选出有价值的信息，转变为生产智能化产品的指导技术，从而实现为客户提供个性精准化的产品及服务的目标。

7.4 本章小结

本章首先在完全信息和完全理性条件下，研究制造企业与客户的合作协调机制，建立客户参与智能产品服务系统开发的激励博弈模型，分析各类影响因素对双方企业策略选择的影响作用。其次，在不完全信息和有限理性条件下，研究制造企业与客户之间合作行为的演化机制，建立客户参与智能产品服务系统开发激励的演化博弈模型，分析了各影响因素对双方企业策略选择的演化路径的影响作用。最后，提出促进我国制造企业与客户合作协调的对策建议。

第8章

人工智能赋能我国制造业智能化转型升级的对策建议

8.1 促进人工智能技术在产品全生命周期过程中的融合应用

对于政府来说，政府应加大对专用人工智能开源创新平台的支持力度，积极开展制造企业数字化转型试点示范建设，并引导平台企业适时开源共享，为智能产品服务系统的研发提供优良环境和强有力的支撑，吸引和集聚国内外制造企业在人工智能创新平台进行产品研发。从长期来看，政府应支持制造企业尝试在人工智能领域建立开放创新平台，并适时开源共享。

此外，政府应积极推动人工智能赋能我国制造业智能化转型升级，促进人工智能技术和制造业的深度融合发展。政府应出台政策打造制造业新兴产业链，加大制造业科技创新补贴力度，支持制造产品智能化的研究开发，加快赋能我国制造业智能化转型升级；应积极推进制造产业与人工智能技术相结合，从制造工艺角度入手，实现制造企业数据参数优化、人工智能技术更新迭代、数值仿真模拟等进程，进一步促进人工智能技术对制造企业技术创新的赋能，从而降低制造成本，缩短制造周期，提升制造企业整体效率。

对制造企业而言，提高产品智能化的关键是提高协同效应，整合整个产品生命周期的数据和业务运营；在以信息为中心的环境中，对产品开发、工艺开发、生产制造及客户服务进行综合一致的控制和联合优化，提高制造企业的综合控制能力，将业务流程和运营数字化，以提高产品质量。在效率方面，所有环节——原材料供应、生产制造、仓储物流、需求管理和售后服务等都需要优化，以便于提高智能产品服务系统的研发效率。

制造企业在转型升级进程中，应将人工智能技术应用于制造产品的全生命周期。在制造产品初入市场时，侧重利用人工智能技术的机器学习及感知能力，不断提高制造产品的质量，以期获得客户的满意与认可。在制造产品生命周期进入成长阶段，此时具备了一定的市场认可度，就要注重充分使用人工智能的机器思维能力及决策能力，决策、预测市场需求来获得更大的市场。在制造产品进入成熟期阶段，市场逐渐趋向于饱和状态，要通过人工智能技术的情感分析及行为能力来产生更多的增值服务，以此来增加客户对制造产品的喜爱和忠实程度。随着制造产品生命周期进入衰退期，客户对产品的需求呈下降趋势，此时要想与市场上生命力极强的替代产品及新型产品竞争，制造企业就要充分发挥人工智能技术的全部能力，不断进行技术创新，根据动态变化的市场需求积极生产出令客户满意的个性化产品，并不断提升制造产品的服务价值，从而重新获得市场。

具体来说，一方面，应通过人工智能技术，将制造产品、生产、环境、安全、能耗5个方面串联组成智能传感网络，实时监控生产过程状态、产品质量和能耗情况，完成生产过程的智能管控一体化。另一方面，应将人工智能技术与PLM(产品生命周期管理系统)相结合，对客户需求数据进行机器学习和智能化分析，实现从智能产品服务系统研发和设计，到智能产品服务系统交付使用全过程的智能化跟踪管理和应用。

8.2　支持全方位的智能产品服务形式

对于制造企业来说，应快速推动人工智能、机器人等新兴领域的发展，提高自主研发部门的科技水平，争取行业领先地位，尽早抓住国际竞争的机遇。制造企业应从客户的价值创造网络出发，全面感知客户价值创造中的每一个环节的需求，并做出主动响应，实现和每一个客户的直接互联，其业务和客户的业务紧密融合到一起，给每一个客户供应个性的全面智能化服务。除了传统的上门、店内、电话及其他个人服务，制造企业需要提供新型的智能服务，这些服务可以利用人工智能和信息通信技术有效实施和提供，主要包括：智能化远程支援、产品研发设计、定制、经营管理、效用及供应专业性强的监控诊断及维护服务等，这些服务的高效开展也都是以人工智能软件和硬件为基础的。

人工智能化背景下的制造产品是“产品＋人工智能服务”的形式，制造企业必须注重营销策略，才能在竞争激烈的智能化市场中脱颖而出，从而不断扩大市场。以智能产品服务系统为例，首先，要开展品牌营销策略。将智能产品服务系统的品牌建立及维护放在首要位置，通过如微博、电子邮箱等网络平台等有效宣传方式扩大产品影响力，遵循“销售产品，附加服务”的规则，以优质服务缩短与客户间的距离。其次，要实施合理的销售定价策略。通过准确分析智能产品服务系统的需求弹性、市场供求关系及客户心理等，选择如价格竞争、价格分类、薄利多销、市场导向定价等合理的定价策略来增强智能产品服务系统在市场中的核心竞争力。

8.3 促进制造企业与客户、人工智能企业保持紧密互动

对于制造企业来说，在实施智能产品服务系统的过程中，应借助人工智能技术，进行客户需求分析和客户画像、舆情分析，提升制造企业对生产多样、个性化需求分析的正确性。客户是人工智能赋能制造业智能化转型升级的动力源泉，客户对个性化产品需求的程度越高，越能激励制造企业加快完成智能化转型升级进程。智能产品服务系统能够帮助客户将其需求传递给制造企业，推动制造企业进行产品、技术创新，给客户提供更好的服务。因此，制造企业应明晰行业和市场的动态变化，更加清楚客户的需求及喜好，研发高质量的智能产品服务系统，改善和提高产品服务系统性能，增强企业的核心竞争力，促进制造企业的智能化转型。

此外，制造企业还应加强与人工智能企业的合作，采取各种激励措施，促使人工智能企业积极主动地参与智能产品服务系统开发。人工智能企业在制造业实现智能化转型升级进程中的核心用途就是提供人工智能技术。人工智能技术的应用能够使得制造企业数据处理速度大幅度提升，产品生产流程时间、成本大幅度下降，生产组织、质量监测等复杂烦琐过程简化，实现制造产业生产线协同运作。

对于人工智能企业来说，人工智能企业也应始终保持与客户的紧密沟通和互动，充分关注客户的利益和需求，主动了解和分析客户需求，主动研发智能化的产品和服务，主动与客户交流，相互促进智能化产品和服务创新，主动协同客户的研发创新工作。

总之，制造企业、人工智能企业、客户之间形成紧密联系的合作关系，能推动制造业产业链实现高端化转型升级，进而提升产业链抵抗风险的能力水平，实现各企业灵活适应外部环境的变化。

对于政府来说，政府需要出台相关政策，促进制造企业、人工智能企业及客户之间的合作。一方面，政府应积极响应国家推动制造业和服务业深度融合发展的策略，从企业合作的环境、区域、空间等方面落实各项措施，助力制造企业、人工智能企业及客户之间的协同运作发展，形成良性互动循环。另一方面，政府应为制造企业、人工智能企业及客户之间合作共赢提供制度、环境保障，实现人工智能赋能制造业智能化转型升级，激发智能制造产品的市场活力，有效促进制造业服务业往高质量方向上升发展。

8.4 提升企业的人工智能技术服务能力

对于制造企业来说，应将各种制造资源及能力连接成一个信息资源池，利用智能传感器等设备把制造进程中全部相关联的基础设施链接在一起，及时采集与处

理情景感知数据,实时采集数据,实现动态的生产信息管理,根据客户个性化需求以及情景感知,有效融合传感器信息,采用大数据信息技术来探索这些数据,监测生产制造状态,预测业务发展趋势、收益及损失,并及时管理正在加工的零件的信息,减少人工干预,增强信息资源的管理与服务,实现可持续的智能化生产过程。经过对数据的分析、利用,除了能全面了解问题形成的过程、影响以及如何解决外,还能对数据进行抽象化模型构建,将其形成新的知识,然后运用知识来理解、解决和预防相关问题,进而使智能系统从依赖人类经验到利用隐藏在数据中的线索,更高效、自发地创造、使用和继承制造知识。在人、机器和材料的协同决策基础上实现智能反应,在整个生产周期内为客户提供按需、个性化、主动、透明及可靠的制造服务。

8.5 加大力度培养和引进人工智能人才

人才竞争是人工智能竞争的根本。积极培养复合型人才和与人工智能相关的专业人才,增强人工智能素养贯穿于整个教育和职业培训体系、加强制造企业与高校和人工智能企业的合作,并为学校的创新成果提供产业化渠道和机会。与此同时,政府需要培养和招聘对整个行业和市场需求动态转变有很好理解、有扎实的企业经营经验及广泛社会交际网络的人才,给相关企业提供高质量且专业性强的增值服务,促进科技成果转化率提升。

政府应将社会资源用于支持人工智能发展,并采取更加积极的再分配政策,给予初始创业补贴,加大社会保险补贴、创业带动就业补贴等,逐步降低劳动收入税,提高资本收入税;通过使用人工智能技术,国有企业的劳动比例将逐步提高。此外,将为接受人工智能研发公共补贴的私营企业设定基本劳动收入率,以确保企业为人工智能上升发展提供稳定高质量的产品和服务。

8.6 本章小结

本章分别从人工智能技术促进产品服务融合,智能产品服务形式,制造企业与人工智能企业、客户的合作互动,制造企业的人工智能技术服务能力,人工智能人才培养等角度,给出了人工智能赋能我国制造业智能化转型升级的对策建议。

参考文献

[1] KLASLAN Y, SICKLES R C, KAY A A, et al. Impact of ICT on the productivity of the firm: evidence from Turkish manufacturing[J]. Journal of Productivity Analysis,2017, 47(3):1－21.

[2] RAILEANU S, ANTON F, IATAN A, et al. Resource scheduling based on energy consumption for sustainable manufacturing[J]. Journal of Intelligent Manufacturing, 2017(1):1－19.

[3] YING W C, PEE L G, JIA S L. Social informatics of intelligent manufacturing ecosystems: A case study of KuteSmart [J]. International Journal of Information Management,2018,42(1):102－105.

[4] QU Y, SHI Y, GUO K, et al. Has "Intelligent Manufacturing" Promoted the Productivity of Manufacturing Sector?: Evidence from China's Listed Firms[J]. Procedia Computer Science,2018,139(1):299－305.

[5] ZHOU J, LI P G, ZHOU Y H, et al. Toward New-Generation Intelligent Manufacturing[J]. Engineering, 2019,4(1):11－20.

[6] YU F F, WANG L T, LI X T. The effects of government subsidies on new energy vehicle enterprises: The moderating role of intelligent transformation [J]. Energy Policy,2020,141(1):1－19.

[7] 孟凡生,赵刚.创新柔性对制造企业智能化转型影响机制研究[J].科研管理,2019,40(4):74－82.

[8] 苏贝,杨水利.基于扎根理论的制造企业智能化转型升级影响因素研究[J].科技管理研究,2018,38(8):115－123.

[9] 吴晓园.传统制造业智能化转型的制约因素及路径选择:以晋江制造业为例[J].福建商学院学报,2019(5):8－13.

[10] 陈瑾,李若辉.新时代我国制造业智能化转型机理与升级路径[J].江西师范大学学报(哲学社会科学版),2019,52(6):145－152.

[11] 常开洪.基于互联网及大数据下的智能制造体系与中国制造企业转型升级研究[J].南方农机,2019,50(4):210.

[12] 张恒梅,李南希. 创新驱动下以物联网赋能制造业智能化转型[J]. 经济纵横,2019(7):93-100.

[13] 王层层. 辽宁装备制造业转型升级与智能化建设的系统动力学研究[J]. 科技管理研究,2020,40(7):190-199.

[14] 罗序斌. 传统制造业智能化转型升级的实践模式及其理论构建[J]. 现代经济探讨,2021(11):86-90.

[15] 韩明华,唐赟秋,郑大亮. 我国制造业智能化升级的现实困境与政策支持研究[J]. 中共宁波市委党校学报,2021,43(4):110-116.

[16] 唐晓华,迟子茗. 工业智能化对制造业高质量发展的影响研究[J]. 当代财经,2021(5):102-114.

[17] 刘志浩,于秀艳. 山东省装备制造业智能化水平测度及影响因素研究[J]. 现代管理科学,2021(6):38-48.

[18] LI B, HOU B, YU W, et al. Applications of artificial intelligence in intelligent manufacturing: a review[J]. Frontiers of Information Technology & Electronic Engineering,2017(1):86-96.

[19] ACEMOGLU D, RESTREPO P. Low-Skill and High-Skill Automation[J]. Social Science Electronic Publishing,2018,12(2):204-232.

[20] ACEMOGLU D, RESTREPO P. Artificial intelligence, automation and work[M]//The National Bureau of Economic Research. The Economics of Artificial Intelligence: An Agenda. Chicago: University of Chicago Press, 2019:197-236.

[21] AGRAWAL A K, GANS J S, GOLDFARB A. Economic policy for artifical intelligence[J]. Innovation Policy and The Economy,2019,19(1):139-159.

[22] YANN L. Deep Learning Hardware: Past, Present, and Future[J]. IEEE International Solid State Circuits Conference,2019,2(1):12-19.

[23] 邓洲. 促进人工智能与制造业深度融合发展的难点及政策建议[J]. 经济纵横,2018(8):41-49.

[24] 高煜. 我国经济高质量发展中人工智能与制造业深度融合的智能化模式选择[J]. 西北大学学报(哲学社会科学版),2019,49(5):28-35.

[25] 赵霞,朱艳娟. 人工智能与湖北制造业高质量发展研究[J]. 社会科学动态,2020(10):32-37.

[26] 成都市发改委重大课题组. 人工智能与制造业融合:基本内涵、发展态势与内在逻辑:兼论成都人工智能与制造业融合的探索与实践[J]. 成都大学学报(社会科学版),2021(1):42-53.

[27] 张枭."中国智造"何以到?:智能制造落地的基础条件与中国战略探析[J].新疆社会科学,2021(1):22-31.

[28] VANDERMERWE S, RADA J. Servitization of business: adding value by adding services[J]. European Management Journal,1988,6(4):314-324.

[29] WHITE A L, Feng L. Servicizing: the quiet transition to extended product responsibility[R]. Boston: Tellus Institute,1999.

[30] TOFFEL M W. Contracting for Servicizing[J]. SSRN Electronic Journal, 2008(2).

[31] DESMET S, DIERDONCK R V, LOOY B V. Servitization: or why services management is relevant for manufacturing environments [J]. Pearson Education Limited, 2003.

[32] LEWIS M. Beyond Products and Services: Opportunities and Threats in Servitization[C]. Rome: The IMs Intl Forum, 2004.

[33] WARD Y , GRAVES A . Through-life management: the provision of total customer solutions in the aerospace industry[J]. International Journal of Services Technology and Management, 2007, 8(6):455-477.

[34] REN G, GREGORY M. Servitization in manufacturing companies[C]// The 16th Frontiers in Service Conference, San Francisco,CA,2007.

[35] GEBAUER H, FLEISCH E. Service strategies in product manufacturing companies[J]. Business Strategy Series,2008, 9(1):12-20.

[36] BAINES T S, LIGHTFOOT H W, BENEDETTINI O, et al. The Servitization of Manufacturing: A Review of Literature and Reflection on Future challenges[J]. Journal of Manufacturing Technology Management, 2009,20(5):547-567.

[37] GEBAUER H, EDVARDSSON B, GUSTAFSSON A, et al. Match or Mismatch: Strategy-Structure Configurations in the Service Business of Manufacturing[J]. Journal of Service Research,2010,13(2):198-215.

[38] RADDATS C, EASINGWOOD C. Services Growth options for B2B Product-Centric Businesses[J]. Industrial Marketing Management,2010, 39(8):1334-1345.

[39] MATTHYSSENS P, VANDENBEMPT K. Service Addition as Business Market Strategy: Identification of Transition Trajectories[J]. Journal of Service Management,2010,21(5):693-712.

[40] MASTROGIACOMO L, BARRAVECCHIA F, FRANCESCHINI F. A

worldwide survey on manufacturing servitization[J]. International Journal of Advanced Manufacturing Technology,2019,103(9-12):3927-3942.

[41] HU Y, SUN S, JIANG M, et al. Research on the promoting effect of servitization on export technological sophistication of manufacturing enterprises[J]. PloS One,2021,16(8):1-29.

[42] CHEN S, ZHANG H. Does digital finance promote manufacturing servitization: Micro evidence from China [J]. International Review of Economics and Finance,2021,76:856-869.

[43] 蔺雷,吴贵生. 制造业的服务增强研究:起源、现状与发展[J]. 科研管理,2006,1:91-99.

[44] 蔺雷,吴贵生. 我国制造企业服务增强差异化机制的实证研究[J]. 管理世界,2007,6:103-113.

[45] 赵一婷,刘继国. 制造业服务化:概念、趋势及其启示[J]. 当代经济管理,2008,30(7):45-48.

[46] 何哲,孙林岩,贺竹磬,等. 服务型制造的兴起及其与传统供应链体系的差异[J]. 软科学, 2008,22(4):77-81.

[47] 周艳春. 中国制造企业实施服务导向战略的关键影响因素研究[J]. 统计与信息论坛,2010,25(6):91-95.

[48] 陈菊红,郭福利. 产品服务化供应链的运作模式研究[J]. 物流科技,2010,12:33-36.

[49] 陈菊红,焦兴甲,郭福利. 服务型制造下产品服务系统的设计[J]. 统计与决策,2011(13):186-188.

[50] 唐志芳,顾乃华. 制造业服务化、全球价值链分工与劳动收入占比:基于WIOD 数据的经验研究[J]. 产业经济研究,2018,16(1):15-27.

[51] 李靖华,林莉,李倩岚. 制造业服务化商业模式创新:基于资源基础观[J]. 科研管理,2019,40(3):74-83.

[52] 王丽娜,张超,朱卫东. 互联网时代制造业服务化价值共创模式研究:基于海尔的服务化转型实践[J]. 企业经济,2019(8):68-76.

[53] 戴翔,李洲,张雨. 服务投入来源差异、制造业服务化与价值链攀升[J]. 财经研究,2019,45(5):30-43.

[54] 尹红媛,吴婷. 广州市制造业企业服务化战略绩效分析[J]. 合作经济与科技,2019(7):120-121.

[55] 杨蕙馨,孙孟子,杨振一. 中国制造业服务化转型升级路径研究与展望[J]. 经济与管理评论,2020,36(1):58-68.

[56] 祝树金,谢煜,吴德胜.制造业服务化的节能效应及其中介机制研究[J].财贸经济,2020,41(11):126-140.

[57] 郭然,原毅军.服务型制造对制造业效率的影响机制研究[J].科学学研究,2020,38(3):448-456.

[58] 陈伟,陈银忠,杨柏.制造业服务化、知识资本与技术创新[J].科研管理,2021,42(8):17-25.

[59] 赵宸宇.数字化发展与服务化转型:来自制造业上市公司的经验证据[J].南开管理评论,2021,24(2):149-163.

[60] 陈春明,贾晨冉.制造业服务化程度与企业绩效的关系研究[J].社会科学战线,2021(10):252-257.

[61] WILLIAMS A. Product service systems in the automobile industry: contribution to system innovation? [J]. Journal of Cleaner Production, 2007,15(11-12): 1093-1103.

[62] SUN L. The Theory and Application of Service oriented Manufacturing [M]. Beijing: Tsinghua University Press, 2009.

[63] LIN W, JIANG Z, LI N. A Survey on the Research of Service-oriented Manufacturing[J]. Industrial Engineering and Management, 2009, 14(6): 1-31.

[64] GRONROOS C, HELLE P. Adopting a service logic in manufacturing conceptual foundation and metrics for mutual value creation[J]. Journal of Service Management, 2010,21(5): 564-590.

[65] WU D, GREER M J, ROSEN D W, et al. Cloud Manufacturing: Strategic Vision and State of the art[J]. Journal of Manufacturing Systems, 2013, 32(4): 564-579.

[66] LEE J, KAO H A, YANG S. Service Innovation and Smart Analytics for Industry 4.0 and Big Data Environment[J]. Procedia CIRP, 2014, 16: 3-8.

[67] FUCHS A, BITTMANN S, ÖZCAN D. Designing Customer-specific Product-service Systems in B2B Markets: A Consecutive Framework for Development and Configuration Management[J]. Enterprise Modelling and Information Systems Architectures, 2015, 10(1): 109-124.

[68] BONEV M, HVAM L, CLARKSON J, et al. Formal Computer-aided Product Family Architecture Design for Mass Customization[J]. Computers in Industry, 2015, 74: 58-70.

[69] JIN T, LI Z S. Reliability growth planning for product-service integration

[C]// 2016 Annual Reliability and Maintainability Symposium (RAMS). IEEE, 2016.

[70] SONG W, SAKAO T. A Customization-oriented Framework for Design of Sustainable Product/Service System [J]. Journal of Cleaner Production, 2016,140:1672 - 1685.

[71] XU Y, LANDON Y, SEGONDS S, et al. A decision support model in mass customization[J]. Computers & Industrial Engineering,2017,114:11 - 12.

[72] HABER N, FARGNOLI M. Design for product-service systems: a procedure to enhance functional integration of product-service offerings[J]. International Journal of Product Development, 2017,22(2):135.

[73] RETAMAL M. Product-service systems in Southeast Asia: Business practices and factors influencing environmental sustainability[J]. Journal of Cleaner Production, 2017,143:894 - 903.

[74] MARIACHIARA R, RENAUD L. B2B relationships on the fast track: an empirical investigation into the outcomes of solution provision[J]. Industrial Marketing Management,2019,76(1):203 - 213.

[75] PIROLA F, BOUCHER X, WIESNER S, et al. Digital technologies in product-service systems: a literature review and a research agenda [J]. Computers in Industry,2020,123:1 - 19.

[76] PAOLO G, GIUDITTA P, ALICE R, et al. Product-service systems evolution in the era of Industry 4. 0 [J]. Service Business, 2021 (prepublish):1 - 31.

[77] FEDERICO B, FIORENZO F, LUCA M, et al. Research on product-service systems: topic landscape and future trends [J]. Journal of Manufacturing Technology Management, 2021, 32(9): 208 - 238.

[78] 赵馨智.面向定位策略的工业产品服务系统商业模式研究[J].科技进步与对策,2016,33(9):35 - 40.

[79] 但斌,罗骁,刘墨林.基于制造与服务过程集成的产品服务供应链模式[J].重庆大学学报(社会科学版),2016,22(1):99 - 106.

[80] 李杰,倪军,王安正.从大数据到智能制造[M].上海:上海交通大学出版社,2016:54 - 60.

[81] 王珂,侯利业.产品设计与服务设计融合发展的路径探讨[J].西北美术,2017(1):123 - 126.

[82] 但斌,刘墨林,邵兵家,等."互联网+"生鲜农产品供应链的产品服务融合商

业模式[J].商业经济与管理,2017(9):5－14.

[83] 刘航.云模块化产品制造服务平台关键技术设计[J].科技通报,2017,33(2):113－116.

[84] 王大飞,张旭梅,周茂森,等.考虑消费者策略行为的产品服务供应链动态定价与协调[J].系统工程理论与实践,2017,37(12):3052－3065.

[85] 但斌,刘墨林,罗骁.面向产品与服务差异化集成的产品服务供应链模式与发展对策[J].重庆大学学报(社会科学版),2017,23(3):45－51.

[86] 胡有林,韩庆兰.顾客参与对产品服务系统创新绩效的影响研究:基于产品与服务组合的调节分析[J].管理评论,2018,30(12):76－88.

[87] 张轶伦,牛艺萌,叶天竺,等.新信息技术下制造服务融合及产品服务系统研究综述[J].中国机械工程,2018,29(18):2164－2176.

[88] 王炜,胡飞,沈希鹏.老龄心血管健康管理的产品服务系统设计研究[J].包装工程,2018,39(2):22－25.

[89] 郑汉东,陈意,李恩重,等.再制造产品服务系统生命周期评价建模及应用[J].中国机械工程,2018,29(18):2197－2203.

[90] 刘成浩,张青山,王舟,等.产品服务系统分类现状及智能化[J].生产力研究,2018(1):141－144.

[91] 郭朝先.产业融合创新与制造业高质量发展[J].北京工业大学学报(社会科学版),2019,19(4):49－60.

[92] 商华,陈任飞.产品服务系统的环境可持续绩效影响因素:双案例研究[J].管理案例研究与评论,2019,12(1):93－107.

[93] 邓洲.制造业与服务业融合发展的历史逻辑、现实意义与路径探索[J].北京工业大学学报(社会科学版),2019,19(4):61－69.

[94] 唐国锋,李丹.工业互联网背景下制造业服务化价值创造体系重构研究[J].经济纵横,2020(8):61－68.

[95] 张军,王瑶,刘新.面向分布式经济的产品服务系统设计研究及实践[J].包装工程,2020,41(10):108－113+128.

[96] 张在房,樊蓓蓓.产品服务系统共生设计理论与方法[J].计算机集成制造系统,2021,27(2):328－336.

[97] 洪群联.中国先进制造业和现代服务业融合发展现状与“十四五”战略重点[J].当代经济管理,2021,43(10):74－81.

[98] 张卫,石涌江,唐任仲,等.基于工业互联网的制造与服务融合技术[J].中国科学:技术科学,2022,52(1):104－122.

[99] 任保平.我国高质量发展的目标要求和重点[J].红旗文稿,2018(24):21－23.

[100] 孟凡生,徐野,赵刚.高端装备制造企业向智能制造转型过程研究:基于数字化赋能视角[J].科学决策,2019(11):1-24.

[101] 唐晓华,景文治.人工智能赋能下现代柔性生产与制造业智能化升级研究[J].软科学,2021,35(8):30-38.

[102] 尹华,余昊,谢庆.基于价值链优化的制造企业智能化转型升级研究[J].中国科技论坛,2021(3):113-122.

[103] 郭克莎,田潇潇.加快构建新发展格局与制造业转型升级路径[J].中国工业经济,2021(11):2-16.

[104] 郭进.传统制造业企业智能化的路径选择研究[J].人文杂志,2021(6):69-78.

[105] 耿子恒,汪文祥.人工智能对产业发展影响的研究进展[J].企业经济,2021,40(10):31-40.

[106] 韦东明,顾乃华,韩永辉.人工智能推动了产业结构转型升级吗:基于中国工业机器人数据的实证检验[J].财经科学,2021(10):70-83.

[107] 杨志安,张英慧,景文治.柔性生产背景下"减税降费"能否促进制造业智能化升级[J].现代财经(天津财经大学学报),2021,41(8):78-95.

[108] 郑琼洁,王高凤.人工智能驱动制造业价值链攀升:何以可能,何以可为[J].江海学刊,2021(4):132-138.

[109] 刘斌,潘彤.人工智能对制造业价值链分工的影响效应研究[J].数量经济技术经济研究,2020,37(10):24-44.

[110] 米晋宏,江凌文,李正图.人工智能技术应用推进中国制造业升级研究[J].人文杂志,2020(9):46-55.

[111] 郑阳平."智能+"在制造业转型升级中的应用综述[J].机床与液压,2020,48(11):185-188.

[112] 张龙鹏,张双志.技术赋能:人工智能与产业融合发展的技术创新效应[J].财经科学,2020(6):74-88.

[113] 李廉水,鲍怡发,刘军.智能化对中国制造业全要素生产率的影响研究[J].科学学研究,2020,38(4):609-618+722.

[114] 胡俊,杜传忠.人工智能推动产业转型升级的机制、路径及对策[J].经济纵横,2020(3):94-101.

[115] 谢萌萌,夏炎,潘教峰,等.人工智能、技术进步与低技能就业:基于中国制造业企业的实证研究[J].中国管理科学,2020,28(12):54-66.

[116] 史占中.人工智能与传统产业的深度融合发展:以平安科技为例分析企业智能化发展模式[J].人民论坛·学术前沿,2019(18):20-27.

[117] 赵烁,陆瑶,王含颖,等.人工智能对企业价值影响的研究:来自中国智能制造试点示范本书公告的证据[J].投资研究,2019,38(9):84-107.

[118] 刘军,常慧红,张三峰.智能化对中国制造业结构优化的影响[J].河海大学学报(哲学社会科学版),2019,21(4):35-41+106.

[119] JOACHIMSTHALER E, CHAUDHURI A, KALTHOFF M, et al. How smart, connected products are transforming competition [J]. Harvard Business Review,2014,92(11):64-88.

[120] LEE H M, LU W F, SONG B, et al. A framework for integrated manufacturing and product service system: integrating service operations into product life cycle[J]. International Journal of Services Operations and Informatics, 2007,2(1):81-101(21).

[121] 简兆权,曾经莲.基于价值共创的“互联网+制造”商业模式及其创新[J].企业经济,2018,37(8):70-77.

[122] CHOWDHURY S, HAFTOR D, PASHKEVICH N. Smart Product-Service Systems(Smart PSS) in Industrial Firms: A Literature Review [C] //10th CIRP Conference on, Industrial Product-Service Systems. Linkoping,Sweden, 2018: 26-31.

[123] 鲍梦春.人工智能下探讨计算机技术的运用路径[J].电脑知识与技术,2021,17(24):109-110.

[124] 温锦辉,周红林.人工智能技术在电子信息工程中的应用[J].河北农机,2021,275(5):69-71.

[125] 时述有.人工智能技术在电子工程领域发展中的应用探讨[J].计算机产品与流通,2020(3):58.

[126] 罗雅丽.大数据时代人工智能在计算机网络技术中的应用[J].电脑编程技巧与维护,2019,408(6):120-122.

[127] 张晓晓,庞婷.浅谈人工智能特点及在医学中应用的几个阶段[J].福建电脑,2017,33(3):106+161.

[128] 张娓娓.人工智能在计算机网络技术中的应用[J].电子技术与软件工程,2019,167(21):235-236.

[129] 刘江帅,周翔宇,王曙杰.大数据时代人工智能在网络管理中的应用分析[J].电子世界,2019,581(23):77-78.

[130] 王风.人工智能在机械电子工程领域的应用[J].电子技术与软件工程,2018,135(13):244-245.

[131] ZHE S, ANDREW K. Mining Pareto-optimal modules for delayed product

differentiation[J]. European Journal of Operational Research, 2009, 201(1):123-128.

[132] 姚树俊,陈菊红.考虑渠道权利结构的产品服务能力竞争机制研究:制造商服务视角[J].中国管理科学,2014,22(7):107-115.

[133] MACDONALD E K, KLEINALTENK A M, WILSON H N. How business customers judge solutions: solution quality and value-in-use[J]. Journal of Marketing,2016,80(3):96-120.

[134] 曾经莲,简兆权.互联网环境下产品服务系统研究:企业—顾客—环境价值共创视角[J].中国科技论坛,2017(8):87-93.

[135] EGGERT A, ULAGA W, FROW P, et al. Conceptualizing and communicating value in business markets:from value in exchange to value in use[J]. Industrial Market Management,2018,69(2):80-90.

[136] 李浩,陶飞,文笑雨,等.面向大规模个性化的产品服务系统模块化设计[J].中国机械工程,2018,29(18):2204-2214+2249.

[137] 罗建强,李昊,彭永涛.基于延迟策略的服务型制造系统决策模型[J].计算机集成制造系统,2018,24(10):2559-2566.

[138] VALENCIA A, MUGGE R, SCHOORMANS J, et al. The Design of Smart Product-Service Systems (PSSs): An Exploration of Design Characteristics[J]. International Journal of Design, 2015, 9(1):13-28.

[139] KUHLENKÖTTER B, WILKENS U, BENDER B, et al. New Perspectives for Generating Smart PSS Solutions-Life Cycle, Methodologies and Transformation[J]. Procedia CIRP,2017, 64:217-222.

[140] 郑茂宽.工业智能助力制造业提质降本增效[J].张江科技评论,2021,28(5):22-24.

[141] 姜念云,许元斋.未来已来,如何以待:对人工智能的特点及有效应用问题的思考[J].中国基础科学,2019,128(2):59-62.

[142] 孙效华,张义文,秦觉晓,等.人机智能协同研究综述[J].包装工程,2020,432(18):1-11.

[143] VALENCIA A, MUGGE R, SCHOORMANS J P L, et al. Challenges in the Design of Smart Product-Service Systems (PSSs): Experiences from Practitioners[C]// Proceedings of the 19th DMI: Academic Design Management Conference. Design Management in an Era of Disruption. London,2014 :2076-2097.

[144] 张富强,江平宇,郭威.服务型制造学术研究与工业应用综述[J].中国机械

工程,2018, 29(18):2144-2163.

[145] 熊文彬.科技馆智能向导产品服务系统设计[D].贵州大学,2019.

[146] HEISKANEN E, JALAS M. Can services lead to radical eco-efficiency improvements?: A review of the debate and evidence[J]. Corporate Social Responsibility and Environmental Management,2003,10(4):186-198.

[147] ANA P B, SEIDEL J, G SELIGER, et al. Sustainability Factors for PSS Business Models[J]. Procedia CIRP, 2016.

[148] 李强,原毅军,孙佳.制造企业服务化的驱动因素[J].经济与管理研究,2017,38(12):55-62.

[149] 张雅琪,李兆磊,陈菊红.供应网络关系嵌入性视角下制造企业服务化战略对转型绩效的影响[J].科技进步与对策,2017,34(24):95-101.

[150] VEZZOLI C, KOHTALA C, SRINIVASAN A, et al. Product service system design for sustainability [M]. London: Routledge, 2017:49-86.

[151] 刘宇熹,谢家平.再制造下租赁产品服务系统节约共享契约研究[J].中国管理科学,2016,24(3):99-108.

[152] 闫开宁,李刚."互联网+"背景下的服务型制造企业变革[J].中国机械工程,2018,29(18):2238-2249.

[153] 胡有林,韩庆兰.考虑双方努力的产品服务系统价值共创[J].计算机集成制造系统,2018,24(1):213-223.

[154] ULAGA W, REINARTZ W. Hybrid offerings: how manufacturing firms combine goods and services successfully[J]. Journal of Marketing,2011,75(6):5-23.

[155] HONG Y, KIM Y, CIN B C, et al. Product-Service System and Firm Performance: The Mediating Role of Product and Process Technological Innovation[J]. Emerging Markets Finance and Trade, 2015, 51(5):975-984.

[156] 李子伦,张文杰,闫开宁,等.装备制造企业服务化转型的路径模式[J].西安交通大学学报(社会科学版),2017,37(2):32-37.

[157] 吴启飞.供需交互视角下产品服务系统方案配置研究[D].镇江:江苏大学,2018.

[158] 赵鹏.净水器售后安装的产品服务系统设计研究[D].广州:广东工业大学,2018.

[159] 王瑞.基于自然交互方式的智能产品设计研究[J].机械设计,2019,36(S1):29-33.

[160] 闫胜昝,韩志天.大数据驱动的智能家居产品设计思考与实践[J].设计,2021,34(17):11-13.

[161] 徐延章.乡村振兴背景下用户参与式公共文化服务设计研究[J].图书馆,2021,325(10):1-8.

[162] 邱华清,耿秀丽,徐铁才.基于粗糙 Choquet 积分的产品服务系统设计方案优选[J].中国机械工程,2018,29(20):2416-2424.

[163] KUN Z, PENG Z, FEI H. Research on Product Service System Design Based on Activity and Function-Take the Household Water Purifier as an Example[J]. Procedia CIRP,2019,83:495-500.

[164] ALICE R, MARCO B, GIUDITTA P. At the origins of Product Service Systems: Supporting the concept assessment with the Engineering Value Assessment method [J]. CIRP Journal of Manufacturing Science and Technology,2020,29:1-19.

[165] 肖人彬,程贤福,陈诚,等.基于公理设计和设计关联矩阵的产品平台设计新方法[J].机械工程学报, 2012, 48(11): 94-103 .

[166] BERKOVICH M, LEIMEISTER J M, HOFFMANN A, et al. A requirements data model for product service systems[J]. Requirements Engineering, 2014, 19(2): 161-186.

[167] CHEN R Y. Fuzzy dual experience-based design evaluation model for integrating engineering design into customer responses[J]. International Journal on Interactive Design and Manufacturing (IJIDeM), 2016,10(4): 439-458.

[168] 侯士江,袁旭梅,陈国强.基于 TRIZ 理论的产品服务系统概念创新研究[J].机械设计, 2016, 33(3): 109-114.

[169] 吴占超,李浩,密尚华.基于质量功能屋的产品服务系统模块划分一致性检验评价方法[J].现代制造工程,2017(4):115-121.

[170] CHRISTENSEN K, NØRSKOV S, FREDERIKSEN L, et al. In Search of New Product Ideas:Identifying Ideas in Online Communities by Machine Learning and Text Mining[J]. Creativity Innovation Management, 2017, 26(1): 17-30.

[171] 姜少飞,冯迪,卢纯福,等.从产品到产品服务系统的演化设计方法[J].计算机集成制造系统,2018, 24(3): 731-740.

[172] LI H, JI Y J, LI Q F, et al. A Methodology for Module Portfolio Planning within the Service Solution Layer of a Product-service System

[J]. International Journal of Advanced Manufacturing Technology, 2018, 94(9): 3287 - 3308.

[173] 武春龙,朱天明,张鹏,等.基于功能模型和层次分析法的智能产品服务系统概念方案构建[J].中国机械工程,2020,31(7):853 - 864+870.

[174] 罗建强,吴启飞.供需交互视角下的产品服务系统方案配置[J].计算机集成制造系统,2020,26(5):1304 - 1313.

[175] 刘键,黄赛,曹家港,等.基于用户生成内容的产品服务系统设计方法[J].包装工程,2020,41(24):118 - 125+142.

[176] ZHANG P, JING S, NIE Z, et al. Design and Development of Sustainable Product Service Systems Based on Design-Centric Complexity [J]. Sustainability,2021,13(2):1 - 27.

[177] 彭佳红,曾炼成,拜战胜.基于用户反馈调整的最小支持度阈值方法[J].湖南农业大学学报(自然科学版),2006, 32(2): 223 - 224.

[178] 姜杰,李彦,熊艳,等.基于TRIZ理想解和功能激励的产品服务系统创新设计[J].计算机集成制造系统,2013,19(2):225 - 234.

[179] HABER N, FARGNOLI M. Design for product-service systems: a procedure to enhance functional integration of product-service offerings [J]. International Journal of Product Development, 2017, 22(2):135.

[180] FREDRIK D, WILSON J G. Dynamic pricing of primary products and ancillary services[J]. European Journal of Operational Research, 2016, 251(2):586 - 599.

[181] 张旭梅,王大飞.基于消费者策略行为的产品服务系统两周期定价策略研究[J].管理学报,2017,14(12):1870 - 1881.

[182] 阳文玲,张旭梅,王大飞.面向策略型消费者的产品服务系统动态定价[J].系统工程,2017,35(1):145 - 150.

[183] FAZAL-E-HASAN S M, AHMADI H, MORTIMER G, et al. Examining the role of consumer hope in explaining the impact of perceived brand value on customer-brand relationship outcomes in an online retailing environment[J]. Journal of Retailing and Consumer Services, 2018, 41: 101 - 111.

[184] 钱明辉,杨浙帅,马瑞乙.在线交易情境下定价形式对顾客购买的影响:议价空间的调节作用[J].烟台大学学报(哲学社会科学版),2017,30(1):106 - 114.

[185] 关涛,高晶,张雪桐.顾客感知价值对网络信息产品定价的影响研究[J].财

经理论与实践,2017,38(4):97-102.

[186] 董景峰,高珊,高贵晨,等.顾客感知价值和回收质量不确定下的闭环供应链定价决策[J].计算机集成制造系统,2021,27(8):2476-2490.

[187] 刘虹,潘亚宏.双渠道供应链定价策略研究:基于随机需求下考虑质量改进情形的分析[J].价格理论与实践,2018(12):163-166.

[188] 韩亚娟,谢会.产品服务系统中价格、质量竞争下的最优决策[J].工业工程,2014,17(4):18-23.

[189] 张永芬,魏航.基于产品质量的供应链延保服务模式研究[J].管理评论,2021,33(2):278-288.

[190] 寇军,赵泽洪.产品质量影响下延保服务与产品联合定价与库存策略[J].管理评论,2019,31(6):225-237.

[191] CHENAVAZ R. Better Product Quality May Lead to Lower Product Price [J]. The B. E. Journal of Theoretical Economics, 2017, 17(1):1-22.

[192] 刘云志,樊治平.考虑损失规避与产品质量水平的供应链协调契约模型[J].中国管理科学,2017,25(1):65-77.

[193] 寇军,田帅辉,赵泽洪.质量约束下考虑延保服务的供应链定价与协调[J].计算机工程与应用,2020,56(18):221-228.

[194] 王玉燕,范润婕,申亮,等.考虑产品质量和销售服务的三级电商供应链的主导模型研究[J].管理工程学报,2021,35(5):258-268.

[195] FRIEDMAN D. Evolutionary game in economics[J]. Economical,1991,59(3):637-666.

[196] MUSTAK M, JAAKKOLA E, HALINEN A. Customer participation and value creation: a systematic review and research implications [J]. Managing Service Quality: An International Journal, 2013, 23(4):341-359.

[197] 刘伟,丁志慧,黄紫微.在线大规模定制下客户参与企业 NPD 最优策略研究[J].研究与发展管理,2016,28(4):1-10.

[198] 丁志慧,刘伟,黄紫微.企业纳入客户参与产品创新过程最优策略研究[J].管理工程学报,2017,31(4):78-84.

[199] 李浩,焦起超,文笑雨,等.面向客户需求的企业产品服务系统实施方案规划方法学[J].计算机集成制造系统,2017,23(8):1750-1764.

[200] VESELAJ S, TORFASON M T. When to call the customer? Timing of customer involvement in the development of new products and services[J]. International Journal of Innovation Management, 2018, 23(1): 1-31.

[201] 罗建强,彭永涛,周菁.客户参与制造企业服务衍生的实现机制[J].系统工

程,2018,36(6): 59－65.

[202] ORELLANO M, MEDINI K, LAMBEY-CHECCHIN C, et al. A system modelling approach to collaborative PSS design[J]. Procedia CIRP,2019,83(3):218－223.

[203] 赵晓煜,孙梦迪. 制造业中产品服务系统的客户导向性与客户关系承诺[J]. 技术经济,2019,38(5):95－102.

[204] 耿秀丽,潘亚虹. 考虑用户体验的产品服务系统模块重要度判定方法[J]. 计算机集成制造系统,2020,26(5):1295－1303.

[205] 鲁芳,王丹丹,罗定提. 客户企业参与下服务外包激励机制设计[J]. 运筹与管理,2016,25(3):274－282.

[206] SCARINGELLA L, MILES R E, TRUONG Y. Customers involvement and firm absorptive capacity in radical innovation: The case of technological spin-offs[J]. Technological Forecasting and Social Change,2017,120(1): 144－162.

[207] 李一,李刚,冯泰文. 治理机制视角下客户参与新产品开发的影响因素研究[J]. 科学学与科学技术管理,2018,39(1):154－167.

[208] 李正卫,曹雅婷,王飞绒. 企业-客户互动与创新能力协同演进研究:以加西贝拉为例[J]. 科技进步与对策,2018,35(17):106－111.

[209] WANG L, JIN J L, ZHOU K Z. Institutional forces and customer participation in new product development: A Yin-Yang perspective[J]. Industrial Marketing Management,2019,82(1): 188－198.

[210] 谢明磊,刘德胜. 关系如何驱动客户参与中小企业新产品开发?:一个有调节的中介效应模型[J]. 技术经济,2020,39(3):20－29.